Kremski
Wechselkursverhalten in Bandbreitensyste

I0008823

GABLER EDITION WISSENSCHAFT

Thomas Kremski

Wechselkursverhalten in Bandbreitensystemen

Mit einem Geleitwort
von Prof. Dr. Friedrich Geigant

Springer Fachmedien Wiesbaden GmbH

Die Deutsche Bibliothek - CIP-Einheitsaufnahme

Kremski, Thomas:
Wechselkursverhalten in Bandbreitensystemen / Thomas Kremski.
Mit einem Geleitw. von Friedrich Geigant.
- Wiesbaden : Dt. Univ.-Verl. ; Wiesbaden : Gabler, 1997
(Gabler Edition Wissenschaft)
Zugl.: Hannover, Univ., Diss., 1996

Gabler Verlag, Deutscher Universitäts-Verlag, Wiesbaden

© Springer Fachmedien Wiesbaden 1997

Ursprünglich erschienen bei Betriebswirtschaftlicher Verlag Dr. Th. Gabler GmbH, Wiesbaden 1

Lektorat: Ute Wrasmann / Brigitte Knöringer

Das Werk einschließlich aller seiner Teile ist urheberrechtlich geschützt. Jede Verwertung außerhalb der engen Grenzen des Urheberrechtsgesetzes ist ohne Zustimmung des Verlages unzulässig und strafbar. Das gilt insbesondere für Vervielfältigungen, Übersetzungen, Mikroverfilmungen und die Einspeicherung und Verarbeitung in elektronischen Systemen.

Höchste inhaltliche und technische Qualität unserer Produkte ist unser Ziel. Bei der Produktion und Auslieferung unserer Bücher wollen wir die Umwelt schonen: Dieses Buch ist auf säurefreiem und chlorfrei gebleichtem Papier gedruckt.

Die Wiedergabe von Gebrauchsnamen, Handelsnamen, Warenbezeichnungen usw. in diesem Werk berechtigt auch ohne besondere Kennzeichnung nicht zu der Annahme, daß solche Namen im Sinne der Warenzeichen- und Markenschutz-Gesetzgebung als frei zu betrachten wären und daher von jedermann benutzt werden dürften.

ISBN 978-3-8244-6492-0   ISBN 978-3-663-09121-9 (eBook)
DOI 10.1007/978-3-663-09121-9

Geleitwort

Die Welt kannte nie eine einheitliche Währungsordnung, dafür waren die Interessen, die wirtschaftlichen Verhältnisse und Machtkonstellationen allenthalben und jederzeit viel zu kontrovers. Nur für einen weltgeschichtlichen Augenblick gefielen sich die maßgeblichen Nationen in der Aureole eines integrativen, goldbasierten Währungs-„Systems". Der unter außergewöhnlichen Umständen erreichte Goldstandard wurde bald - allen Erfahrungen zum Trotz - als Gegenkult zum fiduziarischen Geld zelebriert und als Wohlfahrtsgarant dogmatisch fixiert; er überdauerte auf diese Weise sogar die Stahlgewitter des Ersten Weltkriegs, ja selbst das Fiasko der unbedachten Rückkehr des Pfund Sterling zum „crude metal". Am Ende des Zweiten Weltkriegs nötigten die zur Weltmacht aufgerückten Vereinigten Staaten ihren Verhandlungspartnern in Bretton Woods den Golddollar als Korsett für die Nachkriegszeit auf. Die neue Ordnung - als „System" sicherlich zu euphemistisch etikettiert – gab dennoch ein Vierteljahrhundert lang der halben Welt Form und Inhalt für den währungspolitischen Umgang miteinander.

Was Ausdruck der durch die Weltkriege erlangten Dominanz der USA war, siechte im Vietnam-Krieg dahin und verkümmerte schließlich nach der Aufkündigung der Goldkonvertibilität der US-Währung zum Papierdollarstandard. Nun war es allen IWF-Verschworenen klar, an einen Anker gekettet zu sein, der im Sand unbekümmert verfolgter partikularistischer Interessen trieb. Sogleich nahmen konkurrierende Währungsstandards erst programmatische, dann auch faktische Gestalt an: ein supranationaler und darum rückhaltloser Sonderziehungsrechtestandard, ein in den Geburtswehen abendländischer Zerrissenheit sich herausbildender europäischer Währungsstandard und ein von asiatischem Pragmatismus getragener, um den japanischen Yen gescharter Währungsstandard.

Oligopolistisches Neben- und Gegeneinander von Währungsblöcken ist folglich seit der ersten Revision der IWF-Statuten wieder Kennzeichen der internationalen Währungslandschaft. Unbeschadet dessen bleibt einzelnen Nationen Spielraum, individuelle Ziele zu verfolgen und eigene Wege zu beschreiten. Sehr viele Länder halten es für zweckmäßig, sich einem der Blöcke zuzugesellen und ihre Währungen fest an die dominante Währung dieser Gemeinschaft zu binden. Droht sich jedoch der Bund zu einer Inflationsgemeinschaft auszuwachsen, suchen Länder mit strammer Stabilitätsdoktrin, wirtschaftlicher Standfestigkeit, politischer Unabhängigkeit und hinreichend viel Selbstvertrauen auch ihr Heil in Abkopplung und flexiblen Wechselkursen. Dieselbe Strategie befolgen Länder, die sich allein von ökonomischen und sozialen Schocks getroffen sehen und keinen anderen Ausweg wissen, als den Teufel der Instabilität mit dem Beelzebub des Interventionismus auszutreiben.

Block- und länderweise Flexibilität heißt das neue Credo, obwohl schon nach kurzer Wegstrecke manche Stabilitätsillusion geschwunden ist und die Wechselkurs-, Adjustment- und Financing-Idylle der Bretton Woods-Ära im statistischen Vergleich hervorragend gegenüber der Folgezeit abschneidet. Doch wie immer liefert die Ursache-/Wirkungsdiagnose keine zweifelsfreien Erkenntnisse; vielleicht hätte auch ein schlechter geschneidertes Weltwährungskostüm dem Vierteljahrhundert des Wiederaufbaus wenig anhaben können. Um jedenfalls die seit den Ölpreisschocks erschreckend auflebende Volatilität der Wechselkurse zu begrenzen, ohne im Gegenzug Starrheit zu riskieren, sind Wechselkurszielzonen ein vielversprechendes währungspolitisches Design für die neue weltwirtschaftliche Konstellation: Man begibt sich nicht jeden nominalen Ankers und hat dennoch angesichts der nervösen Zuckungen des globalen Kapitalverkehrs gebührende Flexibilität. Und man kann sich auf langfristige Wechselkursvereinbarungen einlassen. Plaza Abkommen und Louvre Accord haben das Zielzonenkonzept aus dem elfenbeinernen Turm der theoretischen Spekulation herausgeholt und in diplomatische Lettern gegossen, längst bevor alle Früchte wissenschaftlicher Forschung gereift waren.

Die vorliegende Schrift hilft dieses für unsere Zeit so wichtige Design zu verstehen. Sie führt mit ruhiger Hand an die Gedankenwelt heran und erschließt die Methoden, die zur analytischen Bewältigung der zugrundeliegenden dynamischen und stochastischen Phänomene taugen. Studierende erhalten eine verständnisvolle Handreichung, um die faszinierende Welt der modernen Wechselkurstheorie für sich zu entdecken. Sachkenner finden einen Cicerone, der die Probleme der Wechselkurszielzonen im lehrgeschichtlichen Entwicklungsgang und in der ökonometrischen Stichhaltigkeit noch einmal vor ihrem geistigen Auge Revue passieren läßt. Auf neue Gedanken zu kommen, darf sich jeder bei der spannenden Lektüre versprechen.

Univ.-Prof. Dr. Friedrich Geigant

Vorwort

Die vorliegende Arbeit beschäftigt sich mit der noch relativ jungen makroökonomischen Theorie der Wechselkurszielzonen und ihren empirischen und wirtschaftspolitischen Implikationen. Wie in der Arbeit gezeigt wird, stellt die Zielzonentheorie eine wichtige Erweiterung der traditionellen Wechselkursanalyse dar. Auf ihrer
Grundlage lassen sich klare und interessante Schlußfolgerungen für Systeme fester
und flexibler Wechselkurse herleiten.

Die Zielzonentheorie ist allerdings durch einen nicht unerheblichen formalen Aufwand gekennzeichnet, der auf den ersten, schnellen Blick, den Zugang recht be-
schwerlich erscheinen läßt. Dies mag ein Grund dafür sein, daß die Zielzonentheorie
bislang kaum Eingang in die Literatur oder den Vorlesungsbetrieb fand.

Die erforderlichen Bausteine der stochastischen Differentialrechnung und der
zeitkontinuierlichen stochastischen Prozesse bieten jedoch ein weit über das An-
wendungsfeld der Zielzonentheorie hinausreichendes Instrumentarium, das aus der
neueren volkswirtschaftlichen Theorie nicht wegzudenken ist und dessen Erarbei-
tung sich schon unter diesem Blickwinkel lohnt. Mit der Arbeit soll daher versucht
werden, die Lücken im deutschsprachigen Literaturangebot zu schließen.

Um auch Studierenden den Einstieg in die Analyse zu ermöglichen, sind die
benötigten Tools in ausführlichen Methodenanhängen erläutert. Gleichzeitig wurde
versucht, durch Einbezug von Zwischenschritten den Rechenweg zur Bestimmung
von Modellösungen möglichst nachvollziehbar zu gestalten. Dem an weitergehenden
Details interessierten Leser werden darüberhinaus im Fußnotenapparat geeignete
Vertiefungsmöglichkeiten angeboten. Bei der Darstellung wurde besonderer Wert
auf die inhaltliche Interpretation der Ergebnisse gelegt, ebenso, wie auf die Verdeutlichung ihrer Plausibilität und ihrer geld- und wirtschaftspolitischen Konsequenzen.

Thomas Kremski

Für Bascha

Inhaltsverzeichnis

Anhang

4 Unvollkommene Regime-Glaubwürdigkeit   **91**

5 Intramarginale Interventionen   **157**

Anhang

Abbildungsverzeichnis

Tabellenverzeichnis

Kapitel 1

Einleitung

„I would suggest that the issue ... of choosing an exchange rate regime, should be regarded as the central intellectual question of international monetary economics. " Krugman (1993, S.4)

Die relativen Vorzüge fester oder flexibler Wechselkurse sind ein klassischer Untersuchungsgegenstand in der Theorie internationaler Wirtschaftsbeziehungen. In der traditionellen Diskussion alternativer Wechselkurssysteme wurde dabei zumeist anhand der theoretischen Grenzfälle argumentiert: Völlig frei schwankende Wechselkurse, bei denen sich die Währungsinstanzen jeglicher Devisenmarktinterventionen enthalten, wurden festen, gegebenenfalls diskret veränderbaren Paritäten gegenübergestellt.

Nun sind die in der Realität anzutreffenden Währungsvereinbarungen typischerweise von diesen Extremformen verschieden. Im System flexibler Wechselkurse lassen sich häufig Devisenmarktinterventionen der Zentralbanken beobachten, die Einfluß auf die Kursbildung nehmen wollen (managed oder dirty Floating). Festkurssysteme sind demgegenüber zumeist mit Bandbreiten im Sinne von Zielzonen ausgestattet, innerhalb derer die Wechselkurse frei um die politisch fixierte Parität schwanken können. Erst beim Erreichen der Zonenränder werden Devisenmarktinterventionen obligat.

Die traditionelle theoretische Wechselkursliteratur unterscheidet nicht zwischen vollständig fixierten Wechselkursen und derartigen Wechselkurszielzonen. Festkurssysteme werden traditionell mit vollständiger Wechselkursfixierung modelliert. Die

2

wohlbekannte Auswirkung auf (kleine) Volkswirtschaften ist bei perfekter Mobilität des internationalen Kapitals der Verlust jeglicher geldpolitischer Autonomie. Im Falle von Wechselkurszielzonen ergibt sich jedoch die Möglichkeit begrenzter Wechselkursschwankungen und damit auch von Wechselkursänderungserwartungen. Dies ermöglicht das Entstehen von internationalen Zinsdifferenzen und schafft im begrenzten Umfang wirtschaftspolitische Freiräume.

Deshalb ist zu untersuchen, ob Festkurssysteme nicht besser in Form von Zielzonen modelliert und analysiert werden sollten. Hieran sind zwei Fragestellungen gebunden. Zum einen interessiert im Sinne einer positiven Theoriebildung die Funktionsweise von Zielzonen hinsichtlich der Dynamik von Wechselkursen, Zinssätzen und Devisenmarktinterventionen. Zum anderen interessiert, ob beim Vergleich zwischen Wechselkursbändern und vollständig festen Kursen den Unterschieden Bedeutung beigemessen werden kann und wenn ja, welches System sich als vorteilhafter erweist. Wechselkurszielzonen liegen auf halber Strecke zwischen festen und flexiblen Wechselkursen und es ist die Frage, ob sie aus beiden Welten das jeweils Beste oder Schlechteste miteinander kombinieren.[1]

Das eigentliche Themengebiet der Wechselkurszielzonen geht zurück auf den Zielzonenvorschlag Williamsons (1985). Er sieht in der Einführung von relativ weiten Schwankungszonen für die realen Austauschkurse der wichtigsten Währungen der Welt einen Weg zur Stabilisierung des internationalen Währungssystems und zur Förderung der internationalen wirtschaftspolitischen Koordination. Stabilisierungsvorschläge für das internationale Währungssystem wurden verstärkt seit Beginn der 80er Jahre diskutiert, nachdem die post Bretton Woods Erfahrungen mit flexiblen Wechselkursen eine gewisse Desillusionierung über das Funktionieren von Devisenmärkten bewirkt hatten. Das Interesse an Wechselkurszielzonen wuchs aber auch bedingt durch die zunehmend positiven Erfahrungen mit dem Europäischen Währungssystem.[2]

---

[1]Vgl. Krugman (1992).

[2]Der Zielzonenbegriff wird in dieser Arbeit für ein relativ breites Spektrum von Wechselkursvereinbarungen verwendet. Der Europäische Wechselkursmechanismus im EWS repräsentiert hierbei eine eher 'harte' Zielzone, mit einem relativ schmalen Schwankungsband und obligatorischen Devisenmarktinterventionen. Williamsons Vorschlag richtete sich demgegenüber auf eine breitere Zielzone mit weichen Rändern, also ohne Interventionsverpflichtung. Zum Ausgestaltungsspektrum

Eine geeignete Theorie zur Modellierung der Dynamik von Wechselkursen unter den Bedingungen einer Zielzone existierte allerdings nicht vor Ende der 80er Jahre. Von technischer Seite wurde das Feld durch Flood und Garber (1983) vorbereitet. Die Überschneidung von Fragestellung und Methodik findet sich dann erstmalig in einem Diskussionsbeitrag Krugmans am National Bureau of Economic Research anläßlich einer Konferenz über das Europäische Währungssystem im Dezember 1987. Sein Beitrag 'Target Zones and Exchange Rate Dynamics' erschien zwar erst 1991 im Quarterly Journal of Economics, wurde aber bereits 1988 als Working Paper des National Bureau veröffentlicht. Dieser Beitrag bildete die Grundlage der nachfolgenden Forschungsbemühungen, die im Zeitraum bis zu seinem Erscheinen die Zielzonenliteratur bereits auf einige Dutzend Veröffentlichungen anwachsen ließ.[3]

In dieser Arbeit soll ein kritischer Überblick über den gegenwärtigen Theoriestand der Makroökonomik von Wechselkurszielzonen gegeben werden. Ziel ist die Darstellung und Analyse wesentlicher Aspekte der Theorieentwicklung und die Überprüfung ihrer empirischen Implikationen. Gleichzeitig soll gezeigt werden, welche wirtschafts- und währungspolitischen Konsequenzen sich aus den verschiedenen theoretischen Entwicklungen ergeben.

Zunächst erfolgt eine kurze Darstellung der Erfahrungen mit flexiblen Wechselkursen seit dem Ende des Bretton Woods Systems und der gegen Ende der 70er Jahre einsetzenden Diskussion um die Stabilisierung der Devisenmärkte. An die Motivation des Zielzonenvorschlags Williamsons schließt sich im Kapitel 3 die Darstellung der modelltheoretischen Grundlagen von Wechselkurszielzonen an. Aus der empirischen Überprüfung der Modellimplikationen ergeben sich dann die Ansatzpunkte für den weiteren Fortgang der Arbeit.

Kapitel 4 widmet sich umfassend dem Problem mangelhafter Glaubwürdigkeit von Wechselkurszielzonen. Insbesondere die Analyse von Realignmentrisiken führt zu wesentlichen Modifikationen der Zielzonentheorie, die sich zu einem Großteil empirisch bestätigen lassen. Aus der empirischen Analyse ergeben sich darüber hinaus

möglicher Zielzonenarrangements vgl. auch Frenkel und Goldstein (1986).

[3]Für einen Überblick über die Entwicklung der Zielzonentheorie vgl. Krugman und Miller (1992), Kap. 1.

interessante Implikationen im Zusammenhang mit den Turbulenzen im Europäischen Währungssystem im Herbst 1992 und Sommer 1993.

Kapitel 5 erweitert die Analyse mit Blick auf das Interventionsverhalten von Zentralbanken, woraus sich wiederum ein wesentlicher Erklärungsbeitrag für die empirischen Regelmäßigkeiten von Wechselkurszielzonen ergibt. In Kapitel 6 erfolgt schließlich eine grundlegende Modifikation des Wechselkurserklärungsansatzes durch die Annahme träger Güterpreisreaktionen. Dies ermöglicht einerseits die Überprüfung der Stabilität vorangegangener Modellaussagen. Andererseits lassen sich nunmehr explizit die Unterschiede zwischen nominalen und realen Wechselkurszielzonen analysieren. Da alle Theoriekapitel über eigene, kritische Zusammenfassungen der Modellergebnisse verfügen, werden in Kapitel 7 nur kurz die wesentlichsten Aspekte zusammengetragen, woran abschließend die Diskussion wirtschaftspolitischer Schlußfolgerungen anknüpft.

Kapitel 2

Das Trugbild stabiler Devisenmärkte

2.1 Argumente für flexible Wechselkurse

Durch den Zusammenbruch des Währungssystems von Bretton Woods und die Freigabe der Dollarkurse der wichtigsten Währungen im Internationalen Währungsfonds, fand im März 1973 de facto der Übergang zu einem System flexibler Wechselkurse statt.[1] Die krisenhaften Entwicklungen im internationalen Währungssystem, die zu diesem Zusammenbruch führten, reichten bis in die 60er Jahre zurück.[2] Sie resultierten aus den strukturellen Schwächen des Bretton Woods Systems und der mangelnden Bereitschaft der beteiligten Nationen, die Regeln des Systems einzuhalten, weil binnenwirtschaftlichen Zielsetzungen vorrangige Bedeutung zugestanden wurde.[3]

---

[1]Mit dem im Jahre 1944 unterzeichneten Abkommen von Bretton Woods und der dabei beschlossenen Gründung des Internationalen Währungsfonds (IWF) wurde die währungspolitische Ordnung des Westens für die Nachkriegszeit geschaffen. Das Wechselkursregime, als Kernstück des Bretton Woods Systems, basierte auf dem Grundsatz prinzipiell fester Währungsparitäten. Die de jure Freigabe der Wechselkurse erfolgte erst durch die Revision des IV. Abkommenartikels des IWF, mit dem Inkrafttreten der zweiten Abkommensänderung im April 1978 (vgl. ausführlich Aschinger (1978), S.71ff.).

[2]Eine gute tabellarische Übersicht über die währungspolitischen Probleme der 60er Jahre findet sich bei Kasper (1970), S.8f. Für die weitere Entwicklung vgl. auch Aschinger (1978).

[3]Vgl. im einzelnen Aschinger (1978), S.18ff.

6

An den Übergang zu flexiblen Wechselkursen waren große Hoffnungen geknüpft. Die Befürworter eines Systems flexibler Wechselkurse vertraten die Auffassung, daß erst freie Wechselkurse die Grundlage für eine prosperierende Entwicklung der Weltwirtschaft schafften.[4] Es wurde davon ausgegangen, daß die Wechselkurse im wesentlichen einem durch die Fundamentalfaktoren vorgegebenen Pfad folgten.[5] Wechselkurse wurden grundsätzlich als marktdeterminierte Gleichgewichtspreise angesehen.[6] Das Fixieren der Kurse würde aus dieser Sicht zu Restriktionen im internationalen Handel führen.[7] Dieses Argument wurde zusätzlich dadurch untermauert, daß bei flexiblen Kursen das Zahlungsbilanzmotiv für eine Beschränkung des internationalen Leistungs- und Kapitalverkehrs fehlen würde.[8] Während Friedman selbst noch vom (langfristigen) Ausgleich der Leistungsbilanz durch den Wechselkursmechanismus ausging,[9] wurde die Argumentation später auf den automatischen Ausgleich von Leistung- und Kapitalverkehrsbilanz im engeren Sinne, also unter Vernachlässigung der Devisenbilanz, eingeschränkt.[10] Daraus erwartete man sich insgesamt eine Verringerung protektionistischer Tendenzen.[11] Betont wurde auch, daß Anpassungen der Volkswirtschaften an Störungen und neue Entwicklungen über den Wechselkursmechanismus leichter erfolgen, als wenn sich im Anpassungsprozeß alternativ alle inländischen Preise und individuellen Lohnsätze ändern müßten.[12]

---

[4]Repräsentative Beiträge der pro-Flexibilitäts-Argumentation der frühen 70er Jahre stammen von Johnson (1976a), Sohmen (1973) und Yeager (1976). Dabei gehen die meisten Grundgedanken zurück auf Friedmans (1953) „Argumente für flexible Wechselkurse". Einen hervorragenden Überblick über die damalige Diskussion bieten Artus und Young (1979). Für eine kurze Zusammenfassung der pro-Argumentation vgl. auch Willms (1992). Eine kritische Analyse der Argumente und Übersicht über die Weiterentwicklung der Diskussion bis in die späten 80er Jahre bietet Genberg (1989).

[5]Vgl. Friedman (1953), S.173, Sohmen (1973), S.76ff. und Yeager (1976), S.235ff.

[6]Vgl. Johnson (1976a), S.198.

[7]Vgl. ebenda, S.196f. und Friedman (1953), S.196ff.

[8]Vgl. Yeager (1976), S.258ff. und Johnson (1976a), S.202f.

[9]Vgl. Friedman (1953), S.162.

[10]Vgl. Sohmen (1973), S.10.

[11]Vgl. Yeager (1976), S.258ff.

[12]„The argument for flexible exchange rates is, strange to say, very nearly identical with the argument for daylight saving time. Isn't it absurd to change the clock in summer when exactly the same result could be achieved by having each individual change his habits? All that is required is that everyone decide to come to his office an hour earlier, have lunch an hour earlier, etc. But obviously

Das Fehlen des außenwirtschaftlichen Anpassungsproblems wurde außerdem als zusätzlicher Freiheitsgrad für das Verfolgen einer binnenwirtschaftlich orientierten Wirtschaftspolitik angesehen.[13] Unter flexiblen Wechselkursen ist die Harmonisierung der nationalen Wirtschaftspolitiken nicht zwingend erforderlich für die Aufrechterhaltung des Systems. Dies würde eine von außenwirtschaftlichen Zwängen befreite Stabilisierungspolitik ermöglichen.[14] Ein Inflationsimport sei dabei weitestgehend ausgeschlossen, so daß eine Abschottung des Inlands gegenüber weltweiten Inflationstendenzen möglich sei.[15]

Den von Skeptikern geäußerten Befürchtungen vor einer möglichen Instabilität der Wechselkursentwicklung wurde mit dem Argument begegnet, daß bei flexiblen Wechselkursen die Devisenmarktspekulation einen stabilisierenden Einfluß auf die Wechselkursentwicklung ausübt. Die Begründung dieser Sichtweise ergibt sich aus einer klassischen These Friedmans: „*People who argue that speculation is generally destabilizing seldom realize, that this is largely equivalent to saying that speculators lose money, since speculation can be destabilizing only if speculators on the average sell when the currency is low in price and buy when it is high*".[16]

Natürlich blieben die Argumente nicht unwidersprochen.[17] Viele der vermuteten Vorteile einer Wechselkursflexibilisierung sind an bestimmte Grundannahmen und Voraussetzungen gebunden, die in der Realität nicht durchweg erfüllt sind. Insbesondere aber die Erfahrungen, die seit dem Übergang zum Floaten gemacht wurden, haben gezeigt, daß die an flexible Wechselkurse gestellten Erwartungen nur bedingt

---

it is much simpler to change the clock that guides all than to have each individual separately change his pattern of reaction to the clock, even though all want to do so. The situation is exactly the same in the exchange market. It is far simpler to allow one price to change, namely, the price of foreign exchange, than to rely upon changes in the multitude of prices that together constitute the internal price structure." (Friedman (1953), S.173.)

[13]Vgl. Johnson (1976a), S.197.

[14]Vgl. Friedman (1953), S.198ff., Johnson (1976a), S.191 u. S.201 sowie Yeager (1976), S.114.

[15]Vgl. Friedman (1953), S.178 und Yeager (1976), S.116.

[16]Friedman (1953), S.175.

[17]Vgl. Artus und Young (1979). Gegenpositionen wurden in Deutschland vor allem durch Stützel ((1969), (1973) u. (1983)) und Köhler vertreten (vgl. in diesem Zusammenhang die Minderheitsvoten Köhlers in den Sachverständigenratsgutachten (1970), S.87, Zi.305ff. u. (1971), S.106, Zi.313).

8

erfüllt worden sind.[18] Flexible Kurse haben einen Teil der Probleme des Bretton Woods Systems gelöst. Sie haben dafür aber neue Probleme geschaffen.[19]

2.2 Erfahrungen mit flexiblen Wechselkursen

Nach dem Übergang zu flexiblen Wechselkursen zeigte sich zunächst vor allem eine hohe kurzfristige Volatilität der Wechselkurse. Dies kann man in den oberen drei Diagrammen von Abbildung 2.1 erkennen. Mit dem Übergang zu flexiblen Wechselkursen nimmt 1973 der Umfang der monatlichen prozentualen Wechselkursänderungsraten deutlich zu.[20] Die Schwankungen der nominalen Wechselkurse schlugen sich dabei im hohen Ausmaß in entsprechenden Schwankungen der realen Wechselkurse nieder.[21]

Daraus erwuchs die Befürchtung, die hohe Wechselkursvolatilität könnte die Entwicklung des internationalen Handels beeinträchtigen.[22] Die mit der Wechselkursunsicherheit verbundenen Risiken könnten zu hohen Kostenbelastungen für Im- und Exporteure führen.[23] Man erwartete einerseits hohe Hedgingkosten bei der Absicherung von Fremdwährungstransaktionen. Andererseits befürchtete man Ressourcenfehlallokationen und Verzerrungen der Handelsstrukturen.

Die unvorhersehbare Volatilität zeigte sich als typisches Merkmal flexibler Wechselkurse und wurde daher als Argument für die Rückkehr zu festeren Währungsverhältnissen angesehen.[24] Die unteren drei Diagramme in Abbildung 2.1 verdeutlichen den Einfluß des Wechselkurssystems auf das Wechselkursverhalten anhand

---

[18]Vgl. unter vielen Shafer und Loopesko (1983), Dominguez und Frankel (1993), Kap.2 und Frankel (1996).

[19]Vgl. Willms (1992), S.150.

[20]In dieser Arbeit werden Wechselkurse durchgehend in Preisnotierung verwendet. Negative Wechselkursänderungsraten entsprechen einer Aufwertung, positive Wechselkursänderungsraten einer Abwertung der Inlandswährung.

[21]Vgl. Dominguez und Frankel (1993), S.31f. und die Tabelle bei Bofinger (1991), S.338. Da sich in der Vergangenheit gezeigt hat, daß beim Übergang von festen zu flexiblen Kursen immer sowohl die Variabilität des nominalen als auch des realen Wechselkurses gestiegen ist, läßt sich ausschließen, daß hierbei die Kausalität vom realen zum nominalen Wechselkurs führt.

[22]Vgl. Akhtar und Hilton (1984), Köhler (1985) und Branson (1986).

[23]Vgl. Dominguez und Frankel (1993).

[24]Vgl. Frankel (1996), Obstfeld und Rogoff (1995), Filc (1988) und Williamson (1985).

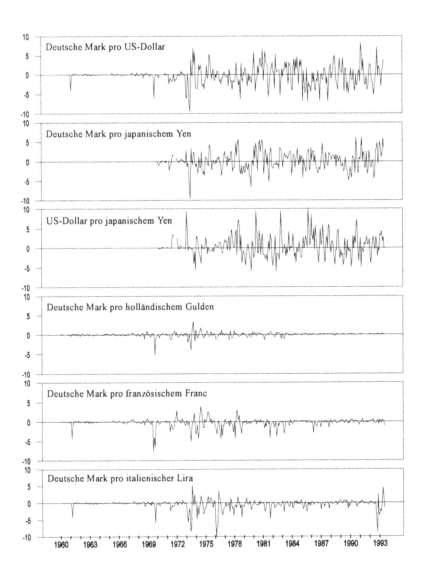

Abbildung 2.1: Monatliche prozentuale Wechselkursänderungsraten

Quelle der Grunddaten: Wechselkursmonatsdurchschnittsdaten der Deutschen Bundesbank, Devisenkursstatistik, Statistisches Beiheft zum Monatsbericht 5.

dreier Partnerwährungen im Europäischen Währungssystem (EWS). Die Kursentwicklung der italienischen Lira, die auch während der Teilnahme am Wechselkursmechanismus des EWS ein relativ krisenanfälliger Partner war, zeigt einen deutlichen Unterschied zwischen dem Zeitraum der EWS-Teilnahme und dem Zeitraum 1973–1979, als der Wechselkurs gegenüber der Deutschen Mark freigegeben war. Auffällig ist außerdem der Anstieg der Wechselkursvariabilität nach Ausscheiden aus dem Wechselkursmechanismus. Auch bei Frankreich unterscheidet sich das Wechselkursverhalten im nach-Bretton-Woods Zeitraum vom Beginn des EWS.[25] Mit Beginn des EWS ist eine deutliche Verringerung der Variabilität des Franc-Kurses erkennbar. Nur der holländische Gulden war auch während der Zeit des Gruppenfloatings fest an die Deutsche Mark gebunden. Wie die Zeitreihe zeigt, ist die feststellbare trendmäßige Abnahme der Volatilität des Gulden-Kurses nicht an den Beginn des EWS gebunden, sondern vollzieht sich stetig bis in die frühen 80er Jahre.

Die Zeitreihen zeigen ebenfalls, daß für die europäischen Währungen das Ausmaß von Wechselkursschwankungen generell weniger ausgeprägt gewesen ist, als zwischen den internationalen Hauptwährungen. Dies hat sicherlich seine Ursache in der starken ökonomischen Integration der europäischen Staaten. Wesentlich ist aber, daß bei den europäischen Staaten ein deutlicher Unterschied im Wechselkursverhalten vor und während der EWS-Teilnahme zu beobachten ist.

In Tabelle 2.1 sind die sich für die Wechselkursreihen in Abbildung 2.1 ergebenden Standardabweichungen der monatlichen prozentualen Wechselkursänderungsraten in einzelnen Teilzeiträumen gezeigt.[26] Dabei wurden der Gesamtzeitraum in die Jahre 1960–1972, 1974–1978 und 1980–1992 unterteilt.[27] Der Vergleich für die einzelnen Währungsrelationen zeigt deutlich die Abhängigkeit der Wechselkursvolatilität vom Währungssystem. Während zwischen den großen Währungsblöcken die Wechselkursvolatilität im Zeitraum nach 1980 gegenüber den Jahren 1974–1978

---

[25]Frankreich nahm in der Zeit vom 21.4.74 bis 9.7.75 und ab 15.3.76 nicht am Gruppenfloating des Europäischen Wechselkursverbundes teil, floatete also die meiste Zeit gegenüber der Deutschen Mark.

[26]Zur Währungsabkürzung werden in dieser Arbeit durchgängig die ISO-Codes benutzt.

[27]Die Übergangszeiträume wurden ausgespart, weil sie erfahrungsgemäß durch eine überdurchschnittliche Volatilität gekennzeichnet sind.

Tabelle 2.1: Volatilität der bilateralen nominalen Wechselkurse[a]

Wechselkurs	1960–1972	1974–1978	1980–1992
DEM/USD	0.715	2.318	3.057
DEM/JPY	0.687[*]	2.223	2.440
USD/JPY	0.843[*]	2.388	2.986
DEM/NLG	0.541	0.644	0.265
DEM/FR	1.030	1.824	0.740
DEM/ITL	0.669	2.352	1.171

[a] Standardabweichung der monatlichen Wechselkursänderungsraten.
[*] Im Zeitraum 1970–1972.
Quelle: eigene Berechnungen.

weiter angestiegen ist, findet sich bei den Austauschverhältnissen zwischen den europäischen Währungen eine deutliche Stabilisierung.[28]

Für die Diskussion des Volatilitätsbefundes sind zwei Fragen von zentraler Bedeutung. Zum einen ist zu klären, welche Wirkungen von einer hohen Wechselkursvolatilität ausgehen. Nach über zwanzig Jahren der Erfahrung mit flexiblen Wechselkursen ist deutlich geworden, daß Wechselkursunsicherheit nur relativ geringe direkte Kosten für den internationalen Handel verursacht.[29] Es bestehen ausreichend Möglichkeiten des Hedgings von Wechselkursrisiken mit Forwards, Futures, Optionen und Swaps, die mit nur geringen Kosten verbunden sind.[30] Andererseits läßt sich aber zeigen, daß von erhöhter Wechselkursvolatilität Allokationswirkungen ausgehen können, da Wechselkursunsicherheit die Produktions- und Standortentscheidungen international operierender Unternehmen beeinflussen kann.[31] Die tatsächliche Bedeutung der Wechselkursvolatilität für die Entwicklung des internationalen Handels ist daher nach wie vor ungeklärt.[32]

[28]Zu den gleichen Ergebnissen gelangen auch Artis und Taylor (1994). Sie zeigen darüberhinaus, daß die reale Wechselkursvolatilität im EWS ebenfalls deutlich geringer gewesen ist, ohne daß es dabei zu einem Anstieg der Volatilität kurzfristiger Zinsen, also einem Volatilitätstransfer, gekommen ist.
[29]Vgl. International Monetary Fund (1984) sowie Dominguez und Frankel (1993), S.34 und die dort genannte Literatur.
[30]Die Bedeutung von Geld/Brief-spreads und Risikoprämien wird allgemein als gering eingeschätzt (vgl. Dominguez und Frankel (1993)).
[31]Vgl. hierzu ausführlich Dixit (1989) und Krugman (1989).
[32]Für eine kurze Übersicht über entsprechende empirische Untersuchungem vgl. Kenen und Ro-

12

Tabelle 2.2: Wechselkursvolatilität und Volatilität anderer Finanz-marktvariablen

	Durchschnitt der Absolutwerte monatlicher prozentualer Änderungsraten		
	1974–83	1984–94	1974–94
Nominale Wechselkurse			
DEM/USD	2.38	2.78	2.59
DEM/JPY	2.43	2.22	2.32
JPY/USD	2.38	2.45	2.41
Verbraucherpreise			
Vereinigte Staaten	0.66	0.32	0.48
Deutschland	0.37	0.22	0.29
Japan	0.59	0.25	0.41
Aktienpreisindizes			
Vereinigte Staaten	2.92	2.49	2.70
Deutschland	–	3.76	–
Japan	2.24	3.68	3.00
Güterpreisindizes			
Landwirtschaftliche Rohstoffe	2.52	1.89	2.19
Metalle und Mineralien	2.47	2.71	2.59
Nahrungsmittel	3.25	2.09	2.65
Gold	5.58	2.40	3.92
Rohöl	5.18	6.27	5.75

Quelle: Isard (1996), S.3. Die Aktienpreisindizes sind der Dow Jones Index, der Frankfurter Commerzbank Index und der Tokio Nikkei 225.

Zum anderen muß bei der Beurteilung der Wechselkursvolatilität die Frage gestellt werden, ob die hohe Volatilität mit einem zuviel an Volatilität einhergeht. Eine Hauptimplikation der wechselkurstheoretischen Entwicklungen der späten 70er und 80er Jahre ist, daß der Wechselkurs als eine Finanzmarktvariable betrachtet werden muß. Vergleicht man die Wechselkursvolatilität mit den Kursbewegungen anderer Finanzmarktvariablen, so ergibt sich eher das Bild einer gemäßigten Volatilität. Einen Überblick gibt Tabelle 2.2.[33]

Außerdem läßt sich zeigen, daß relativ starke Wechselkursbewegungen bereits durch kleine Fundamentalfaktorveränderungen ausgelöst werden können. In Dornbuschs weithin bekannter Overshooting-Theorie zeigt sich, daß 'Überreaktionen' von Wechselkursen eine Folge der Preisträgheit auf Güter- und Faktormärkten sind.[34] Die Stabilisierung der Wechselkursentwicklung würde in dieser Sicht die Volatilität

drik (1986). Sie selbst finden einen negativen Einfluß *realer* Wechselkursvolatilität auf das Volumen des internationalen Handels.

[33]Vgl. ähnlich auch MacDonald (1988), S.11ff.

[34]Vgl. Dornbusch (1976a).

und den Anpassungsdruck auf andere Märkte verlagern, die diese Anpassungslasten unter Umständen schlechter bewältigen.[35]

Bisher ist offen, inwieweit die beobachtbare Wechselkursvolatilität als Überschußvolatilität zu kennzeichnen ist. Die empirische Evidenz direkter Volatilitätstests ist uneinheitlich und abhängig von den verwendeten Testverfahren.[36] Aus theoretischer Sicht lassen sich andererseits überzeugende Argumente finden, die das Auftreten einer erhöhten und übermäßigen Volatilität begründen und im Einklang mit dem tatsächlichen Entscheidungsverhalten von Devisenmarkthändlern stehen.[37] Der mögliche Abbau solcher Überschußvolatilitäten ist dann ein Argument für die Stabilisierung der Wechselkursentwicklung.[38]

Neben der erhöhten Volatilität zeigte sich nach dem Übergang zu flexiblen Wechselkursen ein weiteres Problem in Form von langanhaltenden 'misalignments' der Währungen.[39] So können starke langfristige Schwankungen realer Wechselkurse international zu Fehlallokationen und Anpassungskosten im großen Ausmaß führen.[40]

Abbildung 2.2 zeigt exemplarisch das starke und anhaltende Ausmaß realer

[35]Vgl. Willms (1992), S.159. Allerdings zeigt Genberg (1989), daß unabhängig von den Ursachen der Wechselkursvolatilität ein Wechselkursmanagement gegenüber einem reinen Floating superior sein kann.

[36]Vgl. Hodrick (1990) und Bartolini und Bodnar (1996). Bartolini und Bodnar geben eine umfassende Übersicht über die Ergebnisse verschiedener empirischer Studien zur Frage der Exzessvolatilität von Wechselkursen. Sie selbst lehnen aufgrund ihrer eigenen Tests die Hypothese übermäßiger Volatilität ab.

[37]Hierzu gehören Modelle, die aus dem Devisenmarktengagement von Chartisten und Noise-Tradern das Entstehen spekulativer Blasen und eine allgemein erhöhte Wechselkursvolatilität begründen (vgl. Frankel und Froot (1990) sowie Krugman und Miller (1993)).

[38]Vgl. Krugman und Miller (1993). Williamson und Miller (1987) bezweifeln unter Verweis auf die Zins- und Wechselkurs 'Volatilitätshistorie' der Niederlande ebenfalls die Vorstellung einer systemunabhängigen Wechselkursvolatilität.

[39]Vgl. Williamson (1985), Willms (1992), Dominguez und Frankel (1993) und Frankel (1996). Williamson definiert den Begriff des misalignments als anhaltende Abweichung des Wechselkurses von seinem langfristigen Gleichgewichtsniveau. Das Problem ist hierbei allerdings der ebenfalls definitionsbedürftige Gleichgewichtsbegriff (vgl. auch Williamson (1985), S.13ff.). Frankel (1985) verdeutlicht umfassend die Probleme bei der Bestimmung des relevanten Gleichgewichtskonzepts.

[40]Vgl. Williamson (1985) Frenkel und Goldstein (1986), und Filc (1988). Williamson betrachtet langfristige misalignments als das eigentliche Problem des Floating. Demgegenüber hätte die übermäßige Betonung des Volatilitätsproblems eher den Blick von den Kosten der Wechselkursflexibilität abgelenkt (vgl. Williamson (1985), S.10).

14

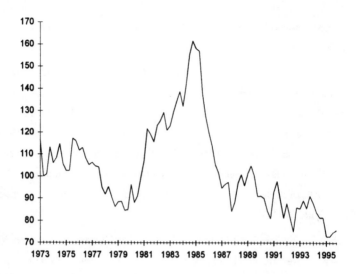

Abbildung 2.2: Realer DEM/USD Wechselkursindex (2. Quartal 1973 = 100)

Quelle der Grunddaten: Wechselkursquartalsendstände und Verbraucherpreisindizes des Internationalen Währungsfonds, *International Financial Statistics.*

Wechselkursbewegungen für das Verhältnis der Deutschen Mark zum US-Dollar. Auch wenn man die Einschränkungen zuläßt, daß reale Wechselkursänderungen erforderlich sind, um Veränderungen der nationalen Präferenzen oder des Produktivitätsfortschritts auszugleichen und daß die Kaufkraftparitätentheorie als Gleichgewichtskonzept nur bedingt tauglich ist[41] – es läßt sich vorstellen, daß ein Anstieg des realen Wechselkursindex von 85 auf über 160 Prozent binnen fünf Jahren, gefolgt von einem ebenso großen Fall binnen drei Jahren enorme Wettbewerbsverzerrungen verursacht.[42]

Die Möglichkeit des Auftretens von *misalignments* und die daraus resultieren-

---

[41]Vgl. auch Williamson (1985) und Black (1994).

[42]Kenen (1988, S.20) bemerkt angesichts der 80er Jahre Dollarkursentwicklung: „*This might have been the most expensive round trip in recent history, save perhaps for the big swing in oil prices that began and ended earlier ... Whole industries and regions in the United States have been affected permanently, because plants that were shut down when they became uncompetitive will not be reopened ... Export and domestic markets have been lost to foreign competitiors, who invested heavily to capture them initially and will not give them up, even though they are not as profitable now .. This is not a mercantilistic dirge. It is a lament for wasted resources ... These real resource costs were compounded by permanent damage to the trading system.*"

den Kosten durch Fehlallokation von Faktoren und Ressourcen sind modelltheo-retisch gut fundiert. Misalignments lassen sich auch bei rational agierenden Devi-senmarktakteuren nicht ausschließen, wenn spekulative Blasen oder Peso-Problemen auftreten.[43] Misalignments können aber auch dadurch entstehen, daß Devisenmarkt-teilnehmer das 'falsche' Modell haben und irrelevante Informationen in ihren Markt-erwartungen verarbeiten.[44] Die von einigen Befürwortern flexibler Wechselkurse ver-tretene Vorstellung, daß der Markt das beste Wissen vom 'richtigen' Wechselkurs habe, ist insofern revisionsbedürftig.[45]

Aus heutiger Sicht wird gemeinhin die Dollarkursentwicklung von 1984–1985 als eine spekulative Blase gedeutet.[46] Dies ist für die währungspolitische Diskussion insofern bedeutsam, als das Phänomen der spekulativen Blasen die traditionelle Sichtweise einer fundamental determinierten Wechselkursentwicklung widerlegt.[47]

„Speculative bubbles would seem to be the ultimate counterexample to Friedman's proof that destabilizing speculation cannot exist: the variance of the exchange rate is higher in a bubble world, and yet speculators are on the average neither earning nor losing money."[48]

Negative Allokationswirkungen von misalignments lassen sich zum einen aus hy-steretischen Verhaltensweisen infolge des 'sunk cost'-Charakters von Markteintritts-kosten im Außenhandel und von Direktinvestitionen begründen.[49] Zum anderen las-sen sie sich daraus begründen, daß eine andauernde Unsicherheit über die zukünftige Wechselkursentwicklung ein abwartendes Verhalten optimal machen kann. Hysterese resultiert hierbei aus dem Optionscharakter den ein potentieller Markteintritt oder eine mögliche Direktinvestition besitzen.[50]

Die erhoffte außenwirtschaftliche Abschirmung flexibler Wechselkurse hat sich

---

[43]Vgl. Dornbusch (1983), S.18ff. und Frankel (1985). Die Existenz rationaler spekulativer Bla-sen wird in Abschnitt 3.1, Seite 33f. gezeigt. Zum Peso-Problem vergleiche auch Abschnitt 4.2.3, Seite 128f.

[44]Vgl. Dornbusch (1983).

[45]Vgl. Bofinger (1986), S.184f.

[46]Vgl. hierzu ausführlich Krugman (1989) und Dominguez und Frankel (1993).

[47]Vgl. Frankel (1996), S.153.

[48]Frankel (1985).

[49]Vgl. Baldwin (1988), Krugman (1989) sowie Baldwin und Krugman (1989).

[50]Vgl. Dixit (1989) und Krugman (1989).

aber auch bezüglich der erwarteten wirtschafts- und insbesondere geldpolitischen Freiräume nur bedingt gezeigt.[51] *„Kaum eine ökonomische These ist in den letzten Jahren so gründlich durch die Erfahrungen widerlegt worden wie die, daß flexible Wechselkurse die Geldpolitik vor Auslandseinflüssen wirksam abschirmen könnten."*[52] Insbesondere die enorm angestiegene Bedeutung internationaler Kapitalbewegungen und die Globalisierung der Finanzmärkte beschränkt das Ausmaß geldpolitischer Freiräume.[53] Die Befürworter flexibler Wechselkurse begründeten die geldpolitische Autonomie aus der Befreiung der Geldpolitik von der Verpflichtung, offizielle Paritäten verteidigen zu müssen. *„But the same interest arbitrage that limits the autonomy of a central bank in a fixed-exchange-rate regime restricts its powers under floating. If similar financial assets denominated in different currencies are perfect substitutes in private portfolios, they cannot bear different interest returns in their domestic currencies unless those differences are offset by expected exchange rate movements. Central banks and governments cannot always create exchange rate expectations consistent with the domestic interest rates they desire. It is true that exchange market volatility itself should make assets in different currencies imperfect substitutes and create a bit of room for independent monetary policies. But the swings in market sentiment that generate much of the volatility are not helpful."*[54]

2.3 Wechselkursstabilisierung und Wechselkurszielzonen

Mit dem Übergang in die 80er Jahre begann in der akademischen Diskussion das Pendel zurückzuschwingen in Richtung auf die Forderung nach einer Stabilisierung der Wechselkurse.[55] Hierzu wurden von einigen Autoren administrative Kapitalverkehrskontrollen vorgeschlagen. So findet sich zum einen das Konzept eines dualen Wechselkurssystems, das eine Spaltung der Wechselkurse für Güter- und Finanzmarkttrans-

---

[51]Vgl. ausführlich Rohde (1996).

[52]Pohl, R. (1988), S.41.

[53]Vgl. Eichengreen, Tobin und Wyplosz (1994).

[54]Eichengreen et al. (1994), S.5.

[55]Vgl. auch Frankel (1996).

aktionen zum Ziel hat.[56] Die laufenden Transaktionen könnten so zu festen Paritäten und unabhängig von reinen Kapitalmarkttransaktionen abgewickelt werden, für die sich ein freier Wechselkurs bildet. Zum anderen wurde die Einführung einer Steuer auf Devisenkassamarkttransaktionen propagiert.[57] Eine geringe Proportionalsteuer soll hierbei die kurzfristige Devisenmarktspekulation unrentabel machen. Bei einem geeignet niedrigen Steuersatz wäre gleichzeitig die Bedeutung der Steuer für Im- und Exportgeschäfte sowie für längerfristige Investitionen vernachlässigbar.[58]

Von anderer Seite kam der Vorschlag einer strengen Koordinierung der nationalen Geldpolitiken und Steuerung der 'Weltgeldmenge'.[59] Die beteiligten Nationen sollten im Falle von währungspräferenzbedingten Wechselkursschwankungen durch symmetrische und unsterilisierte Devisenmarktinterventionen eine entsprechende Anpassung ihrer nationalen Geldmengen vornehmen, so daß eine Glättung der Wechselkursentwicklung erreicht würde. Gleichzeitig sollte durch eine Steuerung des Gesamtniveaus internationaler Liquidität die Stabilisierung des gemeinsamen (durchschnittlichen) Preisniveaus erreicht werden.[60]

Alle genannten Vorschläge haben jedoch große Probleme in bezug auf ihre Durchführbarkeit und die erforderliche Bereitschaft der Staaten, die notwendigen Einschränkungen der nationalen Souveränität hinzunehmen. Kapitalverkehrskontrollen sind nur dann durchführbar, wenn sich *alle* Staaten an ihnen beteiligen.[61] Die hierfür erforderliche politische Unterstützung ist realistisch betrachtet wohl kaum erreichbar. Solange aber Offshore Märkte und andere Ausweichmöglichkeiten existieren, wird eine Besteuerung der internationalen Kapitalströme nur unvollkommen gelingen.[62]

Ebenso schwierig dürfte sich Einigkeit bei der Einführung dualer Wechselkurse erreichen lassen. Bei einem solchen System müßten zudem die Anpassungsprobleme im Falle einer divergierenden Wirtschaftsentwicklung der beteiligten Länder gelöst wer-

[56]Vgl. Dornbusch (1976b), (1986) und (1987).

[57]Vgl. Tobin (1978) und Eichengreen et al. (1994).

[58]Vgl. Frankel (1996), S.156.

[59]Vgl. McKinnon (1984) und (1988).

[60]Vgl. hierzu ausführlich Willms (1992) und Bofinger (1991).

[61]Vgl. Frankel (1996).

[62]Vgl. Dornbusch (1983), S.26.

den. Außerdem könnte es beim langfristigen autonomen Kapitalverkehr weiterhin zu einer Beeinträchtigung durch (spekulationsbedingte) Wechselkursrisiken kommen.

Der McKinnon Vorschlag einer Weltgeldmengensteuerung entspricht im Kern einer Wiedereinführung fester Wechselkurse, in ähnlich stringenter Form wie beim Goldstandard.[63] Ob angesichts der strukturellen und wirtschaftlichen Unterschiede zwischen den Nationen eine so starke Betonung des währungspolitischen Arguments durchsetzbar wäre, sei dahingestellt. Zum gegenwärtigen Zeitpunkt scheint kaum vorstellbar, daß die großen Wirtschaftsnationen zu einer entsprechenden außenpolitischen Disziplinierung der Haushalts- und Geldpolitik bereit sind.[64]

Diese nahezu ausschließliche Betonung der Wechselkurserfordernisse in der Wirtschaftspolitik vermeidet ein anderes Konzept zur Wechselkursstabilisierung: der Zielzonenvorschlag von Williamson.[65] Williamsons Vorschlag sieht vor, zwischen den wichtigsten Währungen der Welt relativ weite Schwankungszonen zu verabreden, innerhalb derer die Austauschkurse der Währungen gehalten werden sollen.[66] Die Zielbereiche der nominalen Wechselkurse ergeben sich dabei aus realen effektiven Wechselkurszielen, die für die Länder wechselseitig ein fundamentales Gleichgewicht sicherstellen sollen. Darunter wird verstanden, daß sich mittelfristig und im Durchschnitt ein gleichzeitiges internes und externes Gleichgewicht einstellt. Das interne Gleichgewicht entspricht dabei der niedrigsten Unterbeschäftigungsrate, die mit Preisniveaustabilität vereinbar ist. Externes Gleichgewicht wird mit einem Leistungsbilanzsaldo gleichgesetzt, der sich aufgrund von Kapitalströmen einstellt, die im Hinblick auf die inländische Spar- und Investitionsneigung tragbar und angemessen sind.[67]

Aufgrund der nicht unbedeutenden Berechnungsunsicherheiten und des normativen Charakters eines solchen fundamentalen Gleichgewichtswechselkurses sind die

---

[63]Vgl. Willms (1992), S.164.

[64]Vgl. auch Frenkel und Goldstein (1986)

[65]Vgl. Williamson (1985), (1986) und (1987).

[66]Williamson geht dabei im Minimum von den USA, Japan und Deutschland aus, würde aber die G5 (zuzüglich Großbritannien und Frankreich) oder die G7 (zuzüglich Italien und Kanada) bevorzugen (vgl. Williamson (1985), S.166).

[67]Vgl. im einzelnen Williamson (1985) und (1987) sowie Williamson und Miller (1987).

anfänglich vorgesehenen Schwankungsbereiche der Zielzonen relativ groß.[68] Williamson nennt einen Zielzonenumfang von ±10 Prozent. Dabei ist aber beabsichtigt, den Zielbereich im Laufe der Zeit zu verengen.[69]

Ein zentrales Element des Zielzonenvorschlags ist die regelmäßige Anpassung der nominalen Zielkurse an die Inflationsdifferenzen der Länder. Außerdem sieht Williamson eine Anpassung der realen Wechselkursziele an unterschiedliches Produktivitätswachstum in den Handelsgütersektoren der Länder und bei realen Schocks vor.[70] Dadurch versucht das Konzept die Gefahr fundamental ungerechtfertigter Wechselkursziele zu vermeiden und damit letztlich jene Probleme, die im Bretton Woods System und im Europäischen Währungssystem aus der verspäteten Anpassung der Paritäten resultierten.

Von zentraler Bedeutung ist weiterhin, daß aus dem Erreichen der Grenzen des vorgesehenen Schwankungsbereichs den Ländern keine Obligation erwächst, die Zielzonen zu verteidigen. Es ergibt sich lediglich ein Zwang zu internationalen Konsultationen und währungspolitischer Kooperation mit der Absicht, den Wechselkurs wieder in die Zielzone zurückzuführen, sofern eine Revision der Zielzone unangebracht erscheint.[71] Das prinzipielle Instrument hierfür ist Geld- (Zins-) Politik, die gegebenenfalls durch (sterilisierte) Interventionen einen Beistand erhalten kann.[72] Die Wechselkurspolitik sollte durch eine angemessene Fiskalpolitik allgemein unterstützt werden. Wegen der im Zusammenhang mit fiskalpolitischen Maßnahmen zu erwartenden Inflexibilitäten und ihrer komparativen Nachteile kommt sie als direktes wechselkurspolitisches Instrument jedoch nicht in Frage.[73]

Der Zielzonenvorschlag Williamsons stellt stark auf die politische Durchführbarkeit des Konzeptes ab, da für die Teilnehmerländer angesichts breiter Zonen und

---

[68]Zu den Bestimmungsproblemen im Zusammenhang mit den fundamentalen Gleichgewichtskursen vgl. Williamson selbst, (1985), Frenkel und Goldstein (1986), Krugman (1989) und Black (1994).

[69]Vgl. Williamson (1985), S.66.

[70]Vgl. Williamson (1986) und Williamson (1987).

[71]Vgl. Williamson (1986) und Willms (1992).

[72]Vgl. Williamson (1985) und (1987).

[73]Vgl. Williamson (1985), S.71. Die komparativen Nachteile ergeben sich im Sinne des 'principle of effective market classification' der Mundellschen Analyse von Geld- und Fikalpolitik in offenen Volkswirtschaften (vgl. Mundell (1962)).

weicher Zonenränder erhebliche geldpolitische Freiräume verbleiben. Williamson versucht damit aber gleichzeitig auch die Probleme zu vermeiden, die aus spekulativen Währungsattacken resultieren können.[74] Dabei hält er die Veröffentlichung der Zielzonen für wesentlich, um der Erwartungsbildung auf den Devisenmärkten Führung zu geben.[75]

Williamson weitete den ursprünglichen Zielzonenvorschlag später zusammen mit Miller zu einem „Blueprint for the International Coordination of Economic Policy" aus.[76] Im für die G7 formulierten Blueprint tritt zum realen Wechselkursziel als zweites das Ziel, die inländischen Nachfrage zu steigern. Dabei soll die höchstmögliche Wachstumsrate erreicht werden, die gerade noch mit einer Abnahme der Inflationsrate auf ein akzeptables Niveau und einer einvernehmlichen Leistungsbilanzentwicklung vereinbar ist.[77] Neben die zinspolitische Beeinflussung der Wechselkurse tritt im Blueprint daher die Steuerung des durchschnittlichen (realen) Weltniveaus der kurzfristigen Zinsen und der Einbezug der Fiskalpolitik zur Steuerung des inländischen Wachstums.[78]

Der Zielzonenvorschlag Williamsons hat in den 80er Jahren großes Interesse ausgelöst, da die Idee einer Wechselkurszielzone ein prinzipiell breites Ausgestaltungsspektrum für Wechselkursarrangements zuläßt. Mit Blick auf die unterschiedliche wirtschaftliche Homogenität verschiedener Ländergruppen lassen sich auch unterschiedliche Zielzonenkonzeptionen in Betracht ziehen.[79] Das Interesse an Wechsel-

---

[74]Hierzu gehört auch, daß Zonenbreiten von ±10 Prozent fast immer Anpassungen des Zielzonenbereichs gestatten dürften, bei denen es zum Überlappen der alten mit der neuen Zone kommt. Vgl. in diesem Zusammenhang auch De Grauwe (1994), S.117ff.

[75]Williamson (1985), S.68f.

[76]Vgl. Williamson und Miller (1987). Eine kritische Zusammenfassung bietet Bofinger (1991), S.258ff.

[77]Williamson und Miller (1987), S.2.

[78]Vgl. Williamson und Miller (1987), S.2. Zur Darstellung und Kritik des Ansatzes vgl. auch Willms (1992) und Bofinger (1991).

[79]Zur möglichen Ausgestaltung von Wechselkurszielzonen vgl. Frenkel und Goldstein (1986). Die Frage der formellen Konzeption von Wechselkurszielzonen steht im engen Zusammenhang mit den Kriterien für die Wahl eines Währungssystems. (Für eine Übersicht vgl. Frenkel und Goldstein (1986) oder auch Heller (1977).) Die im Zusammenhang mit der Theorie optimaler Währungsräume relevanten Ländercharakteristiken, wie zum Beispiel ihre Offenheit, Größe, Diversifikation und makroökonomische Konvergenz, sind hierbei von unmittelbarer Bedeutung für die mögliche Enge

kurszielzonen wuchs aber auch bedingt durch die zunehmend positiven Erfahrungen mit dem Europäischen Währungssystem. Dabei ähnelt der Europäische Wechselkursmechanismus der harten Version einer Zielzone, mit relativ schmalen Wechselkursbändern und einer zusätzlichen vertraglichen Verpflichtung zur Wechselkursintervention beim Erreichen der Zonenränder.[80]

Zum wachsenden Interesse haben aber auch zwei weitere Argumente für eine feste Währungsanbindung beigetragen, die in den 80er Jahren eine neue empirische und theoretische Fundierung erhielten. Neben den Argumenten der Wechselkursvolatilität und misalignments haben sich das Argument der geldpolitischen Disziplinierung und das des nominalen Ankers als wesentliche Motive einer festen Wechselkursanbindung herauskristallisiert.[81]

Das Argument der geldpolitischen Disziplinierung sieht den Hauptgrund für eine Fixierung von Wechselkursen in der Hoffnung, daß eine enge Anbindung an eine preisstabile Währung dabei hilft, die eigene Inflationsrate niedrig zu halten.[82] Die Idee hierbei ist die, daß eine offizielle vertragliche Verpflichtung zur Einhaltung eines Wechselkursziels den monetären Autoritäten eine technische Möglichkeit gibt, der späteren Versuchung zu widerstehen oder gar zuvorzukommen, eine exzessive expansive Makropolitik zu betreiben.

Der modelltheoretische Hintergrund dieser Argumentation liegt in den Analysen zur optimalen Gestaltung der Geldpolitik, die seit den späten 70er Jahren unter dem Blickwinkel des Zeitinkonsistenzproblems entstanden.[83] Im Rahmen spieltheoretischer Modelle wurde dabei die Diskussion um die Frage einer regelgebundenen oder diskretionären Geldpolitik neu belebt. In den Analysen wurde deutlich, daß un-

---

der währungspolitischen Anbindung.

[80]Der Europäische Wechselkursmechanismus wurde zwar oft als Festkurssystem bezeichnet, ist bis zum August 1993 genaugenommen aber ein Bandbreitensystem mit nicht unerheblichen Schwankungsbereichen gewesen (±2.25% bzw. ±6%). Diese Bandbreiten lassen sich durchaus im Sinne von Zielzonen interpretieren. (Williamson selbst strebt in seinem Konzept langfristig eine Verringerung der Zielzonenbreite auf ±5% an.) Seit der Bandbreitenerweiterung auf ±15% am 2. August 1993 wäre die Einordnung als Festkurssystem nicht tolerabel.

[81]Vgl. Obstfeld und Rogoff (1995) und Mills und Wood (1993).

[82]Vgl. Obstfeld und Rogoff (1995).

[83]Zentrale Beiträge hierzu stammen von Kydland und Prescott (1977) und Barro und Gordon (1983). Für eine Übersicht und kritische Diskussion vgl. auch Rogoff (1987).

ter bestimmten Voraussetzungen eine Regelbindung superior ist. Bei geldpolitischer Diskretion besteht für die monetären Autoritäten immer ein Anreiz, durch Überraschungsinflation eine Outputerhöhung anzustreben, da sich hiermit die soziale Wohlfahrt erhöhen läßt. Die Antizipation dieses Verhaltensanreizes durch die privaten Wirtschaftssubjekte führt im Endeffekt jedoch dazu, daß ein gesamtwirtschaftliches Gleichgewicht erreicht wird, bei dem der Output gegenüber der Regelbindung unverändert, aber die Inflationsrate gestiegen ist. Durch eine 'Wechselkursregel' bietet sich hier die Möglichkeit, einen Mechanismus zu installieren, der von vornherein ausschließt, daß die Zentralbank eine Überraschungsinflation betreibt.[84]

Das Argument des nominalen Ankers stellt darauf ab, daß für Länder mit einer relativ instabilen Preishistorie Preisstabilisierung durch die Anbindung an eine preisstabile Währung erleichtert werden kann. Die Beschränkung der Wechselkursentwicklung bietet eine effektive Möglichkeit, der Geldpolitik einen nominalen Anker zur Verfügung zu stellen.[85] Durch eine glaubwürdige Verpflichtung zur Aufrechterhaltung eines engen Zielbereichs für das Austauschverhältnis gegenüber der preisstabilen Währung kann die Stabilitätsorientierung und Reputation der ausländischen Zentralbank der eigenen Antiinflationspolitik Glaubwürdigkeit verschaffen.[86] Dieses Argument wird als wesentliches Motiv für die währungspolitische Integration Europas gesehen. So zum Beispiel auch für die Teilnahme Italiens und Frankreichs am EWS.[87]

In den Schwerpunkt des theoretischen Interesses sind von daher Zielzonenkonzepte in Form des Europäischen Wechselkursmechanismus gerückt. Die in den nachfolgenden Kapiteln dargestellte positive Theorie von Wechselkurszielzonen gründet sich deshalb insbesondere auf Zielzonenarrangements, für die ein obligatorischer Interventionsmechanismus bei Erreichen der Zielzonenränder unterstellt wird. Unter diesen Bedingungen lassen sich einerseits besonders deutliche Modellimplikationen herleiten. Andererseits sind Zielzonensysteme in der Realität meist durch enge Band-

---

[84]Eine kurze Modelldarstellung findet sich beispielsweise bei Genberg (1989), S.459ff.

[85]Vgl. Dominguez und Frankel (1993). Mills und Wood (1993) kommen in ihrer Studie zu dem Ergebnis, daß der Hauptgrund für die Teilnahme Großbritanniens am Wechselkursmechanismus des EWS in der Absicht lag, Preisstabilitätsvermögen zu importieren.

[86]Vgl. Mills und Wood (1993).

[87]Vgl. Dominguez und Frankel (1993).

breiten mit harten Rändern gekennzeichnet gewesen, so daß hier für die erforderliche empirische Überprüfung hinreichend lange Erfahrungszeiträume vorliegen.

Angesichts der noch jüngeren Krisenerlebnisse mit dem EWS sollte bei den nachfolgenden Analysen jedoch nicht außer Augen gelassen werden, daß sich geldpolitische Glaubwürdigkeit beim Anbinden an stabile Währungen auf Dauer nur Erreichen läßt, wenn die eigene Stabilitätspolitik und die realökonomische Konvergenz dies zulassen. Wechselkurszielzonen sind nur dann 'überlebensfähig', wenn sie fundamental gerechtfertigt sind. Falsche Wechselkursziele sind beim heutigen Umfang internationaler Kapitalbewegungen und dem Ausmaß der Globalisierung der Finanzmärkte nicht oder zumindest nur unter hohen volkswirtschaftlichen Kosten zu verteidigen.[88]

---

[88]Vgl. in diesem Zusammenhang auch Obstfeld und Rogoff (1995), S.79f.

Kapitel 3

Das Grundmodell einer Wechselkurszielzone

Der Vorschlag zur Stabilisierung des internationalen Währungssystems durch die Einführung von (relativ weiten) Zielzonen für bilaterale reale Wechselkurse geht auf die Beiträge von Williamson (1985) und Williamson und Miller (1987) zurück. Eine explizite Theorie über das Verhalten von Wechselkursen innerhalb von Zielzonen existierte zu diesem Zeitpunkt jedoch nicht. Obwohl die Idee einer Wechselkurszielzone die ist, daß sich der Wechselkurs innerhalb bestimmter Grenzen bewegt, finden sich in der Literatur bis zum Ende der 80er Jahre keine Versuche einer Modellierung der Wechselkursdynamik unter stochastischen Einflüssen und den Bedingungen einer Zielzone. Die eigentliche Theoriebildung hierzu wurde eingeleitet durch Krugman (1991).[1] In seinem Artikel entwickelte er das Standardmodell einer Wechselkurszielzone, welches zum Ausgangspunkt fast aller nachfolgenden Forschungsbemühungen wurde. Krugman zeigte, daß das Vorhandensein einer Wechselkurszielzone bedeutende Auswirkungen auf das Wechselkursverhalten innerhalb des Bandes haben kann, sofern die Devisenmarktakteure vorausschauend handeln.

Im Abschnitt 3.1 wird zunächst der einfache Geldmarktansatz der Wechselkursdetermination dargestellt. Auf seiner reduzierten Form basiert letztlich das von

---

[1] Der Beitrag wurde bereits 1988 als Working Paper No. 2481 des National Bureau of Economic Research veröffentlicht und dort in einer frühen Version im Dezember 1987, anläßlich einer Konferenz über das Europäische Währungssystem, präsentiert (vgl. Krugman (1992)).

Krugman entwickelte Standardmodell einer Wechselkurszielzone, welches im Abschnitt 3.2 vorgestellt wird. Aus dem Krugman-Modell ergeben sich eine Reihe empirisch testbarer Implikationen, deren Überprüfung Gegenstand des Abschnitts 3.3 ist. Das Kapitel schließt mit einer kritischen Zusammenfassung.

3.1 Der Geldmarktansatz bei vollkommener Preisflexibilität

In diesem Abschnitt soll zunächst der wechselkurstheoretische Hintergrund des Krugman'schen Grundmodells einer Wechselkurszielzone verdeutlicht werden. Ausgangspunkt des Krugman-Modells ist die reduzierte Form eines Geldmarktansatzes der Wechselkursdetermination bei vollkommen flexiblen Güterpreisen.[2] Der allgemeine Aufbau von Zielzonenmodellen ist zwar offen für beliebige Wechselkurserklärungsansätze – wie auch die späteren Weiterentwicklungen zeigten. Der modelltheoretische Reiz des Krugman'schen Vorgehens ergibt sich aber insbesondere aus seinem einfachen Modellaufbau.[3]

Der Geldmarktansatz bei flexiblen Güterpreisen geht zurück auf Arbeiten von Frenkel (1976), Mussa (1976), Bilson (1979) und Frenkel und Mussa (1980). Sie knüpften damit an Beiträge von Mundell (1967), (1971) und Johnson (1976b) an, in denen der für die spätere Theorieentwicklung entscheidende Schritt in die monetär determinierte Bestandsgrößenanalyse von Zahlungsbilanz und Wechselkurs erfolgte. Bei den neueren Ansätzen traten Renditeüberlegungen und Aktivaanlageentscheidungen in den Vordergrund, wodurch vor allem auch Aussagen über die kurzfristige Wechselkursentwicklung möglich wurden. Der ursprüngliche monetäre Ansatz im Sinne Mundells und Johnsons bildet dabei zumeist das Referenzmodell für den langfristigen Gleichgewichtswechselkurs.[4]

---

[2]Vgl. zum Beispiel Miller und Weller (1991a). Krugman selbst spricht von einem „...*stripped down monetary model of the exchange rate*" (Krugman (1991), S.9).

[3]Vgl. Bertola (1994) und Taylor (1995a).

[4]Vgl. Bender (1982), S.752f. Im angloamerikanischen Sprachraum werden kurz- und langfristige Ansätze, die den Wechselkurs geldmarktbezogen erklären, unter dem Begriff 'monetary approach' subsumiert (vgl. z.B. Bilson (1979), S.203ff. oder Frenkel und Mussa (1985), S.716ff.). Hierzulande

Konstituierendes Merkmal aller Geldmarktansätze der Wechselkurserklärung ist die Annahme, daß in- und ausländische Werpapiere perfekte Substitute sind. Der Wechselkurs wird als Relativpreis nationaler Währungen definiert und ist permanent durch Bestandsgleichgewichte auf den Finanzmärkten determiniert. Die Wechselkursentwicklung resultiert daher aus Bestandsanpassungen an veränderte Finanzmarktgleichgewichte. Durch die Annahme der perfekten Wertpapiersubstituierbarkeit läßt sich die Finanzmarktbetrachtung dabei auf die nationalen Geldmärkte reduzieren.[5]

Im Grundmodell des Geldmarktansatzes wird unter der Annahme unendlich schneller Anpassung internationaler Portfolios an Renditedifferenzen und sofortiger Preisanpassung auf Gütermärkten argumentiert.[6] Das Modell ist ein Zwei-Länder-Ansatz, wobei inländisches Geld nur von Inländern und ausländisches Geld nur von Ausländern nachgefragt wird.[7]

Die Nachfrage nach Geld, m^d, wird bestimmt durch das Realeinkommen y, das Preisniveau p, und das Nominalzinsniveau i, wobei Kleinbuchstaben mit Ausnahme der Zinssätze natürliche Logarithmen kennzeichnen. Unterstellt man Geldnachfragefunktionen vom Cagan-Typ, so sind die Geldmarktgleichgewichte auf in- und ausländischen Geldmarkt zum Zeitpunkt t gegeben durch

$$m(t) = m^d(t) \;=\; p(t) + \kappa y(t) - \theta i(t) \tag{3.1}$$
$$m^*(t) = m^{d*}(t) \;=\; p^*(t) + \kappa^* y^*(t) - \theta^* i^*(t) . \tag{3.2}$$

Dabei ist $m(t)$ das Geldangebot, κ die Realeinkommenselastizität der realen Geldnachfrage und θ der Absolutwert der Semi-Elastizität der realen Geldnachfrage in

---

ist für die neueren Modelle die Bezeichnung Geld- oder Finanzmarktansatz üblich, während der Begriff des monetären Ansatzes den langfristig intendierten Modellen vorbehalten ist.

[5]Wenn zwei Finanzaktiva perfekte Substitute sind, ist ihre Preisrelation konstant, und sie können zu einem homogenen Aktivum aggregiert werden. Das Gleichgewicht des 'gemeinsamen' Werpapiermarktes wird im Geldmarktansatz dann entsprechend des Walras'schen Gesetzes durch die Gleichgewichte auf den anderen Teilmärkten impliziert. Vgl. hierzu ausführlich Taylor (1995a), S.22.

[6]Vgl. Frenkel (1976), S.200ff. Die Annahmen der perfekten Wertpapiersubstituierbarkeit und unverzüglichen Portfolioanpassung lassen sich auch zur Hypothese der 'perfekten Kapitalmobilität' zusammenfassen (vgl. MacDonald (1988), Kap. 2).

[7]Für eine knapp zusammenfassende Modelldarstellung vgl. auch Taylor (1995a).

28

bezug auf den Nominalzinssatz (die entsprechenden Auslandsvariablen sind durch einen hochgestellten Stern gekennzeichnet).

Eine wichtige Annahme des Geldmarktansatzes bei flexiblen Preisen ist, daß die Kaufkraftparitätenbedingung kontinuierlich erfüllt ist.[8] Die Höhe des (logarithmierten) Wechselkurses s zum Zeitpunkt t ist folglich durch die Differenz zwischen in- und ausländischem Preisniveau bestimmt:[9]

$$s(t) = p(t) - p^*(t) \ . \tag{3.3}$$

Die heimischen Geldangebote beeinflussen die heimischen Preisniveaus, und infolgedessen wird der Wechselkurs durch die relativen Geldangebote bestimmt. Löst man (3.1) und (3.2) nach den jeweiligen Preisniveaus auf und substituiert die sich ergebenden Ausdrücke in (3.3), so erhält man als fundamentale Bestimmungsgleichung für den Wechselkurs

$$s(t) = m(t) - m^*(t) - \kappa y(t) + \kappa^* y^*(t) + \theta \, i(t) - \theta^* i^*(t) \ \ . \tag{3.4}$$

[8]Die Kaufkraftparität ist das Verhältnis zwischen der güterbezogenen inneren Kaufkraft zweier nationaler Währungen. Aus diesem Verhältnis erklärt die Kaufkraftparitätentheorie den Austauschkurs zwischen diesen Währungen. Von einer erfüllten Kaufkraftparitätenbedingung wird gesprochen, wenn (unter Vernachlässigung von Transaktionskosten) der Realwert eines in die jeweilige Landeswährung umgerechneten Geldbetrages in beiden Ländern gleich ist (*absolute Kaufkraftparität*). Die Erklärung dieser Verbindung zwischen Wechselkurs und Preisniveaurelation geschieht entweder durch die Annahme, daß bei mangelnder Übereinstimmung der in gleicher Währung ausgedrückten Preise Güterarbitragegeschäfte einsetzen, durch die letztlich ein Preisausgleich erreicht wird (*Law of One Price* bei Existenz eines vollkommenen Marktes); oder die Übereinstimmung wird quantitätstheoretisch mit der kaufkraftbezogenen relativen Wertschätzung der nationalen Währungen begründet (vgl. Gutierrez-Camara und Huß (1983), S.402). Der quantitätstheoretische Mechanismus ist unabhängig vom Funktionieren der Arbitrageprozesse (vgl. Niehans (1980), S.214). Der dabei unterstellte Zusammenhang gilt jedoch eher langfristig (vgl. Zieschang (1990), S.17). In ihrer *relativen Form* unterstellt die Kaufkraftparitätenbedingung, daß die Änderungsrate des Wechselkurses bestimmt wird durch die Änderungsrate der Preisniveaurelation. Der Begriff der Kaufkraftparität wurde durch Gustav Cassel geprägt (vgl. Cassel (1918)), wobei sich ihre Entwicklung allerdings bis ins 16. und 17. Jahrhundert zurückverfolgen läßt (vgl. Officer (1976) und Westphal (1980)).

[9]Der Geldmarktansatz ließe sich auch unter Vermeidung der Annahme perfekter Güterpreisflexibilität allgemeiner formulieren, indem statt (3.3) der reale Wechselkurs $r(t) = s(t) + p^*(t) - p(t)$ als Variable eingeführt würde (vgl. Svensson (1991b)).

Aus Gleichung (3.4) läßt sich ersehen, daß ein Anstieg des heimischen Geldangebots m in Relation zum ausländischen Geldangebot m^* zu einer Erhöhung des Wechselkurses s, also einer Abwertung der Inlandswährung führt.

Ein Anstieg des inländischen Realeinkommens y verursacht ceteris paribus eine Überschußnachfrage am heimischen Geldmarkt. Der Versuch der inländischen Wirtschaftssubjekte, die Realkassenbestände zu erhöhen und das Ausgabenvolumen zu reduzieren, führt zu einem Rückgang des inländischen Preisniveaus, solange, bis das Geldmarktgleichgewicht erreicht ist. Via Kaufkraftparitätenbedingung implizieren fallende inländische Preise (bei gegebenen Auslandspreisen) eine Aufwertung der Inlandswährung.

Ebenso führt eine Erhöhung des inländischen Zinsniveaus i zur Abwertung der Inlandswährung.[10] Diese ceteris paribus Argumentation im Hinblick auf die Folgen von Zinsänderungen ist strenggenommen jedoch nicht zulässig. Der inländische Zinssatz ist im Geldmarktansatz endogen. Die Annahme der perfekten Kapitalmobilität impliziert, daß die ungedeckte Zinsparitätenbedingung erfüllt ist:[11]

$$i(t) - i^*(t) = \frac{\mathrm{E}_t[ds(t)]}{dt} \quad . \tag{3.5}$$

Hierbei ist $\mathrm{E}_t[ds(t)]/dt$ die vom Markt zum Zeitpunkt t erwartete, unmittelbare Änderungsrate des Wechselkurses.[12]

Das inländische Nominalzinsniveau kann somit vom ausländischen Nominalzinsniveau nur im Umfang der erwarteten Wechselkursänderungsrate abweichen.[13] Die

---

[10]Die Folgen von Zins- und Einkommensänderungen stehen im krassen Gegensatz zu Wechselkursmodellen Fleming-Mundell'scher Couleur. Dies erklärt sich aus den Annahmen des Geldmarktansatzes: Bei vollständig integrierten Kapitalmärkten sind vorhandene Nominalzinsdifferenzen Ausdruck abweichender Inflationserwartungen. Die Wirkung der Inflationserwartungen auf den Wechselkurs lassen sich aus der Kaufkraftparitätenbedingung (3.3) ableiten. Ein Realeinkommensanstieg führt bei gegebener Geldausstattung der Wirtschaft zu einem Anstieg der Realkassennachfrage und damit zum Sinken des Preisniveaus – ergo wertet die Inlandswährung auf (vgl. Copeland (1989), S.150 u. 167f. sowie Kap. 6.7 und Bilson (1979), S.208).

[11]Die Darstellung der ungedeckten Zinsparitätenbedingung in Form von (3.5) beinhaltet die hierbei übliche Approximation $\ln(1 + i(t)) - \ln(1 + i^*(t)) \approx i(t) - i^*(t)$.

[12]$\mathrm{E}_t[ds(t)]/dt$ bedeutet also $\lim_{\tau \to 0_+} \mathrm{E}_t[(s(t+\tau) - s(t)]/\tau$.

[13]Die ungedeckte Zinsparitätenbedingung basiert auf der Annahme, daß Arbitrageprozesse die Übereinstimmung des erwarteten Ertrags einer ungesicherten Auslandsanlage mit dem Ertrag einer

Verwendung der ungedeckten Zinsparitätenbedingung bedeutet, daß im Geldmarktansatz Devisenmarkteffizienz und die Unverzerrtheit des zukünftigen Devisenkassa-
kurses, also Risikoneutralität der Investoren vorausgesetzt wird.[14]

Unterstellt man zur Vereinfachung, daß die beiden Geldnachfrageelastizitäten
in den Ländern übereinstimmen ($\kappa = \kappa^*$ und $\theta = \theta^*$), so läßt sich mit Hilfe von
Gleichung (3.5) die fundamentale Bestimmungsgleichung (3.4) schreiben als

$$s(t) = m(t) - m^*(t) - \kappa\,(y(t) - y^*(t)) + \theta\,\mathrm{E}_t[ds(t)]/dt \quad . \tag{3.6}$$

Es zeigt sich, daß der Wechselkurs sowohl vom Niveau fundamentaler Einflußfaktoren (Geldangebotsbestände und Realeinkommen), als auch von seiner eigenen erwarteten Änderungsrate abhängig ist.

Faßt man in Gleichung (3.6) die Variablen, die außerhalb der Kontrolle der
inländischen Zentralbank stehen, zusammen zum Lageparameter v

$$v(t) = -m^*(t) + \kappa(y(t) + y^*(t)) \quad , \tag{3.7}$$

dann erhält man mit

$$s(t) = m(t) + v(t) + \theta\,\mathrm{E}_t[ds(t)]/dt \tag{3.8}$$

die Ausgangsgleichung für das Krugman-Modell, welches zudem in einem stochastischen Umfeld angelegt ist und die speziellen Annahmen einer Wechselkurszielzone

Inlandsanlage gleicher (Rest-) Laufzeit sicherstellen. Davon zu unterscheiden ist die Aussage der
gedeckten Zinsparitätenbedingung: Hier wird die nominale Zinsdifferenz durch den Swapsatz der
Devise erklärt – mithin eine kursgesicherte Auslandsanlage als Anlagealternative betrachtet (vgl.
ausführlich Copeland (1989), Kap. 3).

[14]Vgl. Taylor (1995a), Kap. II und Copeland (1989), Kap. 10. Genau genommen wird damit in
den Modellen der nachfolgenden Abschnitte 'logarithmische Risikoneutralität' unterstellt. Im deterministischen Fall, der zunächst unterstellt wird, koinzidieren beide Formen der Risikoneutralität.
Sofern jedoch $S(t)$ eine stochastische Variable ist, entspricht der mathematische Erwartungswert
der logarithmischen Wachstumsrate nicht dem Erwartungswert der proportionalen Wachstumsra-
te der Niveaugrößen. Vielmehr ist $\mathrm{E}[ds] < \mathrm{E}[dS/S]$. Dies ist eine Folge von *Jensen's Ungleichung*.
Jensen's Ungleichung besagt, daß wenn X eine Zufallsvariable und $f(X)$ eine konvave Funktion
von X ist, dann ist $\mathrm{E}[f(X)] < f(\mathrm{E}[X])$. Für eine konvexe Funktion gilt der umgekehrte Zusammenhang (vgl. Dixit und Pindyck (1994), S.49). Erweiterungen des Grundmodells sind an dieser
Stelle möglich, indem (3.5) auf der rechten Seite durch eine Risikoprämie ergänzt wird und damit
die Annahme der (log) Risikoneutralität vermieden wird (vgl. Svensson (1991b)).

beinhaltet. Bevor das eigentliche Zielzonenmodell Krugmans im nachfolgenden Abschnitt 3.2 vorgestellt wird, soll zunächst die Analyse des ursprünglichen Geldmarktansatzes im deterministischen Umfeld abgeschlossen werden. Dabei sollen die für die weiteren Analysen wichtigen Implikationen und Annahmen verdeutlicht werden.

Zunächst erfordert das Modell für die weitere Analyse Aussagen über die Bildung von Wechselkursänderungserwartungen. Die im Geldmarktansatz (und im darauf aufbauenden Zielzonenansatz) üblicherweise verwendete und theoretisch elegante Lösung besteht in der Annahme rationaler Erwartungsbildung.[15] Die erwartete Wechselkursänderung stimmt dann mit der durch das Modell selbst prognostizierten überein und das Modell ist geschlossen.[16] Bei rationalen Erwartungen bezeichnet $E_t[\cdot]$ in Gleichung (3.8) den mathematischen Erwartungswertoperator, in Abhängigkeit von den zum Zeitpunkt t verfügbaren Informationen. Dies wird häufig durch die Schreibweise $E_t[\cdot \mid I_t]$ verdeutlicht, bei der I_t den Informationsvektor zum Zeitpunkt t bezeichnet.[17] Da Mißverständnisse bezüglich der Datierung des Informationsvektors ausgeschlossen sind, wird im weiteren die Kurzschreibweise genutzt.[18]

[15]Mit der rationalen Erwartungsbildungshypothese wird unterstellt, daß die subjektiven Markterwartungen bezüglich der Wechselkursänderungsrate mit dem bedingten Erwartungswert, in Abhängigkeit von der Menge aller verfügbaren Informationen, übereinstimmen. Damit wird *nicht* behauptet, jedes einzelne Wirtschaftssubjekt führe entsprechende Erwartungswertberechnungen durch. Es wird lediglich unterstellt, daß das Ergebnis der individuellen Erwartungsbildung im Durchschnitt mit dem mathematischen Erwartungswert übereinstimmmt. Insofern handelt es sich um eine typische 'als ob'-Behauptung, wie sie auch in der mikroökonomischen Theorie in Gestalt von Nutzen- und Gewinnmaximierungshypothesen Verwendung findet (vgl. Copeland (1989), S.277). Eine hervorragende Einführung in die Theorie rationaler Erwartungen bieten Attfield, Demery und Duck (1991), Kap. 2 und Minford (1992), Kap. 1 u. 2. Im deterministischen Umfeld ist die Hypothese rationaler Erwartungsbildung gleichzusetzen mit vollkommener Voraussicht der Marktteilnehmer.

[16]Für die Implikationen alternativer Erwartungsbildungshypothesen im Geldmarktansatz vgl. Bender (1982), S.754ff. und Dornbusch (1976b), S.260ff.

[17]I_t beinhaltet Informationen über die gegenwärtigen Werte der fundamentalen Einflußgrößen auf den Wechselkurs und ihre zum gegenwärtigen Zeitpunkt absehbare Entwicklung. Im nachfolgenden Modell einer Wechselkurszielzone (Abschnitt 3.2) beinhaltet I_t darüberhinaus die Kenntnis der Restriktionen, welche die monetären Autoritäten der zukünftigen Entwicklung der Fundamentalfaktoren auferlegt haben.

[18]Unter der Annahme rationaler Erwartungen erweist sich die logarithmische Modelldarstellung als sinnvoll. Dies ist durch das sogenannte *Siegel Paradox* begründet (vgl. Siegel (1972)): Es ist nicht möglich, gleichzeitig unverzerrte Erwartungen des nicht-logarithmischen Wechselkurses S in

Das Problem ist nun, die Lösung für $\{s(t)\}$ zu bestimmen, so daß (3.8) für einen gegebenen t Bereich erfüllt ist (die Klammerschreibweise soll andeuten, daß das Ziel die Bestimmung eines ganzen Zeitpfades der Variablen ist). Trennt man in (3.8) die endogenen von den exogenen Variablen und unterstellt annahmegemäß, die erwartete Wechselkursänderungsrate stimme mit der tatsächlichen, durch das Modell selbst determinierten überein, so ergibt sich folgende Differentialgleichung erster Ordnung in s:

$$s(t) - \theta\,\frac{ds(t)}{dt} = m(t) + v(t) \quad . \tag{3.9}$$

Multipliziert man beide Gleichungsseiten mit $\exp(-(\tau - t)/\theta)/\theta$, so erhält man[19]

$$\exp\left(-\frac{\tau - t}{\theta}\right)\frac{s(\tau)}{\theta} - \exp\left(-\frac{\tau - t}{\theta}\right)\frac{ds(\tau)}{d\tau} = \exp\left(-\frac{\tau - t}{\theta}\right)\frac{m(\tau) + v(\tau)}{\theta} \quad . \tag{3.10}$$

Die linke Gleichungsseite entspricht der Ableitung von $-\exp(-(\tau - t)/\theta)s(\tau)$ nach τ. Gemäß dem Fundamentalsatz der Differentialrechnung gilt für eine Funktion $y(\tau)$

$$\int_t^T y'(\tau)\,d\tau = \int_t^T dy(\tau) = y(T) - y(t) \quad . \tag{3.11}$$

Durch Integration von (3.10) über t bis T erhält man folglich

$$\left[-\exp\left(\frac{-(\tau - t)}{\theta}\right)s(\tau)\right]_t^T = \int_t^T \exp\left(-\frac{\tau - t}{\theta}\right)\frac{m(\tau) + v(\tau)}{\theta}\,d\tau$$

$$\Leftrightarrow \quad s(t) = \int_t^T \exp\left(-\frac{\tau - t}{\theta}\right)\frac{m(\tau) + v(\tau)}{\theta}\,d\tau + \exp\left(-\frac{T - t}{\theta}\right)s(T) \quad . \tag{3.12}$$

Beschränkt man sich auf Funktionen $s(t)$, für die

$$\lim_{T \to \infty} \exp\left(-\frac{T - t}{\theta}\right)s(T) = 0 \tag{3.13}$$

so erhält man als Lösung von (3.9), wenn T gegen Unendlich geht

$$s(t) = \int_t^\infty \exp\left(-\frac{\tau - t}{\theta}\right)\frac{m(\tau) + v(\tau)}{\theta}\,d\tau \quad . \tag{3.14}$$

Preis- und Mengennotierung zu haben. Oder mit anderen Worten, 'wirklich' risikoneutrale Marktteilnehmer könnten das Marktgleichgewicht nicht erreichen, weil es nicht möglich ist, gleichzeitig für S und $1/S$ Arbitragemöglichkeiten völlig auszuräumen. Da diese beiden Notierungen reziprok sind, müßte hierfür gelten, daß $E[S] = 1/E[1/S]$ oder $\frac{1}{E[S]} = E[1/S]$. Wegen Jensen's Ungleichung ist diese Bedingung nicht erfüllt (vgl. Fußnote 14 auf Seite 30). Die Spezifizierung in Logarithmen vermeidet dieses Problem, denn $E[-s] = -E[s]$. Da Wirtschaftssubjekte letztendlich Erwartungen über tatsächliche Auszahlungen aus ihren Kapitalanlagen bilden müssen, wird das Problem jedoch nur scheinbar gelöst (vgl. Taylor (1995a), S.15).

[19]Dabei bezeichnet $\exp(\cdot)$ die natürliche Exponentialfunktion zur Basis $e = 2.71828\ldots$

Die zukünftige Entwicklung der Fundamentalfaktoren m und v ist jedoch nicht bekannt und man erhält, indem man die Erwartungen in bezug auf den Term der rechten Seite nimmt, die wohlbekannte rationale Erwartungslösung von (3.8):[20]

$$s(t) = E_t \left[\int_t^\infty \exp\left(-\frac{\tau - t}{\theta}\right) \frac{m(\tau) + v(\tau)}{\theta} \, d\tau \right] \quad . \qquad (3.15)$$

Gleichung (3.15) zeigt, daß der Wechselkurs zu jedem Zeitpunkt gleich dem erwarteten Gegenwartswert des Zeitpfades der Fundamentalfaktoren ist, abdiskoniert mit $1/\theta$: „One of the central insights of the monetary (or the asset-market) approach to the exchange rate is ... that expectations concerning the future course of events play a central role in affecting current exchange rates."[21] Dabei nimmt das Gewicht weiter in der Zukunft liegender Werte der Fundamentalfaktoren geometrisch ab.

Wenn nun in die Bestimmung von s stetig die verfügbaren und relevanten Informationen über die Fundamentalfaktoren und ihre zu erwartende Entwicklung eingehen, dann lassen sich plötzliche und starke Veränderungen von s nur aus unvorhersehbaren Änderungen der Fundamentalfaktoren, also 'News' aus Sicht des Marktes, erklären. Soweit die Botschaft des Geldmarktansatzes.[22]

Ein Problem des Geldmarktansatzes ist, daß (3.15) nicht die einzige Lösung von (3.8) ist. Es läßt sich zeigen, daß eine unendliche Menge potentieller Lösungen existiert, bei denen die 'Fundamentallösung' (3.15) durch einen spekulativen Blasen-(Bubble-) Term ergänzt wird.[23] Diese Lösungen wurden mit der Transversalitätsbedingung (3.13) per Annahme ausgeschlossen. Bezeichnen wir den durch (3.15)

---

[20]Vgl. Svensson (1991b) und für die mathematischen Grundlagen Bertola (1994).

[21]Frenkel (1981a), S.668. Das Ergebnis verdeutlicht die Analogie der Wechselkursdetermination in Finanzmarktansätzen zur Optionspreistheorie. Der Wechselkurs kann als Preis für einen imaginären Vermögenstitel betrachtet werden, der dem Gegenwartswert zukünftiger $m + v$ Realisationen entspricht (vgl. Bertola und Caballero (1992a) und Krugman (1991)).

[22]Die Forderungen, die sich daraus an die Wirtschaftspolitik ergeben, sind eindeutig. Schwankungen der nominalen Wechselkurse sind allein die Folge von Geldmarktungleichgewichten. Also kann und muß die Geldpolitik Devisenmarktungleichgewichte abbauen. Als Konsequenz der zugrundeliegenden Kaufkraftparitätenbedingung ergibt sich, daß Geldpolitik den realen Wechselkurs nicht beeinflußt und eine Stabilisierung des nominalen Wechselkurses somit unbedenklich ist. Wegen der großen Bedeutung der Markterwartungen ist die typische 'monetaristische' Implikation des Ansatzes die Forderung nach einer erwartungsstabilisierenden, konstanten Wachstumsrate des Geldangebotes, entsprechend dem Realeinkommenswachstum (vgl. Shafer und Loopesko (1983)).

[23]Ein typisches Ergebnis im Zusammenhang mit rationalen Erwartungsmodellen, die fast immer multiple Sattelpfadlösungen aufweisen. Vgl. auch Bertola (1994).

34

bestimmten Wechselkurs mit $\hat{s}(t)$, dann existieren für (3.6) unter der Annahme rationaler Erwartungen multiple Lösungen der Form

$$s(t) = \hat{s}(t) + \zeta(t) \quad , \tag{3.16}$$

bei denen der rationale Bubble-Term

$$\zeta(t) \equiv \lim_{T \to \infty} \exp\left(-\frac{T-t}{\theta}\right) s(T)$$

die homogene Differentialgleichung $\zeta(t) = \theta \, d\zeta(t)/dt$ erfüllen muß. Diese Differentialgleichung hat Lösungen der Form

$$\zeta(t) = \zeta(0) \exp\left(\frac{t}{\theta}\right)$$

als Funktionen der Zeit.[24]

Rationale Bubbles repräsentieren signifikante Abweichungen vom fundamentalorientierten Wechselkurspfad, die in Spezifikationen wie (3.4) nicht zu identifizieren sind. Sie werden insbesondere zur Begründung exzessiver, scheinbar unmotivierter und sich selbst verstärkender Wechselkursausschläge herangezogen, oder zur Erklärung von längerfristigen Abweichungen des Wechselkurses von seinem durch die Fundamentalfaktoren begründbaren Entwicklungspfad.[25] Neben den aus der grundsätzlichen Kritik am Grundmodell des Geldmarktansatzes resultierenden Gründen dürften Bubbles eine der Hauptursachen für den geringen empirischen Erklärungswert des Geldmarktansatzes sein.[26]

Obwohl auch beim nachfolgend dargestellten Krugman-Modell einer Wechselkurszielzone rationale Bubbles prinzipiell möglich sind, wird deren Existenz annahmegemäß ausgeschlossen. Ein vertretbares Argument für dieses Vorgehen liegt darin, daß es eben ein Kernelement einer Wechselkurszielzone ist, die Wechselkursentwicklung zu beschränken und damit zu stabilisieren. Für die Existenz einer spekulativen Blase ist es aber notwendig, daß in jedem Moment ihr prinzipielles Fortdauern möglich ist, daß also der Zeitpunkt ihres Zerplatzens nicht genau bekannt ist. Sonst würde sich bei einer rationalen, vom Zeitpunkt des Zerplatzens ausgehenden

---

[24]Vgl. ebenda, S.258.

[25]Vgl. Gärtner (1990), Kap. 7.3. Für eine Einführung in die Theorie der Bubbles vgl. Flood und Hodrick (1990) sowie Frankel (1985).

[26]Vgl. Taylor (1995a).

Rückwärtslösung des Modells ihre Existenz von vornherein selbst ausschließen. In einer Zielzone ergeben sich dabei aus der Existenz der Zonengrenzen zusätzliche Restriktionen für den Verlauf von Bubbles, die ihr Auftreten zumindest unwahrscheinlicher machen.

3.2 Das Krugman-Modell

3.2.1 Eine Zielzone für den nominalen Wechselkurs

Der Ausgangspunkt des Krugman'schen Grundmodells einer Wechselkurszielzone ist durch Gleichung (3.8) gegeben, die zur Übersicht hier noch einmal wiederholt wird:

$$s(t) = m(t) + v(t) + \theta \, \mathrm{E}_t[ds(t)]/dt \quad . \tag{3.8}$$

Der natürliche Logarithmus des Wechselkurses eines Landes s läßt sich zu jedem Zeitpunkt t beschreiben als lineare Funktion des Logarithmus des inländischen Geldangebots m, des Lageparameters v und der erwarteten Wechselkursänderungsrate $\mathrm{E}_t[ds(t)]/dt$, multipliziert mit der Elastizität θ bezüglich der eigenen, erwarteten Änderungsrate.[27]

Der Lageparameter v ließe sich unabhängig von (3.7) alternativ als Variable interpretieren, die alle Größen erfaßt, die den Wechselkurs beeinflussen, außer dem heimischen Geldangebot und den Wechselkursänderungserwartungen. Krugman selbst bezeichnet v als 'Term für allgemeine Zwecke', der Veränderungen des realen Outputs und der Geldnachfrage erfaßt.[28] In Krugman (1991) spricht er auch von v als 'Umlaufgeschwindigkeit'. Bei der Herleitung von (3.8) im Abschnitt 3.1 dürfte jedoch deutlich geworden sein, daß diese Bezeichnung nicht im definitorischen Sinne zu verstehen ist, sondern als Bezeichnung für einen zusammengefaßten, geldnachfrageseitigen Einfluß auf den Wechselkurs.[29]

Das inländische Geldangebot m wird durch die Zentralbank kontrolliert. Insofern kann m als Politikvariable betrachtet werden und ihr Verhalten charakterisiert das

---

[27]Wie im vorangegangenen Abschnitt gezeigt wurde, entspricht beim gewählten Modellhintergrund θ dem Absolutwert der Semielastizität der Geldnachfrage in bezug auf den Nominalzins.

[28]Vgl. Krugman (1992).

[29]Ähnlich auch Svensson (1991b), der in seinem Modellansatz eine Risikoprämie und den realen Wechselkurs berücksichtigt.

36

Wechselkursregime. Für den Lageparameter v wird angenommen, daß er exogen und Gegenstand zufälliger Veränderungen ist. Im einfachsten Fall wird unterstellt, daß v keine vorhersehbare Dynamik hat und einem simplen random walk folgt. Bei zeitkontinuierlicher Betrachtung läßt sich das Verhalten von v somit als Brown'sche Bewegung ohne Drift beschreiben:[30]

$$dv(t) = \sigma dW(t) \quad . \tag{3.17}$$

Dabei ist σ der (konstante) Varianzparameter und dW der Zuwachs eines Standard Wiener Prozesses mit $E_t[dW(t)] = 0$ und $E_t[dW(t)^2] = dt$.[31]

Die Annahme einer Brown'schen Bewegung für v erscheint willkürlich und erfolgt nach Krugman (1991) insbesondere, um die Modelldynamik der Wechselkurszielzone in den Vordergrund zu stellen und die analytische Lösung nicht zu sehr zu erschweren. Darüber hinaus ist diese Annahme aber auch deshalb attraktiv, weil bei flexiblen Kursen s dann ebenfalls einem random walk folgt. Dieses Verhalten wird in empirischen Studien überwiegend bestätigt.[32]

[30]Der in der Literatur häufig vorgenommene und für wachsende Divergenzen zwischen Wirtschaften adäquate Einbezug eines Drifterms hat keinen Einfluß auf die grundlegenden Resultate und modifiziert nur leicht die Gestalt der Lösungsfunktion. Für entsprechende Darstellungen vgl. Bertola (1994), Froot und Obstfeld (1991) und (1992) sowie die Modelldarstellung im Zusammenhang mit der Analyse von Realignmentrisiken im Kapitel 4.

[31]Im Anhang A werden die mathematischen Grundlagen der Brown'schen Bewegung ausführlich erläutert. An dieser Stelle ist zunächst nur wichtig, daß mit (3.17) unterstellt wird, Veränderungen von v sind in jedem gegebenen Zeitintervall Δt normalverteilt mit dem Erwartungswert Null und der Varianz $\sigma^2 \Delta t$. Die Varianz wächst also proportional zur Länge des betrachteten Zeitintervalls. Dies impliziert, daß die Wahrscheinlichkeitsverteilung von $v(t)$ zum Zeitpunkt t, in Abhängigkeit von $v(0) = v_0$ zum Zeitpunkt 0, einer Normalverteilung mit dem Erwartungswert v_0 und der Varianz $\sigma^2 t$ folgt. Realisierungen des Prozesses $\{v(t)\}$ sind fast sicher stetige Funktionen von t, weisen also keine Sprungstellen auf. Allerdings sind die Realisationspfade auch fast sicher nirgends differenzierbar (vgl. Chung (1978), Kap. 8).

[32]Vgl. Meese und Rogoff (1983), Gaab (1983), Shafer und Loopesko (1983), Wasserfallen und Kyburz (1985) sowie MacDonald und Taylor (1989b). Demgegenüber finden Alexander und Johnson (1992) negative Evidenz für die random walk Hypothese. Die Frage, ob der Wechselkurs einem random walk folgt, hat deshalb so hohes Forschungsinteresse geweckt, weil sie im engen Zusammenhang mit dem Problem der Devisenmarkteffizienz steht: Wenn der Devisenmarkt ein effizienter Markt wäre, dann dürfte es für Marktteilnehmer nicht möglich sein, systematische Gewinne zu erzielen, da relevante Informationen vollständig im bestehenden Kurs implementiert sind. Wegen

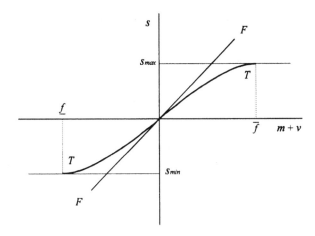

Abbildung 3.1: Das Grundmodell einer Wechselkurszielzone

Betrachtet man nun das System flexibler Kurse, so ist das Regime dadurch charakterisiert, daß das Geldangebotsverhalten der Zentralbank unabhängig von den (in v abgebildeten) Fundamentalfaktoren ist und m daher als konstant angenommen werden kann. Wenn nun v keinerlei vorhersehbaren Entwicklung folgt und s in seiner Bewegung völlig frei ist, dann liegt die Schlußfolgerung nahe, daß $E_t[ds(t)]/dt$ in (3.8) gleich Null ist und der Wechselkurs einfach $m + v$ entspricht.[33] Bei einer graphischen Darstellung von s in Abhängigkeit von $m + v$ ergibt sich eine einfache 45° Beziehung für das System flexibler Wechselkurse (die 'free float' Linie FF in Abbildung 3.1).

Demgegenüber ist im System fester Wechselkurse die Zentralbank gehalten, m so anzupassen, daß Veränderungen von v ausgeglichen werden, damit s konstant bleibt. $E_t[ds(t)]/dt$ ist demgemäß Null und das Festkurssystem wird durch einen einzelnen Punkt auf der FF Linie (beim entsprechen Kursniveau) repräsentiert.

Im Grundmodell einer Wechselkurszielzone wird nun angenommen, daß die Zentralbank bereitsteht, um beim Erreichen festgesetzter Schwankungsgrenzen am De-

---

seiner *Markov Eigenschaft* deckt sich der random walk Ansatz mit einer solchen Sichtweise des Devisenmarktes. Er ist allerdings nicht mit ihr identisch (vgl. Copeland (1989) und Anhang A, S.81).

[33]Bei geeigneter Normalisierung ($m(t) = 0$) ist s nicht nur eine lineare Funktion von v, sondern gleich v und es zeigt sich unmittelbar, daß s unter flexiblen Kursen einem random walk folgt.

38

visenmarkt zu intervenieren und s innerhalb des fixierten Währungsbandes zu halten. Beim Erreichen des oberen Interventionspunktes s_{max} verkauft die Zentralbank genau in solchem Umfang Devisen gegen heimische Währung, daß es nicht zu einer weiteren Abwertung der Inlandswährung kommt. Beim Erreichen des unteren Interventionspunktes s_{min} kauft sie im entsprechenden Umfang Devisen an.

Präziser formuliert ist die Annahme also, daß ausschließlich (nicht sterilisierte) infinitesimale Devisenmarktinterventionen beim Erreichen der Interventionspunkte durchgeführt werden. Innerhalb des Bandes bleibt m konstant. Erst beim Erreichen der Interventionspunkte müssen weitere Veränderungen von v durch entsprechend gegengerichtete Veränderungen von m kompensiert werden.

Damit wird für den Fundamentalterm $m + v$ ein Band spezifiziert, innerhalb dessen er sich bewegt. Faßt man die in m und v abgebildeten fundamentalen Einflußgrößen auf den Wechselkurs zusammen zum Fundamentalfaktor

$$f(t) \equiv m(t) + v(t) \quad , \qquad (3.18)$$

so existieren also untere und obere Grenzen, $\underline{f}$ und $\overline{f}$, für die $\underline{f} \leq f(t) \leq \overline{f}$.[34]

Wenn Devisenmarktinterventionen das heimische Geldangebot verändern, so folgt der Prozeß $\{f(t)\}$ dem stochastischen Differential

$$df(t) = dm(t) + dv(t) \quad , \qquad (3.19)$$

wobei dm Devisenmarktinterventionen repräsentiert. Innerhalb des Wechselkursbandes finden keine Devisenmarktinterventionen statt. Bei konstantem Geldangebot folgt $\{f(t)\}$ der durch (3.17) beschriebenen Brown'schen Bewegung[35]

$$df(t) = dv(t) = \sigma dW(t) \quad . \qquad (3.20)$$

---

[34]Vgl. Froot und Obstfeld (1991). Krugman selbst geht allein von einem fixierten Wechselkursband aus. Nachdem die Gleichgewichtsfunktion zwischen s und $m + v$ bestimmt ist, resultiert ein zugehöriges Band für den zusammengefaßten Fundamentalfaktor f. Um das Funktionieren der Zielzone besser zu verdeutlichen, folge ich an dieser Stelle dem Vorgehen von Froot und Obstfeld. Zur Eindeutigkeit der Zuordnung des Wechselkursbandes zum zugehörigen Fundamentalband bei infinitesimalen Interventionen vgl. ebenda, S.213. Bei finiten Interventionen können multiple Gleichgewichte auftreten und es resultiert kein eindeutiges Fundamentalfaktorband. Flood und Garber (1991) und (1992) erweiterten die Analyse für den Fall finiter Interventionen.

[35]Dies impliziert, daß Konstanz des Geldangebots keineswegs eine Garantie für Preisstabilität ist (vgl. auch Miller und Weller (1991a)). Unter der Annahme der permanent erfüllten Kaufkraft-

Die marginalen Interventionen am Rande des Wechselkursbandes können durch untere und obere 'Regulatoren', U und O, repräsentiert werden, so daß

$$dm(t) = dU(t) - dO(t) \,, \qquad (3.21)$$

wobei dU und dO nicht-negativ sind. dU bezeichnet Erhöhungen des Geldangebots und ist dann und nur dann positiv, wenn $f(t) = \underline{f}$ ist. dO repräsentiert Verringerungen des Geldangebotes, die genau dann stattfinden, wenn $f(t) = \overline{f}$ ist. Wenn sich der Fundamentalfaktor zurück in sein Band bewegt, enden die Interventionen. Dies bedeutet, daß der (zusammengefaßte) Fundamentalfaktor f einer regulierten Brown'schen Bewegung folgt.[36]

Mit den Aussagen über den $\{f(t)\}$ Prozeß ist implizit die wichtige Annahme verbunden, daß die Wechselkurszielzone perfekt glaubwürdig ist. Das Publikum ist davon überzeugt, daß es der Zentralbank mit ihren geldpolitischen Maßnahmen gelingt, s am Überschreiten der oberen und unteren Grenze zu hindern. Und es ist ebenfalls davon überzeugt, daß die Zentralbank zu ihrer Verpflichtung steht, den Wechselkurs am Verlassen der Zielzone zu hindern.[37]

Auf den ersten Blick scheint es nun vernünftig, sich das Funktionieren der Zielzone als eine Mischung aus den oben beschriebenen Systemen fester und flexibler Wechselkurse vorzustellen: Innerhalb des Währungsbandes bewegt sich s entlang der FF Linie und beim Erreichen der Bandränder wird s durch Zentralbankinterventionen fixiert.

---

parität verändert sich das Preisniveau zusammen mit dem Wechselkurs. Das unterstellte Verhalten von v führt dementsprechend über s zu gleichgerichteten Preisniveauveränderungen. Preisstabilität ist vor diesem Modellhintergrund nur durch aktive Interventionspolitik zu gewährleisten, bei der die (zufälligen) Veränderungen von v durch gegengerichtete Veränderungen von m kompensiert werden.

[36]Vgl. Svensson (1991b) und Froot und Obstfeld (1991). Zur Theorie der regulierten Brown'schen Bewegung vgl. Harrison (1990), Kap. 5. Die Identifikation von f als regulierte Brown'sche Bewegung erleichtert die formale Fundierung der Analyse und ermöglicht die Anwendung bekannter mathematischer Ergebnisse (vgl. auch Abschnitt 3.3.1).

[37]Glaubwürdigkeit läßt sich in diesem Sinne kurz definieren als „. . . a question of whether announced intentions are believable." (King (1995), S.84). Im Modell wird also eine Interventionspolitik unterstellt, die das deklarierte Wechselkursband mit Wahrscheinlichkeit Eins erfolgreich verteidigt (vgl. Bertola und Caballero (1992a)).

Genau dies ist jedoch nicht der Fall, wenn die Devisenmarktteilnehmer rationale Erwartungen bilden. Mit Annäherung von s an einen Interventionspunkt entsteht eine zunehmende Wechselkursänderungserwartung, so daß sich die Funktionalbeziehung zwischen $m + v$ und s von der FF Linie, jeweils in Richtung Bandmitte, entfernt.

Das Entstehen einer Wechselkursänderungserwartung erklärt sich einfach daraus, daß mit Annäherung von s an einen Interventionspunkt die Wahrscheinlichkeit dafür wächst, daß dieser Interventionspunkt in einem endlichen Zeitintervall erreicht wird. Mithin steigt auch die Wahrscheinlichkeit, daß Interventionsmaßnahmen der Zentralbank ausgelöst werden. Daraus entsteht die Erwartung einer zukünftigen Wechselkursänderung in Richtung Zielzonenmitte, die der Markt in eine sofortige Wechselkursänderung transformiert.[38]

Den zugrundeliegenden Mechanismus kann man sich sehr einfach verdeutlichen, indem man unterstellt, die FF Linie würde korrekt die Beziehung zwischen $m + v$ und s innerhalb der Zielzone wiedergeben. Für eine gegebene Ausgangsposition von s sehr nah am oberen Zonenrand gilt dann offensichtlich, daß ein Sinken von v das Sinken von s entlang der FF Linie bewirkt $(dm = 0)$. Hingegen führt ein Ansteigen von v nicht zu einem entsprechenden Steigen von s, denn die Zentralbank wird am Devisenmarkt intervenieren, um die Zielzone zu verteidigen $(dm = -dO)$. In der Nähe des oberen Zonenrandes führt ein Sinken von v also zu einem stärkeren Sinken des Wechselkurses, als ein entsprechender Anstieg von v den Wechselkurs steigen läßt. Da v aber einem random walk folgt, ist die Wechselkursänderungserwartung im oberen Zielzonenbereich negativ. Diese Wechselkursänderungserwartung bestimmt über (3.8) das tatsächliche Wechselkursniveau und entfernt s von der 45° Beziehung in Richtung Zonenmitte. Entsprechend führen positive Wechselkursänderungserwartungen im unteren Zonenbereich dazu, daß s oberhalb der FF Linie liegt.[39]

Das Abweichen des Wechselkurses von der bei frei flexiblen Kursen geltenden Beziehung am Zonenrand wirkt nun aber auch bereits in der Nähe der Zonenmitte. Generell impliziert ein Abweichen von der zentralen Parität das Entstehen von

---

[38]Vgl. Taylor (1995a).

[39]Vgl. Krugman (1991).

Wechselkursänderungserwartungen im Sinne eine Rückkehr zur Parität. Dadurch liegt die Gleichgewichtsbeziehung zwischen $m + v$ und s im oberen Zielzonenbereich unterhalb der FF Linie und im unteren Zielzonenbereich oberhalb der FF Linie. Das jeweils gegebene Wechselkursniveau hat also eine geringere Bedeutung für die erwartete zukünftige Wechselkursentwicklung als bei frei flexiblen Kursen.

Da die Wechselkursänderungserwartungen umso stärker sind, je näher der Wechselkurs an den Interventionspunkten ist, entfernt sich die Beziehung zwischen $m + v$ und s immer weiter von der FF Linie. Intuitiv ergibt sich ein S-förmiger Verlauf von s in Abhängigkeit von $m + v$, wie er durch die TT Kurve in Abbildung 3.1 auf Seite 37 oben repräsentiert wird.

Der S-förmige Verlauf ergibt sich, obwohl m innerhalb des Bandes konstant ist und v einem random walk folgt. Der Grund hierfür sind Wechselkursänderungserwartungen, die durch den Kurvenverlauf selbst begründet sind.[40]

Dieser Verlauf, bei dem die Gleichgewichtsbeziehung zwischen $m + v$ und s jeweils näher zur Zonenmitte liegt als im Falle frei flexibler Kurse, ist ein zentrales Ergebnis des Krugman-Modells, das auch mit dem Begriff 'honeymoon effect' bezeichnet wird: Der Zielzonenwechselkurs reagiert auf jede gegebene Änderung der Fundamentalfaktoren im geringeren Ausmaß als ein frei flexibler Wechselkurs.[41] Eine perfekt glaubwürdige Zielzone ist folglich inhärent stabilisierend, ohne daß dafür laufend Interventionen durchgeführt werden. Eine Zielzone bedeutet das Eingehen der Verpflichtung zur Stabilisierung der Fundamentalfaktoren, doch der Wechselkurs stabilisiert sich selbst darüberhinaus: „... *some exchange rate stability is for free.*"[42]

---

[40]Letzlich läßt sich dieses Phänomen auf Jensen's Ungleichung zurückführen: TT ist konkav im oberen Teil und konvex im unteren Teil der Zielzone, was zusammen mit dem unterstellten Zufallscharakter der Entwicklung von v zu Aufwertungserwartungen im oberen und Abwertungserwartungen im unteren Zonenbereich führt. Die Krümmung der Gleichgewichtsbeziehung zwischen $m + v$ und s beeinflußt im stochastische System das lokale Nicht-Zufallsverhalten von s bis in den infinitesimalen Bereich (vgl. hierzu auch Anhang B).

[41]Vgl. Taylor (1995a).

[42] Svensson (1992a), S.124. Der Stabilisierungsgewinn darf allerdings nicht als dauerhaft kostenlos mißverstanden werden: Die Stabilisierung basiert auf dem Versprechen zukünftiger Fundamentalfaktorkorrekturen. Würde man z.B. versuchen, den Wechselkurs dauerhaft in einer bestimmten Position in der Nähe eines Interventionspunktes zu halten, so verliert die bestehende Zielzonenwechselkursfunktion ihre Gültigkeit. (Formal argumentiert: Dann würde E[ds] für einen endlichen

Eine weitere Eigenschaft der TT Kurve ist das 'smooth pasting' (sanfte Ankleben). Die TT Kurve ist Tangente an die Zonenränder. Am Zonenrand erfüllt die TT Kurve nicht nur die Bedingung der Wertgleichheit mit dem Zonenrandniveau, darüberhinaus entspricht ihre Steigung auch der der Zonengrenze – ist also Null.[43]

Die Eigenschaft des smooth pasting impliziert, daß am Zonenrand s vollkommen insensitiv in bezug auf Veränderungen von $m + v$ ist. Dies läßt sich wie folgt verdeutlichen.[44] Erstens ergibt sich eine Diskontinuität der erwarteten Entwicklung des Fundamentalterms $m + v$ am Zonenrand. Innerhalb der Zone folgt $m + v$ einer Brown'schen Bewegung ohne Drift. Der Erwartungswert der Veränderung des zusammengefaßten Fundamentalterms ist folglich Null. Wie bereits erläutert kann am Zonenrand der Fundamentalterm jedoch nur auf seinem Niveau verharren oder sich so ändern, daß dies eine Rückkehr von s ins Band bewirkt. Der Erwartungswert der Veränderung des zusammengefaßten Fundamentalterms ist also von Null verschieden: Er ist positiv am unteren Zonenrand und negativ am oberen Zonenrand. Zweitens ist es nun aber nicht möglich, daß am Zonenrand ein Sprung oder eine Diskontinuität in der Wechselkursänderungserwartung auftritt: Der Wechselkurs ist gemäß der Ausgangsgleichung eine lineare Funktion des Fundamentalterms und der erwarteten eigenen Änderungsrate. Der Wechselkurs selbst kann sich bei Erreichen der Zonenränder nicht sprunghaft entwickeln, denn dies würde die Existenz einer spekulativen 'Einbahnoption' implizieren.[45] Auch der Fundamentalfaktorprozeß

Zeitraum Null. Dies steht aber im Widerspruch dazu, daß gerade von Null verschiedene Wechselkursänderungserwartungen den Verlauf der TT Funktion begründen.) Es läßt sich langfristig nicht mehr Stabilität erreichen, als man bereit ist, mit einer Anpassung der Fundamentalfaktoren zu 'bezahlen'. In effizienten Märkten gibt es keine freien Mahlzeiten. Daher wurde von Krugman auch der Begriff honeymoon effect geprägt (vgl. Krugman und Miller (1993), S.299). Desweiteren zeigen Delgado und Dumas (1993), daß für die Aufrechterhaltung eines Zielzonenregimes im Vergleich zu einem (theoretischen) Festkurssystem ein deutlich erhöhter Bedarf an Währungsreserven besteht.

[43]Bei der nachfolgenden algebraischen Analyse ist es gerade diese 'high-order contact' Bedingung, die für die unendliche S-Kurvenschar der Lösungen von (3.8) die Bestimmung der partikulären Lösung ermöglicht. In diesem Sinne ist das smooth pasting analog zum Anfangswertproblem in der gewöhnlichen Differentialrechnung zu sehen (vgl. Dixit und Pindyck (1994), Kap. 4 und Bertola und Caballero (1992a)).

[44]Zum nachfolgenden vgl. Svensson (1992a).

[45]Der Wechselkurs könnte nur in eine Richtung springen – zurück ins Band. Dies böte sichere Arbitragemöglichkeiten, welche die Existenz einer solchen Lösung von vornherein ausschließen.

ist kontinuierlich. Folglich muß die Entwicklung der erwarteten Wechselkursänderungsrate ebenfalls kontinuierlich sein und kann keine Sprünge aufweisen.[46] Drittens läßt sich nun folgern, daß der Wechselkurs offenbar vollkommen unempfänglich für Veränderungen des Fundamentalterms geworden sein muß, wenn ein am Zonenrand auftretender Sprung in der erwarteten Veränderung des Fundamentalterms sich nicht in einem entsprechenden Sprung bei der Wechselkursänderungserwartung niederschlägt.[47]

Durch die smooth pasting Eigenschaft resultiert aus dem mit (3.8) beschriebenen linearen Modellaufbau letztlich eine nichtlineare Gleichgewichtsbeziehung für den Zielzonenwechselkurs. Vor dem Hintergrund dieses Ergebnisses liegt die Schlußfolgerung nahe, daß zumindest in Zielzonen Wechselkurse als nichtlineare Funktionen der sie bestimmenden Fundamentalfaktoren spezifiziert werden sollten. Trifft die Grundaussage des smooth pasting zu, dann könnte dies auch zum Teil den geringen empirischen Erklärungsgehalt traditioneller Strukturmodelle der Wechselkursdetermination begründen.[48]

3.2.2 Algebraische Analyse

In diesem Abschnitt soll nun die algebraische Lösung des Krugman'schen Zielzonenmodells gezeigt werden. Die Berechnung der TT Kurve erfolgt mit Hilfe der stochastischen Differentialrechnung. Die erforderlichen mathematischen Grundlagen sind im Anhang B erläutert. Um den Zugang zur algebraischen Analyse zu erleichtern, sind einige Zwischenschritte und Umformungen mit in die Darstellung aufgenommen.

---

[46] Formal argumentiert: Mit steigendem Fundamentalterm $m + v$ nähert sich s der Zonengrenze s_{max} an. Damit dabei die Ausgangsgleichung (3.8) erfüllt bleibt, muß diese Annäherung kontinuierlich, ohne Sprünge oder Knickstellen erfolgen, weil sonst $E_t[ds(t)]/dt$ nicht existierte und (3.8) verletzt wäre.

[47] Es gibt unterschiedliche Möglichkeiten, die smooth pasting Eigenschaft zu begründen. (Vgl. z.B. auch Krugman (1991).) Das smooth pasting impliziert allerdings gleichzeitig, daß die erwartete Verweildauer des Wechselkurses am Rand des Währungsbandes infinitesimal klein sein muß (vgl. Miller und Weller (1991a)). Andernfalls wäre $E_t[ds(t)]/dt$ über einen endlichen Zeitraum Null, was dauerhaft nur auf der FF Linie gegeben sein kann.

[48] Vgl. u.a. Flood, Rose und Mathieson (1991) und Svensson (1992a).

44

Formal geht es darum, eine Beziehung

$$s(t) = s(m(t), v(t), s_{min}, s_{max}) = s(f(t)) \qquad (3.22)$$

zu bestimmen, die konsistent mit (3.8) und dem unterstellten Verhalten von f ist.
Es sei unterstellt, daß der Wechselkurs eine hinreichend differenzierbare Funktion
des Fundamentalfaktors f ist.

Ausgangspunkt ist eine Situation innerhalb des Bandes, in der m konstant ist
und keine Interventionen stattfinden. Der Fundamentalfaktor f folgt gemäß (3.20)
einer einfachen Brown'schen Bewegung und die einzige Quelle von erwarteten Wechselkursänderungen liegt in den zufälligen Veränderungen von v. In dieser Situation
ist die Dynamik von s lokal, also in beliebig kleinen Intervallen, ebenfalls durch eine
Brown'sche Bewegung determiniert.[49]

Um den Erwartungsterm $E_t[ds(t)]/dt$ zu bestimmen, wird für (3.22) das totale
Differential berechnet. Mit Hilfe der Itô Formel ergibt sich:[50]

$$ds(t) = s_f df(t) + \frac{1}{2} s_{ff} (df(t))^2 \quad , \qquad (3.23)$$

wobei s_f und s_{ff} die ersten und zweiten partiellen Ableitungen von s nach $f(t)$ sind.
Unter Berücksichtigung von (3.20) folgt:

$$ds(t) = s_f \sigma dW(t) + \frac{1}{2} s_{ff} (\sigma dW(t))^2$$

---

[49]Vgl. auch Fußnote 33 auf Seite 37. Dies ergibt sich aus der Lösung der Ausgangsgleichung (3.8)
für ein konstantes m. Wie auf Seite 33 gezeigt wurde, hat die Lösung die Form eines Integrals der
abdiskontierten, zukünftig erwarteten Realisationen des $\{v(t)\}$ Prozesses zuzüglich $m(t)$:

$$s(t) = \frac{1}{\theta} \int_t^\infty (E_t[m(t) + v(\tau)]) \exp\left(\frac{-(\tau - t)}{\theta}\right) d\tau \quad .$$

Wegen $E_t[v(\tau) \mid v(t)] = v(t)$ – der *Markov Eigenschaft* – folgt:

$$
\begin{aligned}
s(t) &= \frac{1}{\theta} \int_t^\infty (m(t) + v(t)) \exp\left(\frac{-(\tau - t)}{\theta}\right) d\tau \\
&= \frac{1}{\theta} (m(t) + v(t)) \left[\theta \exp\left(\frac{-(\tau - t)}{\theta}\right)\right]_t^\infty \\
&= \frac{1}{\theta} (m(t) + v(t))[0 - (-\theta \cdot 1)] = m(t) + v(t) \quad . \qquad (\star)
\end{aligned}
$$

Wenn nun $m(t)$ konstant ist, wird die Dynamik von $s(t)$ vollständig durch (3.17) beschrieben.
$(\star)$ ist gleichzeitig die der *FF* Linie zugrundeliegende Sattelpfadlösung für $s(t)$ im stochastischen
Umfeld bei frei flexiblen Kursen, wenn die Möglichkeit von spekulativen Blasen ausgeschlossen
wird (vgl. Froot und Obstfeld (1991)).

[50]Die Itô Formel ist die Grundlage zur Berechnung des totalen Differentials einer stochastischen
Funktion. Sie ist im Anhang B erläutert.

$$= s_f \sigma dW(t) + \frac{1}{2}\sigma^2 s_{ff}(dW(t))^2 \quad . \tag{3.24}$$

Da $(dW(t))^2$ im mittleren quadaratischen Sinne streng nach dt konvergiert läßt sich auch schreiben:

$$ds(t) = s_f \sigma dW + \frac{1}{2}\sigma^2 s_{ff} dt \quad . \tag{3.25}$$

Bildet man hieraus den Erwartungswert für $ds(t)$, so ergibt sich wegen $E_t[dW(t)] = 0$

$$E_t[ds(t)] = \frac{1}{2}\sigma^2 s_{ff} dt$$
$$\Leftrightarrow E_t[ds(t)]/dt = \frac{1}{2}\sigma^2 s_{ff} \quad . \tag{3.26}$$

Eingesetzt in (3.8) und unter Berücksichtigung von (3.18) resultiert schließlich

$$s(f(t)) = f(t) + \theta\frac{\sigma^2}{2}s_{ff} \quad . \tag{3.27}$$

Die allgemeine Lösung dieser Differentialgleichung zweiter Ordnung lautet[51]

$$s(f(t)) = f(t) + A\exp(\lambda f(t)) + B\exp(-\lambda f(t)) \quad , \tag{3.28}$$

wobei

$$\lambda = \sqrt{\frac{2}{\theta\sigma^2}} > 0 \tag{3.29}$$

die Wurzel der charakteristischen Gleichung $\lambda^2 - 2/(\theta\sigma^2) = 0$ ist und A und B noch zu bestimmende Konstanten sind.[52] Das Ergebnis ist eine Gleichgewichtsbeziehung zwischen dem zusammengefaßten Fundamentalfaktor und dem Wechselkurs, in der t keinen eigenen Erklärungswert besitzt. Im weiteren wird daher statt $s(f(t))$ kurz $s(f)$ geschrieben.

Zur Bestimmung von A und B unternimmt Krugman eine weitere Vereinfachung, indem er unterstellt, daß die Zielzone symmetrisch um den Wert Null liegt (was einer Normalisierung des nicht-logarithmierten Wechselkurses auf Eins entspricht). Auf der TT Kurve erhält man folglich $s = 0$, wenn $f = 0$ ist. Dies kann aber nur der Fall sein, wenn $A = -B$ ist. Gleichung (3.28) läßt sich hierdurch weiter vereinfachen

---

[51]Zur Algebra von Differentialgleichungen höherer Ordnung vgl. z.B. Chiang (1984), Kap. 15, hier insbesondere S.505ff.

[52]Genauer handelt es sich hierbei um die Sattelpfadlösung von (3.27) bei rationalen Erwartungen, unter Ausschluß spekulativer Blasen.

46

zu[53]

$$s(f) = f + A \left(\exp(\lambda f) - \exp(-\lambda f) \right)$$
$$= f + 2 A \sinh(\lambda f) \quad . \tag{3.30}$$

A läßt sich nun mit Hilfe der Wertgleichheitsbedingungen und der smooth pasting Bedingungen bestimmen. Sei $\overline{f}$ der Wert von f, bei dem s den oberen Interventionspunkt erreicht und $\underline{f}$ der Wert, bei dem s den unteren Interventionspunkt erreicht. Dann gilt offensichtlich

$$s_{max} = \overline{f} + 2 A \sinh(\lambda \overline{f})$$
$$s_{min} = \underline{f} + 2 A \sinh(\lambda \underline{f}) \tag{3.31}$$

und[54]

$$s_f(\overline{f}) = 0 = 1 + \lambda A \left(\exp(\lambda \overline{f}) + \exp(-\lambda \overline{f}) \right)$$
$$\Leftrightarrow \quad 0 = 1 + 2 \lambda A \cosh(\lambda \overline{f})$$
$$s_f(\underline{f}) = 0 = 1 + \lambda A \left(\exp(\lambda \underline{f}) + \exp(-\lambda \underline{f}) \right)$$
$$\Leftrightarrow \quad 0 = 1 + 2 \lambda A \cosh(\lambda \underline{f}) \quad . \tag{3.32}$$

Diese Gleichungen definieren implizit A, $\overline{f}$ und $\underline{f}$. Sie sind abhängig von den Interventionspunkten s_{min} und s_{max}, der Semielastizität θ des Wechselkurses bezüglich seiner eigenen erwarteten Änderungsrate und dem Varianzparameter σ des $\{f(t)\}$ Prozesses. Unter den vereinfachenden Annahmen des Krugman-Modells benötigt man für die Modellösung nur jeweils eine der beiden Gleichungen in (3.31) und (3.32), da wegen der unterstellten Symmetrie der Zielzone $\overline{f} = -\underline{f}$ ist.[55] Zur weiteren Berechnung der TT Funktion wird von (3.32) die erste Gleichung herangezogen. Aufgelöst nach A ergibt sich

$$A = -\frac{1}{2 \lambda \cosh(\lambda \overline{f})} \quad . \tag{3.33}$$

Dieser Ausdruck ist wegen $\cosh(x) > 0$ immer negativ.[56] Setzt man dieses Ergebnis für A in Gleichung (3.30) ein, ergibt sich schließlich die Gleichgewichtslösung von s

---

[53]Dabei bezeichnet $\sinh(x) = 0.5(\exp(x) - \exp(-x))$ den Sinus Hyperbolicus von x.

[54]Der Cosinus Hyperbolicus ist definiert als $\cosh(x) = 0.5(\exp(x) + \exp(-x))$.

[55]Die vier nicht-linearen Bedingungen ermöglichen allgemein die Berechnung der partikulären Lösung für $A \neq -B$ und $\underline{f} \neq -\overline{f}$ (vgl. auch Bertola und Caballero (1992a)).

[56]Um einen S-förmigen Kurvenverlauf zu erhalten muß $A < 0$ gelten, da in Gleichung (3.30) $[\exp(\lambda f) - \exp(-\lambda f)] \to \infty$ für $f \to \infty$ und $\lambda > 0$.

in Abhängigkeit von f

$$s(f) = f - \frac{\sinh(\lambda f)}{\lambda \cosh(\lambda \overline{f})} \quad . \tag{3.34}$$

Die obere Grenze $\overline{f}$ des zugehörigen Fundamentalbandes läßt sich mit Hilfe von (3.31) und unter Berücksichtigung von (3.33) berechnen:[57]

$$
\begin{aligned}
s_{max} &= \overline{f} - \frac{\sinh(\lambda \overline{f})}{\lambda \cosh(\lambda \overline{f})} \\
&= \overline{f} - \tanh(\lambda \overline{f})/\lambda \quad , \tag{3.35}
\end{aligned}
$$

wobei $\tanh = \sinh / \cosh$ ist. Bei (3.35) handelt es sich um eine transzendente Funktion, die keine allgemeine Lösung für $\overline{f}$ in geschlossener Form besitzt. Deshalb läßt sich die Lösung der TT Funktion nicht allgemein in Abhängigkeit von s_{max} angeben. Für numerische Werte von λ und s_{max} existiert jedoch eine eindeutige Lösung für $\overline{f}$, die sich numerisch beliebig genau bestimmen läßt.

3.2.3 Zielzonenbreite, Wechselkursstabilität und Zinsvariabilität

Die algebraische Lösung ist die Grundlage für die nachfolgende graphische Analyse des Zusammenhangs zwischen der Zielzonenbreite und dem Ausmaß der Wechselkursstabilisierung. Es zeigt sich, daß die Stärke des 'honeymoon effect' unmittelbar von der Breite des Wechselkursbandes abhängt. Mit zunehmender Breite nähert sich die TT Kurve im inneren Bereich der Zielzone relativ schnell der 45° Beziehung zwischen Wechselkurs und Fundamentalfaktor bei freien Kursen an.

Abbildung 3.2 zeigt die theoretische Wirkung unterschiedlich breiter Zielzonen auf das Wechselkursverhalten. Gezeigt sind Wechselkursfunktionen für symmetrische Bänder von ± 2.25, ± 6 und ± 15 Prozent sowie die 45° Funktion bei frei schwankenden Wechselkursen.[58] Die zugrundegelegten Parameterwerte sind $\theta = 0.1$ Jahr und $\sigma = 0.2/\sqrt{\text{Jahr}}$. Da im Falle frei flexibler Wechselkurse σ gleichzeitig die Standardabweichung des Wechselkurses ist, entspricht dies einer Wechselkursvarianz von 4% pro Jahr bei flexiblen Kursen.[59]

---

[57]Vgl. in diesem Zusammenhang auch Fußnote 34 auf Seite 38.

[58]Die Bandbreiten wurden mit Blick auf das Europäische Währungssystem (EWS) gewählt.

[59]Die Dimensionen ergeben sich daraus, daß $E_t[ds]/dt$ und σ^2 die Dimension 1/Zeit haben und stellt sicher, daß λ aus (3.29) dimensionslos ist.

48

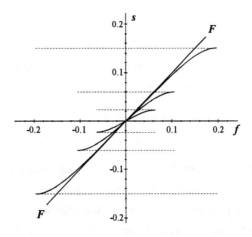

Abbildung 3.2: Die Zielzonenwechselkursfunktion in Abhängigkeit von der Zielzonenbreite

Durch die Vergrößerung der zulässigen Schwankungsbreite für s werden die beim Abweichen des Wechselkurses von der zentralen Parität entstehenden Wechselkursänderungserwartungen schwächer, da die Wahrscheinlichkeit für das Erreichen eines Interventionspunktes in einem gegebenen Zeitintervall abnimmt. Der Stabilitätsgewinn einer Zielzone bei perfekter Glaubwürdigkeit des Interventionsverhaltens der Zentralbank macht sich also vor allem dann bemerkbar, wenn sich die Interventionsverpflichtung auf ein relativ enges Währungsband bezieht.[60]

In diesem Zusammenhang ergeben sich interessante Auswirkungen unterschiedlich breiter Währungsbänder auf zinspolitische Freiräume der geldpolitischen Institutionen. Der Verlauf der Zielzonenwechselkursfunktionen in Abbildung 3.2 impliziert, daß für eine gegebene Paritätsabweichung des Zielzonenwechselkurses die ausgelösten Wechselkursänderungserwartungen eine fallende Funktion der Zielzonenbreite sind. Schmale Wechselkursbänder ermöglichen via ungedeckte Zinsparität im Inneren der Zielzone daher *kurzfristig* größere Zinsabweichungen zwischen In- und Auslandszins. Während das maximale Ausmaß internationaler Zinsdifferenzen eine positiv monotone Funktion der Zielzonenbreite ist,[61] sinkt also die anfängliche

---

[60]Für eine formale Analyse vgl. auch Werner (1992) und Delgado und Dumas (1993).

[61]In Abschnitt 3.3.2 wird gezeigt, daß die Differenz zwischen In- und Auslandszins eine monoton fallende Funktion des Zielzonenwechselkurses ist, die an den Interventionspunkten ihre lokalen Ex-

Variabilität internationaler Zinsdifferenzen mit zunehmender Breite des Währungsbandes.

Svensson (1991b) zeigt, daß die asymptotische Variabilität internationaler Zinsdifferenzen beim Übergang von vollständig fixierten Wechselkursen zu schmalen Bandbreiten zunächst zunimmt, um dann nach Erreichen des Maximums mit zunehmender Zielzonenbreite wieder zu sinken.[62] Die durchschnittliche Abweichung zwischen In- und Auslandszins im Zeitablauf erreicht also bei schmalen Bandbreiten ein Maximum und ermöglicht in diesem Sinne zinspolitische Freiräume. Schmale Währungsbänder unterscheiden sich insofern deutlich von vollständig fixierten Wechselkursen.[63]

Das Entstehen zinspolitischer Freiräume ist eine Folge der unterstellten Glaubwürdigkeit des Zielzonenregimes, bei der die Devisenmarktakteure erwarten, daß das Wechselkursniveau langfristig der Parität entspricht. Bei dauerhaften und gleichbleibenden Paritätsabweichungen des Zielzonenwechselkurses würden jedoch die Erwartungen der Marktteilnehmer verletzt. Die Freiräume sind daher zeitlich begrenzt. Deshalb sind sie auch vor allem für Zinsen im Bereich kurzer Laufzeiten relevant.[64]

Dauerhafte Paritätsabweichungen bergen außerdem die Gefahr, daß die Glaubwürdigkeit der Zielzone leidet. Wird zum Beispiel die Möglichkeit von Paritätsänderungen in Betracht gezogen[65] und unterstellt, daß Paritätsänderungserwartungen von der Paritätsabweichung des Wechselkurses abhängig sind, dann verringern sich die zinspolitischen Freiräume oder können ganz verschwinden. Unter diesen Bedin-

---

trema erreicht. Mit der Breite der Zielzone steigt natürlich die maximal mögliche Wechselkursänderungsrate im Band und via Zinsparität folglich auch die maximale internationale Zinsdifferenz.

[62]Die asymptotische Variabilität der Zinsdifferenzen beschreibt die Zinsvariabilität für $t \rightarrow \infty$. Mit ihr wird die durchschnittliche Abweichung zwischen In- und Auslandszins hinsichtlich der langfristigen Verteilung der Wechselkursrealisationen im gegebenen Währungsband erfaßt, da für $t \rightarrow \infty$ die anfängliche Position des Zielzonenwechselkurses bedeutungslos wird. Die asymptotische Zinsvariabilität ist bei vollständig festen Wechselkursen Null. Ihr Grenzwert bei flexiblen Kursen hängt davon ab, ob der (zusammengefaßte) Fundamentalfaktor einer Drift folgt. Der Grenzwert entspricht dann der Drift. Bei der gewählten Modelldarstellung folgt v einer Brown'schen Bewegung ohne Drift. Daher ist der Grenzwert bei Wechselkursflexibilität hier ebenfalls Null.

[63]Vgl. Svensson (1991b) und (1991c) und ähnlich auch Delgado und Dumas (1993), S.216f.

[64]Vgl. Svensson (1992c).

[65]Zu entsprechenden Modellerweiterungen vgl. auch Abschnitt 4.2.

gungen ist zwischen dem Ausschöpfen der geldpolitischen Unabhängigkeit und der Erhöhung der Glaubwürdigkeit des Währungsregimes abzuwägen.[66]

3.3 Die empirische Performance des Krugman-Modells

Beim Versuch einer empirischen Überprüfung des Krugman-Modells ergibt sich zunächst das Problem, daß der zusammengefaßte Fundamentalfaktor f nicht direkt beobachtbar ist.[67] Der Fundamentalfaktor setzt sich aus verschiedenen einzelnen Bestimmungsgrößen des Wechselkurses zusammen. Um f zu bestimmen, müßte daher zunächst der zugrundegelegte Geldmarktansatz spezifiziert und dann f geschätzt werden.[68] Dabei ergibt sich als weiteres Problem, daß die benötigten makroökonomischen Daten nicht mit einer hinreichend hohen Frequenz verfügbar sind. Das Krugman-Modell ist für eine zeitkontinuierliche Betrachtung formuliert. Eine Diskretisierung sollte also für möglichst kurze Zeitintervalle durchgeführt werden. Tagesdaten (oder auch innertägliche Daten) liegen aber nur für Wechselkurse und Zinssätze vor. Daher entfällt die Möglichkeit, mit Hilfe einer einfachen Regression des Wechselkurses auf eine Linearkombination von Fundamentalfaktoren die Existenz der postulierten S-förmigen Relation zu testen.[69]

Aus dem Modell lassen sich jedoch eine Reihe von Hypothesen im Hinblick auf das beobachtbare Verhalten der Modellvariablen herleiten.[70] In diesem Abschnitt soll daher gezeigt werden, wie sich aus dem Krugman-Modell empirisch testbare Aussagen herleiten lassen und ihre Evidenz überprüft werden.

---

[66]Vgl. Svensson (1992c), Neely (1994) und Rose und Svensson (1994). Die Geldpolitik der belgischen und holländischen Zentralbanken wird zumeist unter diesem Blickwinkel gesehen, da im EWS beide vollständig auf das Ausschöpfen möglicher geldpolitischer Freiräume verzichtet haben.

[67]Vgl. Bertola (1994) und Svensson (1992a).

[68]Dazu wären Aussagen über die zu verwendenden Geldmengenaggregate, die zugehörigen Geldnachfrageelastizitäten usw. erforderlich.

[69]Es ist allerdings möglich, mit einem Schätzwert des zusammengefaßten Fundamentalterms zu arbeiten. Vgl. hierzu Abschnitt 3.3.3.

[70]Eine kurze Übersicht geben Lindberg und Söderlind (1991), S.6.

3.3.1 Asymptotische Wahrscheinlichkeitsdichte und Standardabweichung des Zielzonenwechselkurses

Aus der S-förmigen Gleichgewichtsbeziehung des Krugmann-Modells und dem zugehörigen smooth pasting an die Zonenränder ergeben sich zwei eng miteinander verbundene Aussagen, die mit Hilfe einfacher statistischer Verfahren überprüft werden können. Die S-förmige Gleichgewichtsbeziehung legt nahe, daß der Wechselkurs die meiste Zeit in der Nähe der Zonenränder zu beobachten sein müßte. Das smooth pasting impliziert dabei, daß der Wechselkurs in Zonenrandnähe insensitiv in bezug auf Veränderungen der Fundamentalfaktoren ist. In Zonenrandnähe wird der Wechselkurs auf gegebene Änderungen der Fundamentalfaktoren folglich nur in geringerem Maße reagieren, als in der Zonenmitte.

Daraus resultiert zum einen die direkt testbare Hypothese, daß die (sehr) kurzfristige Volatilität des (logarithmierten) Wechselkurses von den Zonenrändern zur Zonenmitte hin zunimmt. Wie sich auch aus Gleichung (3.23) ersehen läßt, ist die unmittelbare Volatilität des Wechselkurses proportional zum Absolutwert der Steigung der TT Funktion, und $|s_f|$ ist in der Zonenmitte am größten.

Dort, wo sich der Wechselkurs nur langsam bewegt, wird er sich folglich aber auch relativ lange (und damit 'häufig') aufhalten. Da sich f mit einer konstanten Geschwindigkeit zwischen seinen Grenzen bewegt und infolgedessen langfristig eine 'räumliche' Gleichverteilung aufweist, resultiert zum anderen die testbare Hypothese einer U-förmigen asymptotischen Dichtefunktion des Zielzonenwechselkurses.[71]

---

[71] Die asymptotische Dichtefunktion einer Zufallsvariablen beschreibt ihre Wahrscheinlichkeitsdichte für größere Stichproben, hier also für $t \to \infty$. Sie wird genutzt, um die tatsächliche Verteilungsdichte einer Zufallsvariablen in endlichen Stichproben (begrenzten Zeitintervallen) zu approximieren (vgl. Greene (1993), S.106 und Hansen (1993), S.121f.). Da für $t \to \infty$ der Ausgangspunkt des $\{s(t)\}$ Prozesses, $s_0 = s(0)$ zum Zeitpunkt 0, bedeutungslos wird, handelt es sich hierbei um die unkonditionale Dichtefunktion von s. (Je weiter man in die Zukunft blickt, desto geringer ist der Informationsgehalt des gegenwärtigen Wechselkursniveaus für den zu erwartenden zukünftigen Wechselkurs.) Manchmal findet sich in diesem Zusammenhang auch der Begriff der ergodischen Dichtefunktion (vgl. Bertola (1994), S.280). Die Brown'sche Bewegung weist die Eigenschaft der Ergodizität auf, bei der die langfristigen Zeitdurchschnitte von $\{s(t)\}$ Realisationen der aus dem stationären Wahrscheinlichkeitsvektor resultierenden Verteilungsdichte entsprechen, das heißt, die Verteilung von s im zeitlichen Längsschnitt konvergiert gegen die Wahrscheinlichkeitsverteilung

52

Algebraisch läßt sich die asymptotische Dichtefunktion von s, $\varphi^s(s)$, mit Hilfe eines Variablentauschs aus der asymptotischen Dichtefunktion des Fundamentalfaktors $\varphi^f(f)$ berechnen. Da $s = s(f)$ eine einwertige Beziehung ist, existiert ebenfalls die (wenn auch nicht in geschlossener Form ausdrückbare) Inverse $f = s^{-1}(s)$. Sofern nun die Dichtefunktion $\varphi^f(f)$ bekannt ist, läßt sich mit ihrer Hilfe $\varphi^s(s)$ wie folgt bestimmen.[72]

$$\text{Prob}(s \leq b) = \int_{-\infty}^{b} \varphi^f(s^{-1}(s)) \left| s^{-1\prime}(s) \right| ds \ ,$$

wobei $s^{-1\prime}(s)$ die Ableitung der Inversen $s^{-1}(s)$ der TT Funktion ist. Die Wahrscheinlichkeit $s \leq b$ für s in Abhängigkeit von f läßt sich also beschreiben durch die Wahrscheinlichkeit, mit der sich f vor dem Hintergrund der eigenen Wahrscheinlichkeitsdichte im zugehörigen Fundamentalintervall befindet ($\text{Prob}(f \leq s^{-1}(b))$. Da

$$\text{Prob}(s \leq b) = \int_{-\infty}^{b} \varphi^s(s)\, ds \ ,$$

ergibt sich

$$\varphi^s(s) = \varphi^f(s^{-1}(s)) \left| s^{-1\prime}(s) \right| \ . \tag{3.36}$$

Wegen

$$\left| s^{-1\prime}(s) \right| = \frac{1}{|s'(s^{-1}(s))|} \ ,$$

läßt sich dies auch schreiben als[73]

$$\varphi^s(s) = \frac{\varphi^f(s^{-1}(s))}{|s'(s^{-1}(s))|} \ . \tag{3.37}$$

Im Intervall $\underline{f} \leq f \leq \overline{f}$ entspricht die asymptotische Verteilungsfunktion von f einer Gleichverteilung, deren asymptotische Dichtefunktion durch

$$\varphi^f(f) = 1/(\overline{f} - \underline{f})$$

gegeben ist.[74] Da $\varphi^f(s^{-1}(s))$ also konstant ist, bestimmt die Steigung der TT Funktion die Dichtefunktion φ^s von s. Die Steigung der TT Funktion läßt sich aus (3.34) berechnen zu

$$s'(s^{-1}(s)) = 1 - \cosh(\lambda s^{-1}(s))/cosh(\lambda s^{-1}(s_{max})) \ .$$

von s für einen Zeitpunkt. Zum Begriff der Ergodizität vgl. Kloeden und Platen (1995), S.31f.

[72]Zum nachfolgenden vgl. auch Greene (1993), S.62f.

[73]Vgl. Svensson (1991b).

[74]Zur Herleitung der asymptotischen Wahrscheinlichkeitsverteilung einer regulierten Brown'schen Bewegung ohne Drift vgl. Harrison (1990), S.89ff.

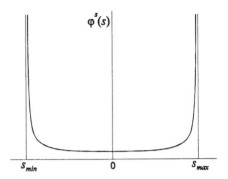

Abbildung 3.3: Die asymptotische Dichtefunktion des Zielzonenwechsel-kurses

Eingesetzt in (3.37) resultiert für $\varphi^s(s)$ schließlich

$$\varphi^s(s) = \cfrac{1}{\left(s^{-1}(s_{max}) - s^{-1}(s_{min})\right)\left|1 - \cfrac{\cosh(\lambda s^{-1}(s))}{\cosh(\lambda s^{-1}(s_{max}))}\right|}, \qquad (3.38)$$

mit $s_{min} \leq s \leq s_{max}$.

Den Verlauf der Dichtefunktion zeigt Abbildung 3.3. Wie man sieht, ist die Dichtefunktion bimodal in Richtung auf die Zielzonenränder. Der Grenzwert von $\varphi^s(s)$ existiert nicht, d.h. $\varphi^s(s) \to \infty$ für $s \to s_{min}$ und $s \to s_{max}$. Dies erklärt sich daraus, daß an den Zonenrändern die Steigung der TT Kurve Null ist.[75]

Um nun diese Aussage des Krugman-Modells zu überprüfen, bietet es sich an, empirische Häufigkeitsverteilungen von Zielzonenwechselkursen zu betrachten. Dies soll exemplarisch anhand zweier bilateraler Wechselkurse im Europäischen Währungssystems (EWS) geschehen. Zum einen dem Austauschkurs der Deutschen Mark zur quantitativ zweitbedeutensten Währung der am EWS dauerhaft beteiligten Länder, dem französischen Franc (DEM/FR). Zum anderen anhand des Austauschkurses der Deutschen Mark gegenüber dem holländischen Gulden (DEM/NLG), der sich im EWS besonders stabil entwickelt hat.

Abbildung 3.4 zeigt die verwendeten Zeitreihen für den Wechselkurs der Deutschen Mark zum holländischen Gulden und zum französischen Franc im Zeitraum vom 15.3.1979 bis 30.6.1995. Zugrunde liegen die jeweiligen Wochenschlußkurse am

---

[75]Vgl. auch Froot und Obstfeld (1991).

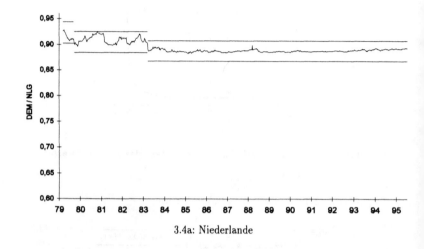

3.4a: Niederlande

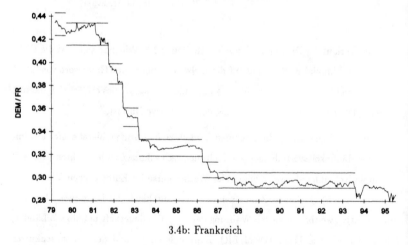

3.4b: Frankreich

Abbildung 3.4: Empirischer Wechselkursverlauf im EWS-Band (1979–1995)

Quelle der Grunddaten: Deutsche Bundesbank, *Statistisches Beiheft zum Monatsbericht Reihe 5, Devisenkursstatistik*, vormals: *Die Währungen der Welt*, Nr. 2/79 – Nr. 3/95.

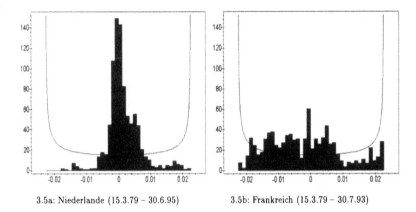

3.5a: Niederlande (15.3.79 – 30.6.95)   3.5b: Frankreich (15.3.79 – 30.7.93)

Abbildung 3.5: Empirische Wechselkurshäufigkeitsdichte im EWS-Band

Die beiden Histogramme zeigen die empirische Wechselkurshäufigkeitsdichte für den holländischen Gulden und den französischen Franc. Der Vergleich mit der theoretisch zu erwartenden Wahrscheinlichkeitsdichtefunktion zeigt, daß die Verteilungshypothese für den Zielzonenwechselkurs nicht bestätigt werden kann.

Kassamarkt.[76] Während der Franc im Zuge der Währungskrise im EWS am 2. August 1993 zur (nicht mehr eingezeichneten) erweiterten Bandbreite von ±15% überging, sind auf Basis einer bilateralen Vereinbarung zwischen den Niederlanden und Deutschland die am 1. August gültigen Höchst- und Niedrigstkurse beibehalten worden. Deutlich sichtbar ist die hohe Stabilität der Austauschrelation des holländischen Gulden zur Deutschen Mark, die sich nicht nur in den wenigen Realignments zeigt, sondern auch darin, wie mittig der DEM/NLG Kurs seit März 1983 im Währungsband verläuft.

Die Histogramme in Abbildung 3.5 zeigen nun für die Phasen der engen Währungsbänder, also für den Gulden im Zeitraum 15.3.79 – 30.6.95 und für den Franc im Zeitraum 15.3.79 – 1.8.93, die empirischen Häufigkeitsdichten der bilateralen Wechselkurse im Wechselkursband. Zu ihrer Konstruktion wurden die Kassakurszeitreihen anhand der jeweils gültigen Leitkurse normiert und anschließend logarithmiert. Die Daten wurden dann in vierzig gleich breite Subintervalle des Währungsbandes eingeteilt und ihre relative Häufigkeit bestimmt.[77] Für den französischen Franc standen

---

[76]Die Grunddaten der Zeitreihen stammen aus: Deutsche Bundesbank, *Statistisches Beiheft zum Monatsbericht 5, Devisenkursstatistik.*

[77]Für die Erstellung der Graphiken und die zugrundeliegenden Berechnungen wurde Maple V3 benutzt. Die effektiven Grenzen der engen EWS-Bänder liegen eigentlich bei -2.22% und +2.28%.

56

dabei 751 Werte und für den holländischen Gulden 851 Werte zur Verfügung. Zur Verdeutlichung der Ergebnisse ist die hypothetische Dichtefunktion für Bandbreiten von ±2.25% jeweils mit eingezeichnet.[78]

In keinem Fall ist die erwartete U-förmige Verteilung anzutreffen ist. Im Gegenteil: die asymptotischen Dichtefunktionen der betrachteten EWS-Wechselkurse verlaufen eher spitz- oder hügelförmig. Einzig beim französischen Franc findet sich noch ein Anstieg der Wahrscheinlichkeitsmasse am oberen Interventionspunkt, der aus der mit Leitkursanpassungen reich gesegneten Frühphase des EWS stammt. Nichtsdestoweniger befindet sich auch hier der überwiegende Teil der Wahrscheinlichkeitsmasse im Inneren der Zielzone. Frühere Untersuchungen von Bertola und Caballero für den französischen Franc im Zeitraum 1979 bis 1987 und Flood, Rose und Mathieson für die italienische Lira und den holländischen Gulden in der Zeit von 1979 bis Mitte Mai 1990, kommen bezüglich der Verteilungsimplikationen des Krugman-Modells ebenfalls zu negativen Ergebnissen.[79] Die hier vorgenommene Erweiterung des Untersuchungszeitraums auf die realignmentfreien Jahre der jüngeren EWS-Vergangenheit modifiziert die negative Evidenz der untersuchten Verteilungsaussage nicht, obwohl durch die zeitliche Erweiterung die Glaubwürdigkeitsannahme des Krugman-Modells eher erfüllt sein dürfte.[80]

Auch die Betrachtung der Wechselkursvolatilität führt zur negativen Evidenz für das Krugman-Modell. Setzt man die Wechselkursvolatilität in Verbindung zur Wechselkursposition im Währungsband, so findet sich nicht der vom Modell vorhergesagte Zusammenhang zwischen den beiden Größen. Dies veranschaulicht Abbildung 3.6, in der für die obengenannten Zeiträume die Durchschnitte der Absolutwerte wöchentlicher prozentualer Wechselkursveränderungen in Subintervallen des Währungsbandes gezeigt sind.[81] Der erwartete Zusammenhang zwischen Wechsel-

---

Bei Grenzen von ±2.25% erreichen die Währungen nicht gleichzeitig aus Sicht beider Länder ihre (entgegengesetzten) Interventionspunkte. Zur Vereinfachung und Kompatibilität mit den theoretischen Analysen wurde jedoch eine Zuordnung auf nullpunktsymmetrische Klassen vorgenommen, die den Bereich von ±2.25% umfassen.

[78]Die verwendeten Parameterwerte sind $\theta = 0.1$, $\sigma = 0.2$ und somit $\lambda = 22.36$.

[79]Vgl. Bertola und Caballero (1992a) und Flood et al. (1991).

[80]Vgl. hierzu auch Abschnitt 3.3.4 unten und Abschnitt 4.2.4 in Kapitel 4.

[81]Zur Erstellung der Abbildung wurden die Absolutwerte der wöchentlichen prozentualen Wechselkursänderungen aus der Differenz der zugehörigen normierten und logarithmierten Wechselkurse

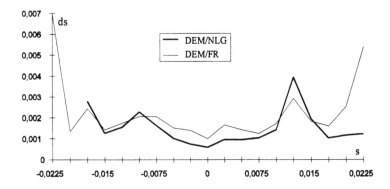

Abbildung 3.6: Wechselkursänderungsraten in Subintervallen des Währungsbandes

Die Abbildung zeigt die durchschnittlichen wöchentlichen Änderungen des (log) Wechselkurses in Abhängigkeit von der Wechselkursposition im Währungsband. Der behauptete negative Zusammenhang zwischen Wechselkursvolatilität und Wechselkursabweichung von der Parität tritt nicht zutage.

kursänderungsraten und der Wechselkursposition im Währungsband läßt sich nicht bestätigen. Der Umfang von durchschnittlichen Wechselkursveränderungen ist in der Bandmitte gegenüber den äußeren Bereichen keineswegs erhöht. Es entsteht eher der Eindruck, daß die Volatilität in Richtung auf die Zonenränder zunimmt.

Normalerweise ist bei zeitraumbezogenen Analysen von Finanzmarktentwicklungen als Volatilitätsmaß die Standardabweichung der Differenzen logarithmierter Niveauwerte in gleitenden Zeitintervallen üblich.[82] Der Grund hierfür ist, daß vollkommen konstante Änderungsraten einer Variablen im Zeitablauf keine Volatilität im eigentlichen Sinne darstellen. Die betrachtete Variable folgt in diesem Fall einfach einem exponentiellen Wachstumstrend. Bei der vorliegenden Fragestellung interessierte jedoch der Einfluß der Wechselkursposition auf das Ausmaß der Wechselkursvolatilität. Es geht also um die Erfassung der positionsabhängigen Veränderlichkeit. Verwendet man hierzu das übliche Volatilitätsmaß, so stellt sich die Frage nach der

errechnet und neunzehn gleich breiten Subintervallen des Währungsbandes zugeordnet. Für die in einem Subintervall aufgetretenen Änderungsraten wurde dann der Mittelwert berechnet, der gegenüber der Intervallmitte abgetragen ist. Für die Berechnungen und zur Erstellung der Graphik wurde Excel 5.0 benutzt.

[82]Vgl. Deutsche Bundesbank (4/1996a) und Banca d'Italia (1995), S.10f.

richtigen Länge des Gleitintervalls, da das Ausmaß der Standardabweichung und ihr Aussagewert davon abhängig sind. Bei einem sehr kurzen Gleitintervall wird der Aussagewert als Volatilitätsmaß hinsichtlich der (gleichzeitig zu bestimmenden) durchschnittlichen Wechselkursveränderung relativ gering. Außerdem erhalten 'Ausreißer' bei den Daten ein höheres Gewicht. Bei einem langen Gleitintervall hingegen reduziert sich der Aussagewert für den Positionseinfluß auf die Wechselkursvolatilität.[83] Deshalb wurde alternativ die positionsabhängige, wöchentliche prozentuale Veränderung des Niveauwechselkurses in Teilbereichen der Wechselkurszielzone verwendet, um den Einfluß der Wechselkursposition auf die Wechselkursveränderlichkeit zu erfassen. Dieses Vorgehen ist auch dadurch gerechtfertigt, daß sich hier nach Gleichung (3.23) ein entsprechender Zusammenhang nachweisen lassen müßte.[84]

Um der Frage nachzugehen, ob die Volatilität eher in Richtung auf die Ränder der Zielzone zunimmt, wurden abschließend die Absolutwerte wöchentlicher prozentualer Wechselkursschwankungen in Abhängigkeit von der Wechselkursposition im Währungsband mit Hilfe quadratischer Funktionen interpoliert. Auf diesem Wege läßt sich relativ einfach überprüfen, ob zwischen den beiden Größen ein konvexer oder ein konkaver Zusammenhang vorliegt.[85]

Abbildung 3.7 zeigt die Streudiagramme der Absolutwerte wöchentlicher Wechselkursänderungsraten in Abhängigkeit von der Wechselkursposition im Band mit

[83]In Deutsche Bundesbank (4/1996a) werden zur Ermittlung der (historischen) Volatilität z.B. gleitende zwanzig Tage Zeiträume verwendet. Diese sind für die hier interessierende Fragestellung aber bereits zu lang.

[84]Dabei wird also das Ausmaß von 'Wechselkurssprüngen' in Form der relativen wöchentlichen Wechselkursänderungen zum Maß der Volatilität. Vgl. in diesem Zusammenhang auch Deutsche Bundesbank (4/1996a). Die Untersuchungen wurden zur Kontrolle ebenfalls auf Basis von Standardabweichungen in gleitenden vier-Wochen-Zeiträumen durchgeführt. Die dabei gefundenen Ergebnisse stimmen mit denen des gezeigten Ansatzes qualitativ überein.

[85]Bei der Regressionsanalyse ist zu beachten, daß eine lineare Regression von $|ds|$ auf ein quadratisches Polynom die Erwartungstreue des Schätzers zerstört. Der Störterm ϵ ist dabei von den Ausprägungen der Regressoren abhängig. Die klassische Annahme seiner stochastischen Unabhängigkeit von den Regressoren (und Normalverteilung) wäre verletzt: Aus $|ds| = \hat{a}_0 + \hat{a}_1 s + \hat{a}_2 s^2 + \epsilon$ folgt wegen $|ds| > 0$, daß $\epsilon \geq -\hat{a}_0 - \hat{a}_1 s - \hat{a}_2 s^2$ ist. Dadurch ist ϵ also nicht mehr symmetrisch verteilt, sondern bei $-\hat{a}_0 - \hat{a}_1 s - \hat{a}_2 s^2$ abgeschnitten. Um dieses Problem zu vermeiden wurde ein logarithmischer Regressionsansatz benutzt. Aus der verwendeten Schätzgleichung $\ln|d\hat{s}| = \ln(\hat{a}_0 + \hat{a}_1 s + \hat{a}_2 s^2) + \epsilon$ ergibt sich dann bei Rücktransformation $|d\hat{s}| = (\hat{a}_0 + \hat{a}_1 s + \hat{a}_2 s^2) \exp(\epsilon)$, mit $\exp(\epsilon) > 0 \ \forall \ \epsilon$.

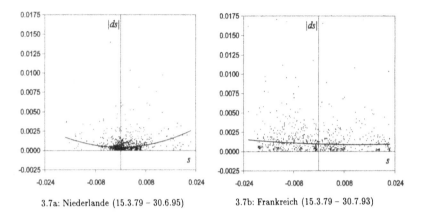

3.7a: Niederlande (15.3.79 – 30.6.95)   3.7b: Frankreich (15.3.79 – 30.7.93)

Abbildung 3.7: Wöchentliche Wechselkursänderungsraten und Wechsel-kursposition

Bei der empirischen Betrachtung der Absolutwerte wöchentlicher Wechselkursänderungsraten in Abhängigkeit von der Wechselkursposition im Währungsband weisen die quadratischen Interpolationsfunktionen einen konvexen Verlauf auf, der im Falle der Niederlande statistisch hochsignifikant ist.

den zugehörigen quadratischen Interpolationsfunktionen. Bei beiden Interpolationsfunktionen hat der quadratische Term ein positives Vorzeichen. Der Koeffizient des quadratischen Terms ist im Falle der Niederlande hochsignifikant.[86] Die Teststatistik weist für den Koeffizienten einen t-Wert von 5.53 aus. Für den französischen Franc ist der entsprechende t-Wert 1.63. Bei einem einseitigen Test auf positives Vorzeichen entspricht dies einem Signifikanzniveau von 5.18 Prozent. Der kritische 5 Prozent Wert wird also knapp überschritten.

Für den holländischen Gulden zeigt die Schätzung eindeutig, daß die Wechselkursvolatilität in Richtung auf die Zielzonengrenzen ansteigt. Aber auch beim französischen Franc findet sich Evidenz, die starke Zweifel an den Modellaussagen angebracht erscheinen läßt. Insgesamt stehen die Ergebnisse im klaren Widerspruch

---

[86]Die Ergebnisse der Interpolationsfunktionsschätzungen lauten

$$|ds|_{DEM/NLG} = \underset{(21.8)}{0.0004} + \underset{(0.07)}{0.0005s} + \underset{(5.53)}{4.270s^2} \quad R^2 = 0.08$$

$$|ds|_{DEM/FR} = \underset{(17.5)}{0.0009} - \underset{(-3.20)}{0.0132s} + \underset{(1.63)}{0.518s^2} \quad R^2 = 0.18$$

mit t-Statistiken in Klammern. Für die Schätzung und die Erstellung der Graphiken wurde RATS 4.2 benutzt.

60

zu den Volatilitätsimplikationen des Krugman-Modells. Der negative empirische Befund wird in anderen Untersuchungen überwiegend bestätigt.[87] Wie im Laufe der Arbeit gezeigt wird, könnten vor allem die kritischen Modellannahmen über das Interventionsverhalten der Zentralbank und die perfekte Glaubwürdigkeit der Zielzone für die mangelnde empirische Bestätigung des Krugman-Modells verantwortlich sein.

3.3.2 Zinsdifferenzen und Wechselkursposition im Währungsband

Das Krugmann-Modell beinhaltet eine testbare Aussage über Zinsdifferenzen zwischen Ländern. Da die ungedeckte Zinsparitätenbedingung zugrundegelegt ist, ergibt sich aus dem Modell eine exakte Beziehung zwischen in- und ausländischen Zinssätzen und der Wechselkursposition im Währungsband.

Sofern die Annahme der perfekten Glaubwürdigkeit der Wechselkurszielzone aufrechterhalten wird, also von möglichen Realignments abgesehen wird, ist die erwartete Wechselkursänderungsrate durch (3.26) gegeben. Damit läßt sich die Zinsparität (3.5) schreiben als

$$i(t) - i^*(t) = \frac{1}{2}\sigma^2 s_{ff} \quad . \tag{3.39}$$

Hieraus resultiert eine eindeutige Beziehung zwischen der Zinsdifferenz und dem Fundamentalfaktor f. Die zweite Ableitung der TT Funktion, s_{ff}, läßt sich aus Gleichung (3.34) bestimmen und ist gegeben durch $-\lambda \sinh(\lambda f)/\cosh(\lambda \overline{f})$. Aus Gleichung (3.29) ergibt sich ferner $\sigma^2 = 2/(\lambda^2 \theta)$. Unter Verwendung der Kurzschreibweise $i(t) - i^*(t) = \delta(t)$ erhält man somit

$$\delta(t) = -\frac{\sinh(\lambda f)}{\theta \lambda \cosh(\lambda \overline{f})} \quad . \tag{3.40}$$

Für ein schmales Fundamentalfaktorband ist die Zinsdifferenz folglich eine fallende, annähernd lineare Funktion von f.[88]

---

[87]Vgl. Flood et al. (1991) und Bertola und Caballero (1992a).

[88] Die Zinsdifferenz läßt sich auch aus (3.8) unter Berücksichtigung von (3.18) berechnen zu $\delta(t) = [s(f) - f]/\theta$. Ihre erste Ableitung bezüglich f ist dann gegeben durch $(\partial s/\partial f - 1)/\theta$. Nun ist $\partial s/\partial f = 1 - \cosh(\lambda f)/\cosh(\lambda \overline{f})$ für schmale Fundamentalfaktorbänder positiv, nahe Null. (Der zweite Term ist kleiner als Eins, aber nahe Eins.) Insofern ist $\partial \delta(t)/\partial f$ annähernd konstant und gegeben durch $\partial \delta(t)/\partial f \approx -1/\theta$ (vgl. auch Svensson (1991b)).

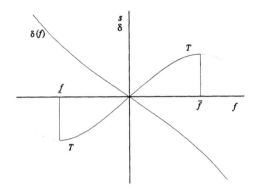

Abbildung 3.8: Zinsdifferenz und Wechselkurs in Abhängigkeit vom Fundamentalfaktor

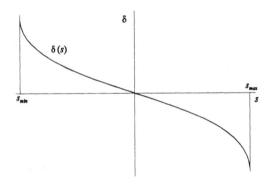

Abbildung 3.9: Die Zinsdifferenzen-Wechselkursfunktion

Abbildung 3.8 zeigt die Zinsdiffenz in Abhängigkeit von f mit der zugehörigen TT Funktion. Da im Intervall $\underline{f} \leq f \leq \overline{f}$ die TT Funktion einwertig ist, läßt sich mit $\delta(f) = \delta(s^{-1}(s))$ hieraus auch eine explizite Beziehung zwischen der Zinsdifferenz und dem Zielzonenwechselkurs herleiten.[89]

Abbildung 3.9 veranschaulicht den direkten Zusammenhang zwischen der Zinsdifferenz und der Position von s im Band. Im Inneren der Zielzone zeigen positive Zinsdifferenzen eine Abwertungserwartung an, wenn sich der Wechselkurs am unteren Zonenrand befindet und negative Zinsdifferenzen eine Aufwertungserwartung,

---

[89]Sie ist gegeben durch $\delta(s) = [s(s^{-1}(s)) - s^1(s)]/\theta$.

62

wenn sich der Wechselkurs in der Nähe des oberen Zonenrandes befindet. Dies ist auch unmittelbar aus Gleichung (3.39) ersichtlich. Da die TT Funktion konkav im oberen Zielzonenbereich ist, gilt dort $s_{ff} < 0$ und folglich $\delta < 0$. Im unteren Zonenbereich ist die Funktion konvex, mit $s_{ff} > 0$, so daß hier $\delta > 0$ ist.

Auch diese Modellaussage wird durch die Empirie nicht bestätigt. Abbildung 3.10 zeigt für die Niederlande und Frankreich die Ergebnisse der Untersuchung des Zinsdifferenzen/Wechselkurs-Zusammenhangs. Betrachtet wurde zunächst die Phase der engen Währungsbänder, d.h. beim holländischen Gulden wiederum der Zeitraum 15.3.79 – 30.6.95 (Abbildung 3.10a) und beim französischen Franc der Zeitraum 15.3.79 – 1.8.93 (Abbildung 3.10b). Zugrunde liegen die jeweiligen Wochenschlußkurse. Bei den verwendeten Zinssätzen handelt es sich um Euromarkt Tagesgeldsätze.[90] Die Datenreihen wurden um 'Ausreißer' bereinigt, die zu Zeiten von Realignments auftraten. Dies schien insofern angebracht, als daß in zeitlicher Nähe zu einem Realignment die Annahme der perfekten Glaubwürdigkeit der Wechselkurszielzone kaum aufrechtzuerhalten ist, sofern die Marktakteure den Regimewechsel erwarten bzw. auf einen solchen spekulieren. Auch nach erfolgtem Realignment dauerte es häufig noch einige Tage, bis wieder Ruhe an den Märkten eintrat. Durch die Bereinigung sind die Schätzergebnisse nicht durch solche Ausnahmezeiträume verzerrt. Für den holländischen Gulden verblieben nach Beseitigung von Ausreißern 843 Beobachtungen, für den französischen Franc 736. Die Grafiken zeigen die Streudiagramme mit den zugehörigen Regressionsfunktionen.[91] Es ist evident, daß die

[90]Zinssätze am Euromarkt haben den Vorteil, daß sie relativ frei von politischen und länderspezifischen Risikoprämien sind, zumindest bei gleicher Laufzeit. Risikoprämien sind im Untersuchungszeitraum insbesondere für Frankreich nicht auszuschließen, da der französische Kapitalverkehr erst seit Ende 1989 vollständig liberalisiert ist. Die Wirkung von Kapitalverkehrsbeschränkungen wird auch beim Vergleich der Interbankensätze für den französischen Franc in Paris und London deutlich. In Phasen starker Abwertungsspekulationen reagierten die Zinssätze in Paris kaum, während es zu deutlichen Zinsreaktionen am Euromarkt kam (vgl. Burda und Wyplosz (1994), S.708f.). Im Rahmen der empirischen Analysen wird für Zinssätze immer der natürliche Logarithmus von Eins plus dem Zinssatz (in Dezimalschreibweise) verwendet. Ein Zinssatz von 10% entspricht somit $\ln(1 + 0.1) \approx 0.1$. Vgl. hierzu auch Fußnote 11 auf Seite 29.

[91]Bei der Suche nach einer geeigneten Regressionsfunktion wurden jeweils Polynome vom 3. bis zum 6. Grad sowie diverse trigonometrische Funktionen getestet. Die Auswahl und Konstruktion der Regressionsfunktionen erfolgte auf Basis des korrigierten Bestimmtheitsmaßes $\bar{R}^2$ und der Signifikanz der Terme unterschiedlicher Ordnung (t-Statistiken). Der Verlauf der Regressionsfunktio-

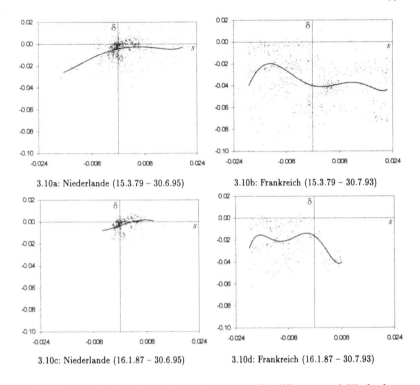

3.10a: Niederlande (15.3.79 – 30.6.95)   3.10b: Frankreich (15.3.79 – 30.7.93)

3.10c: Niederlande (16.1.87 – 30.6.95)   3.10d: Frankreich (16.1.87 – 30.7.93)

Abbildung 3.10: Empirische Betrachtung von Zinsdifferenz und Wechselkursposition

Quelle der Grunddaten: Datastream

Korrelation zwischen Wechselkursen und Zinsdifferenzen im Gesamtzeitraum keinen streng negativen Zusammenhang aufweist.[92]

Dieses Gesamtbild zeigt sich ebenfalls, wenn man sich auf den Beobachtungszeitraum ab Mitte Januar 1987 beschränkt, also die Phase, in der sich das EWS durch große Stabilität auszeichnete und auch beim französischen Franc keine Realignments

---

nen der verschiedenen getesteten Funktionen erwies sich bei einer graphischen Gegenüberstellung als recht stabil. Bei Polynomen ab dem 4. Grad aufwärts zeigten sich kaum Abweichungen im Funktionsverlauf. Die Schätzungen wurden mit RATS 4.2 durchgeführt.

[92]Da bereits die Streudiagramme deutlich erkennen lassen, daß zwischen den betrachteten Variablen kein ausgeprägter und vor allem stabiler Zusammenhang besteht, wird an dieser Stelle platzsparend auf eine Tabellierung der Schätzergebnisse verzichtet. Der Widerspruch zum Krugman-Modell ist offensichtlich.

mehr stattfanden. Die Abbildungen 3.10c und 3.10d zeigen die Ergebnisse für die Niederlande (441 Datenpaare) und Frankreich (341 Datenpaare) in den entsprechenden Teilzeiträumen. Es wird deutlich, daß selbst für die einzelnen Länder die Regressionsfunktionen in unterschiedlichen Betrachtungszeiträumen ihre Gestalt ändern. Offensichtlich besteht kein deterministischer, nichtlinearer negativer Zusammenhang zwischen der Zinsdifferenz und dem Wechselkurs.[93]

3.3.3 Tests auf Nichtlinearität

Trotz der ernüchternden bisherigen empirischen Ergebnisse soll nachfolgend gezeigt werden, daß im Modellzusammenhang die Möglichkeit besteht, eine Schätzung des Fundamentalterms f vorzunehmen und auf dieser Grundlage die Existenz einer nichtlinearen Zielzonenwechselkursfunktion empirisch zu überprüfen. Im Gegensatz zu den bisher untersuchten Modellimplikationen hängen die Ergebnisse der nachfolgenden Analyse allerdings vom gewählten Meßansatz für den Fundamentalterm ab.

Der (logarithmierte) Wechselkurs ist nach Gleichung (3.8) eine lineare Funktion des zusammengefaßten Fundamentalfaktors und der erwarteten Wechselkursänderungsrate (multipliziert mit der Semielastizität des Wechselkurses bezüglich seiner eigenen Änderungsrate). Im Abschnitt 3.1 wurde deutlich, daß diese Semielastizität des Wechselkurses mit der Semizinselastizität der Geldnachfrage identifiziert werden kann. Außerdem liegt dem Modell die Annahme der ungedeckten Zinsparitätenbedingung zugrunde. Sofern diese Annahme erfüllt ist, läßt sich die erwartete Wechselkursänderungsrate mit Hilfe der Zinsdifferenz zwischen In- und Auslandszins messen.

Unter frei flexiblen Kursen findet sich für die ungedeckte Zinsparitätenbedingung überwiegend negative Evidenz, was mit Risikoprämien und Devisenmarktineffizien-

---

[93]Andere Untersuchungen bestätigen diesen Befund. Vgl. z.B. Flood et al. (1991) für das Europäische Währungssystem, das Bretton Woods System sowie den Gold Standard sowie Lindberg und Söderlind (1991) für die schwedische Krone in den achtziger Jahren. Generell zeigt sich, daß die Beziehung zwischen Zinsdifferenz und Wechselkurs in realen Zielzonensystemen oft positiv oder Null und nur gelegentlich negativ ist. Zudem hängen die Ergebnisse für die einzelnen Länder vom jeweiligen Untersuchungszeitraum ab.

zen begründet wird.[94] Bei der vom Modell intendierten Betrachtung extrem kurzer zeitlicher Abfolgen der Variablenwerte läßt sich jedoch zeigen, daß die Bedeutung einer Risikoprämie, unabhängig vom Risikoverhalten der Marktteilnehmer, mit hoher Wahrscheinlichkeit vernachlässigbar ist, wenn man Zinssätze für entsprechend kurze Fälligkeitszeiträume zugrundelegt.[95] Außerdem ist davon auszugehen, daß innerhalb von glaubwürdigen Wechselkurszielzonen existierende Risikoprämien sehr klein sind.[96]

Um aus (3.8) für den zusammengefaßten Fundamentalfaktor f einen Schätzwert $\hat{f}$ zu bestimmen, muß zunächst noch ein Schätzwert $\hat{\theta}$ für den Absolutwert der Semizinselastizität der Geldnachfrage ermittelt werden. Dann ist $\hat{f}$ zu jedem Zeitpunkt t gegeben durch

$$\hat{f}(t) = s(t) - \hat{\theta}[i(t) - i^*(t)] \quad . \tag{3.41}$$

Im weiteren folge ich Flood, Rose und Mathieson, die aufgrund eigener Schätzungen und vor dem Hintergrund anderer empirischer Geldnachfrageuntersuchungen einen annualisierten Wert für $\hat{\theta}$ von 0.1 für realistisch halten.[97] Auf dieser Grundlage läßt sich nun die Beziehung zwischen Wechselkurs und (geschätztem) Fundamentalfaktor graphisch analysieren.

Die Abbildungen 3.11a und 3.11b zeigen für die bereits im Abschnitt 3.3.2 zugrundegelegten Gesamtzeiträume Realisationen von $s(t)$ und $\hat{f}(t)$ für die Niederlande und Frankreich. In den Abbildungen 3.11c und 3.11d werden wiederum die für beide Währungen realignmentfreien Teilzeiträume ab Januar '87 betrachtet. An den Abszissen sind die Schätzwerte $\hat{f}$ für den Fundamentalterm abgetragen, an den Ordinaten die zugehörigen, normierten und logarithmierten Wechselkurse. Die Abbildungen zeigen ebenfalls die zugehörigen Regressionsfunktionen und als (theoretische) Referenzfunktion für ein System flexibler Wechselkurse eine 45° Beziehung.[98]

---

[94]Vgl. unter vielen Taylor (1995a), Froot und Thaler (1990) und Krugman (1989).

[95]Vgl. Flood et al. (1991). Für die nachfolgende empirische Untersuchung werden wiederum annualisierte Euromarkt Tagesgeldsätze verwendet.

[96]Vgl. Svensson (1992b). Für eine kurze Diskussion der ungedeckten Zinsparitätenbedingung als angemessener empirischer Arbeitshypothese vgl. auch Thomas (1994) und Svensson (1993).

[97]Flood et al. (1991) finden nur geringe statistische Evidenz dafür, daß θ für die am Europäischen Währungssystem beteiligten Länder größer als 0.25 sein könnte. Zur Frage der empirischen Größenordnung von θ vgl. ausführlich ebenda, S.24ff. sowie Lindberg und Söderlind (1991), S.14.

[98]Bei der Anpassung der Regressionsfunktion wurden wiederum unterschiedliche Polynomfunk-

66

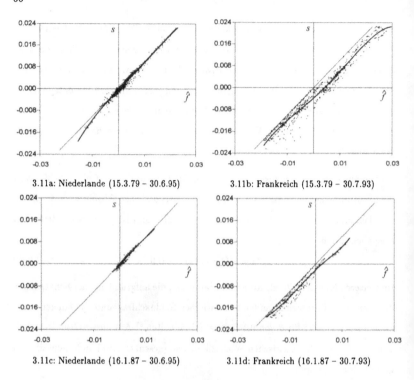

3.11a: Niederlande (15.3.79 – 30.6.95)   3.11b: Frankreich (15.3.79 – 30.7.93)

3.11c: Niederlande (16.1.87 – 30.6.95)   3.11d: Frankreich (16.1.87 – 30.7.93)

Abbildung 3.11: Empirische Betrachtung von Wechselkurs und Fundamentalfaktor

Quelle der Grunddaten: Datastream

Die empirischen Wechselkursfunktionen zeigen zwar leichte Nichtlinearitäten, doch entsprechen diese keineswegs dem durch das Modell vorhergesagten Typ. Insbesondere ist deutlich das Fehlen einer smooth pasting Eigenschaft am oberen und unteren Zonenrand festzustellen. Häufig erhöht sich die Steigung der empirischen Wechselkursfunktionen sogar in Richtung auf die Zonenränder.

---

tionen getestet, aber auch Funktionen vom Typ $\hat{s}(t) = \hat{\alpha} + \hat{f}(t) + \hat{A}\exp(\hat{\lambda}_1\hat{f}(t)) + \hat{B}\exp(\hat{\lambda}_2\hat{f}(t)) + \epsilon(t)$, die theoriegemäß zu erwarten wären. Die gewählte Spezifikation ermöglicht dabei die Berücksichtigung von Driftkomponenten im Fundamentalfaktorprozeß, auf die im Rahmen der Modelltheorie nicht eingegangen wurde, da sich die grundsätzlichen Eigenschaften der Wechselkurszielzonenfunktion nicht ändern. Insofern fand für die empirische Analyse eine Erweiterung des Krugman'schen Grundmodells statt. Die Regressionsergebnisse erwiesen sich aber gegenüber denen der Polynomfunktionen klar unterlegen.

Die gefundenen Nichtlinearitäten sind in drei Fällen auf dem 1% Niveau signifikant. Nur für die Niederlande läßt sich im Zeitraum 16.1.87 – 30.6.95 die Nullhypothese eines linearen Zusammenhanges auf dem 5% Niveau nicht verwerfen.[99] Dies könnte als ein weiteres Indiz für die Schwäche des Modellansatzes gewertet werden. Gerade bei den Niederlanden, als relativ glaubwürdigem EWS-Mitglied, sollten sich die vom Modell vorhergesagten Eigenschaften nachweisen lassen. Allerdings konzentrieren sich die Wechselkursrealisationen im Zeitraum Januar '87 bis Juni '95 auf den inneren Bereich der Zielzone. Insofern wäre der empirische Nachweis von Nichtlinearitäten in jedem Falle schwierig.[100]

Dennoch, gerade die beiden Regressionsfunktionen für die Niederlande verlaufen nahezu identisch mit einer 45° Funktion, so daß mögliche Einflüsse einer Zielzone auf den Wechselkurs vernachlässigbar zu sein scheinen. Die vom Modell postulierte, S-förmige Gleichgewichtsbeziehung für den Zielzonenwechselkurs läßt sich nicht bestätigen. Ein mögliches smooth pasting ist in keinster Weise feststellbar – ebensowenig ein (deutlicher) honeymoon effect. Bezüglich des gewählten Meßansatzes für den Fundamentalfaktor findet sich kein stabilisierender Einfluß der Wechselkurszielzone gegenüber dem theoretischen Referenzmodell eines Systems frei flexibler Kurse.

Die *TT* Funktion des Krugman Modells läßt sich auch unter Zuhilfenahme parametrischer Testtechniken empirisch nicht verifizieren. Einige Autoren finden in diesem Zusammenhang zwar Evidenz für Nichtlinearitäten in der Gleichgewichtsbeziehung zwischen Wechselkurs und Fundamentalfaktor.[101] Diese Nichtlinearitäten zeigen jedoch häufig ein (theoriebezogen) falsches Bild, und sie finden sich auch für

---

[99]Die Hypothese einer nichtlinearen Wechselkursfunktion wurde überprüft mit Hilfe eines F-Tests, ob die Koeffizienten aller Terme höherer Ordnung Null sind. Die sich ergebenden Test-Statistiken sind für Frankreich im Gesamtzeitraum: $F_{3,731} = 17.329$, im Teilzeitraum: $F_{3,336} = 5.643$, für die Niederlande im Gesamtzeitraum: $F_{3,838} = 19.723$ und im Teilzeitraum: $F_{3,439} = 2.482$. Das Ausmaß von Nichtlinearitäten ist beim gewählten Meßansatz für f allerdings unmittelbar abhängig von $\hat{\theta}$. Mit abnehmendem $\hat{\theta}$ nähert sich die geschätzte Wechselkursfunktion einer 45° Linie an, während größere Werte vorhandene Nichtlinearitäten vergrößern. Eigene Schätzungen für die betrachteten Zeiträume lassen den verwendeten Wert $\hat{\theta} = 0.1$ aber eher als zu hoch denn zu niedrig erscheinen.

[100] Vgl. in diesem Zusammenhang auch Froot und Obstfeld (1991), S.224f.

[101]So z.B. auch Flood et al. (1991).

frei flexible Wechselkurse. Der Umstand, daß derartige Nichtlinearitäten für flexible Kurse nachweisbar sind, wird als weiteres Indiz für mögliche Fehlspezifikationen des Modells angesehen. Andere Autoren verwerfen anhand ihrer Untersuchungen die Nichtlinearitäts-Hypothese vollständig.[102] Froot und Obstfeld (1991) zeigen im Zusammenhang mit Monte Carlo Simulationen einer Wechselkurszielzone allerdings, daß ein Nachweis von Nichtlinearitäten bei den für das EWS möglichen Stichprobenumfängen nur schwer möglich wäre.

3.3.4 Glaubwürdigkeit der Wechselkurszielzone

Die mangelnde empirische Bestätigung des Krugman-Modells wird erklärbar, wenn man sich vergegenwärtigt, daß dem Modell zwei für die weiteren Folgerungen kritische Annahmen zugrundeliegen. Erstens wird unterstellt, daß die beteiligten Zentralbanken nur beim Erreichen der Ränder des Wechselkursbandes intervenieren. Diese Annahme bleibt realiter unerfüllt. Im EWS ist häufig zu beobachten gewesen, daß bereits im Inneren der Zielzone interveniert wird. Der Umfang dieser intramarginalen Interventionen war zeitweilig größer, als der Umfang der obligatorischen Interventionen.[103] Zweitens unterstellt das Modell die unbedingte Glaubwürdigkeit der Zielzone. Dies war eine wesentliche Vorraussetzung für die Herleitung des honeymoon effect und der smooth pasting Eigenschaft.

Ob einer Wechselkurszielzone von den Marktteilnehmern tatsächlich unbedingte Glaubwürdigkeit beigemessen wird, läßt sich relativ einfach messen. Das Verfahren geht zurück auf Svensson (1991a). Eine glaubwürdige Zielzone beschränkt das

---

[102]Vgl. Lindberg und Söderlind (1991)), Meese und Rose (1990) sowie Smith und Spencer (1992).

[103]Vgl. hierzu auch Tabelle 5.1 in Kapitel 5 auf Seite 158. Entsprechende Ergebnisse finden sich auch bei Bofinger (1991) und Giavazzi und Giovannini (1989). Für Schwachwährungsländer besteht ein Anreiz, vor Erreichen des oberen Interventionspunktes zu intervenieren. Damit lassen sich die Anpassungslasten reduzieren, die sich aus dem Abfluß von Währungsreserven und den resultierenden Liquiditätseffekten ergeben. Aber auch den Problemen aus entstehenden Vertrauensverlusten und den hierdurch induzierten spekulativen Kapitalabflüssen läßt sich so frühzeitig begegnen. Der weitverbreiteten Tendenz zu intramarginalen Interventionen im EWS wurde durch das Basel/Nyborg Abkommen vom 12. September 1987 entsprochen, welches bei Zustimmung der Gläubigernotenbank auch für intramarginale Interventionen einen begrenzten Zugriff auf die sehr kurzfristige Finanzierung über den Europäischen Fonds für Währungspolitische Zusammenarbeit ermöglichte.

Ausmaß von Wechselkursänderungserwartungen, da der Wechselkurs die Interventionspunkte nicht überschreiten kann. Unterstellt man hinreichend mobiles internationales Kapital, so limitiert eine glaubwürdige Zielzone damit das Ausmaß, in dem heimische Zinserträge für gegebene Laufzeiten von dem in Inlandswährung ausgedrückten Ertrag einer entsprechenden Auslandsanlage abweichen können. Für einen gegebenen Auslandszins resultiert aus dem Wechselkursband somit ein Ertragsratenband für den Inlandszins. Dabei hängt die Breite des Ertragsratenbandes von der Laufzeit der Kapitalanlage ab und die Lage des Ertragsratenbandes von der Position des Wechselkurses im Währungsband.

Wenn sich nun Zinssätze für bestimmte Laufzeiten außerhalb des durch die Wechselkurszielzone implizierten Ertragsratenbandes feststellen lassen, dann kann die Wechselkurszielzone im Hinblick auf diesen Zeithorizont nicht perfekt glaubwürdig sein. Bei hinreichender Kapitalmobilität böten sich sonst sichere Gewinnmöglichkeiten, deren Ausnutzung den Inlandszins ins Ertragsratenband zurückzöge.[104] Die Zusammenhänge lassen sich wie folgt verdeutlichen.

Sei $S(t)$ der (nicht-logarithmische) Devisenkassakurs zum Zeitpunkt t. Mit einer inländischen Geldeinheit läßt sich folglich eine Auslandsanlage im Umfang von $1/S(t)$ ausländischen Geldeinheiten durchführen. Wird dieser Betrag in eine Anlage mit τ Monaten Laufzeit investiert, deren annualisierte Nominalrendite $i_\tau^*(t)$ beträgt, so resultiert nach τ Monaten eine Rückzahlung von $(1 + i_\tau^*(t))^{\tau/12}/S(t)$ ausländischen Geldeinheiten. Bei einem Devisenkassakurs $S(t + \tau)$ zum Fälligkeitszeitpunkt der Anlage entspricht dem eine in Inlandswährung ausgedrückte Rückzahlung von $(1 + i_\tau^*(t))^{\tau/12}S(t + \tau)/S(t)$ Geldeinheiten. Sei nun $R_\tau(t)$ die annualisierte, in Inlandswährung ausgedrückte ex post Ertragsrate einer Auslandswährungsanlage zum Zeitpunkt t über eine Laufzeit von τ Monaten. Dann ist offensichtlich $(1 + R_\tau(t))^{\tau/12} = (1 + i_\tau^*(t))^{\tau/12}S(t + \tau)/S(t)$, woraus sich $R_\tau(t)$ bestimmen läßt zu

$$R_\tau(t) = (1 + i_\tau^*(t))(S(t + \tau)/S(t))^{12/\tau} - 1 \quad . \tag{3.42}$$

Sofern die Wechselkursentwicklung auf ein Währungsband mit

$$S_{min} \leq S(t) \leq S_{max}$$

---

[104]Vgl. Svensson (1991a).

beschränkt ist, resultiert aus (3.42) ein Ertragsratenband für $R_\tau(t)$, mit

$$R_{\tau,min}(t) \leq R_\tau(t) \leq R_{\tau,max}(t) \ .$$

Die unteren und oberen Grenzen des Ertragsratenbandes sind dabei gegeben durch

$$R_{\tau,min} = (1 + i_\tau^*(t))(S_{min}/S(t))^{12/\tau} - 1$$

$$R_{\tau,max} = (1 + i_\tau^*(t))(S_{max}/S(t))^{12/\tau} - 1 \ . \tag{3.43}$$

Beide Grenzen sinken, wenn der Devisenkassakurs zunimmt. In einer glaubwürdigen Wechselkurszielzone erhöht ein steigender Kassakurs den möglichen Umfang und die Wahrscheinlichkeit einer Inlandsaufwertung, wodurch die in Inlandswährung ausgedrückte Ertragsrate der Auslandswährungsanlage $R_\tau(t)$ und die zugehörigen Grenzen des Ertragsratenbandes sinken. Die Breite des Ertragsratenbandes sinkt mit zunehmender Laufzeit der Kapitalanlage, da jede gegebene relative Wechselkursänderung bei einem längeren Zeitintervall kleinere relative Änderungen pro Zeiteinheit impliziert.[105]

Unter der Annahme, daß Kapital international hinreichend mobil ist, so daß die dauerhafte Existenz von Arbitragemöglichkeiten ausgeschlossen ist, folgt für ein vollkommen glaubwürdiges Wechselkursregime, daß sich der heimische Zinssatz $i_\tau(t)$ einer Inlandsanlage mit der Laufzeit τ innerhalb des Ertragsratenbandes befinden muß. Andernfalls ergäben sich Arbitragemöglichkeiten.[106] Läge der Inlandszins oberhalb des Ertragsratenbandes, wären sichere Profite erzielbar, indem im Ausland aufgenommenes Geld im Inland angelegt würde. Läge der Inlandszins unterhalb des Ertragsratenbandes, wären sichere Profite erzielbar, indem für die Auslandsgeldanlage im Inland Kredit aufgenommen würde. Eine solche Situation kann kein internationales Kapitalmarktgleichgewicht repräsentieren, sondern zöge über Arbitrageprozesse den Inlandszins zurück ins Ertragsratenband.

Lassen sich nun Inlandszinssätze bestimmter Fälligkeiten in gewissen Zeiträumen außerhalb des Ertragsratenbandes beobachten, so kann das Wechselkursregime nicht vollkommen glaubwürdig sein. „*Thus, the simplest test of whether the exchange rate*

---

[105]Vgl. Svensson (1991a).

[106]Vgl. ebenda.

band lacks credibility is to determine whether, in different periods and for different
maturities, domestic interest rates are outside the rate-of-return band."[107]

Unterstellt man darüberhinaus, daß die Bedingung der ungedeckten Zinsparität
erfüllt ist,[108] lassen sich sogar die zugehörigen Wechselkurserwartungen quantifizie-
ren und damit das Ausmaß der Glaubwürdigkeit der Zielzone, bzw. der Mangel
an Glaubwürdigkeit, indem der Abstand des erwarteten Wechselkurses vom Rand
des Währungsbandes bestimmt wird.[109] Die ungedeckte Zinsparitätenbedingung ist
bei Betrachtung einer Kapitalanlage über eine Laufzeit von τ Monaten nunmehr
gegeben durch

$$\frac{E_t[S_{t+\tau}]}{S_t} = \left(\frac{1 + i_\tau(t)}{1 + i_\tau^*(t)}\right)^{\tau/12}$$

oder

$$E_t[S_{t+\tau}] = S_t \left(\frac{1 + i_\tau(t)}{1 + i_\tau^*(t)}\right)^{\tau/12}. \tag{3.44}$$

Der zum Zeitpunkt t für $t + \tau$ erwartete Wechselkurs läßt sich mit Hilfe des Kassakurses zum Zeitpunkt t und der zugehörigen (annualisierten) In- und Auslands-
zinssätze einer Kapitalanlage von τ Monaten berechnen. Die Glaubwürdigkeit einer
Wechselkurszielzone ist daraus ersichtlich, ob die aus (3.44) resultierenden Wechselkurserwartungen innerhalb oder außerhalb des Währungsbandes liegen. „*Uncovered*
interest parity makes it possible to quantify the degree of credibility, and to mea-
sure the lack of credibility, by quantifying the distance between the expected future
exchange rates and the edges of the band ...*"*[110]

Auf Grundlage von Gleichung (3.44) wird nachfolgend die Glaubwürdigkeit des
EWS Währungsbandes für den französischen Franc und den holländischen Gulden für einen Zeithorizont von sechs Monaten und einem Jahr untersucht. Die
ausgeprägte Variabilität der Finanzvariablen macht es sehr schwer und teilweise
unmöglich, die einzelnen Reihen optisch zu trennen, wenn hohe Frequenzen (Tages-
oder Wochendaten) verwendet werden. Deshalb wurden für die nachfolgende Untersuchung Monatsdurchschnittswerte der entsprechenden Euro-Geldmarktzinsen und

---

[107]Svensson (1991a), S.658. Für eine empirische Analyse von DEM/FR-Ertragsratenbändern unterschiedlicher Laufzeiten vgl. Caramazza (1993).

[108]Vgl. hierzu auch Seite 64.

[109]Vgl. Svensson (1991a).

[110]Svensson (1991a), S.659.

Devisenkassakurse verwendet. Als Datenbasis dienten tägliche Wechselkurse und annualisierte Euro-Geldmarktsätze entsprechender Laufzeiten der Datastream International Datenbank.[111]

Die Abbildungen 3.12a und 3.12b zeigen die Zeitreihen der Devisenkassakurse und Punktschätzungen der in einem und in einem halben Jahr erwarteten Wechselkurse sowie die oberen und unteren Interventionsgrenzen. Die beiden gestrichelten vertikalen Linien kennzeichnen die beiden EWS Krisen im September 1992 und August 1993. Seit dem 2. August 1993 gelten für den französischen Franc breitere Schwankungsmargen von ±15% bei unveränderter Parität. Nicht zuletzt mit Blick auf die Konvergenzkriterien des Maastrichter Vertrages, der eine zweijährige, spannungsfreie Mitgliedschaft im engen EWS-Band vorschreibt,[112] wurden beim Franc auch für den nachfolgenden Zeitraum die ursprünglichen Interventionsgrenzen eingezeichnet. Dadurch lassen sich die Markterwartungen in bezug auf eine Rückkehr in das enge Band besser verdeutlichen.

Während sich bei den Niederlanden die Annahme der Glaubwürdigkeit des Wechselkursregimes seit Mitte 1980 bestätigen läßt, zeigt sich im Falle Frankreichs ein deutlich abweichendes Bild. Bis zum Beginn der 90er Jahre herrschten wiederholt und überwiegend Zweifel an der Aufrechterhaltbarkeit des deutsch-französischen Wechselkursregimes. Insbesondere beim einjährigen Erwartungshorizont finden sich nur kurze Zeiträume, in denen der Markt von der ökonomischen Richtigkeit des Währungsbandes überzeugt war. Auffällig ist allerdings, daß in längeren Phasen unveränderter Paritäten die Markterwartungen auch längerfristig in Richtung der Währungsbänder konvergierten. Für den Franc lassen sich Phasen zumindest zunehmender Glaubwürdigkeit und Stabilität Ende 1980 bis Mitte 1981 und ab der zweiten Hälfte der 80er Jahre feststellen.

---

[111]Für die Analyse von Einjahres- und Sechsmonatszeiträumen sind monatliche Durchschnitte ohne Zweifel hinreichend. Bei kürzeren Erwartungshorizonten ist der Aussagewert des einfachen Glaubwürdigkeitstests nur gering (vgl. Svensson (1993), Lindberg, Söderlind und Svensson (1993) und Caramazza (1993)). Im Abschnitt 4.2.4 erfolgt deshalb eine erneute Betrachtung und Diskussion des Glaubwürdigkeitsproblems auf Basis der aussagefähigeren Drift-Anpassungsmethode.

[112]Vgl. Deutsche Bundesbank (1992), S.323. Mit Blick auf die erfolgte Bandbreitenerweiterung haben die EU-Finanzminister allerdings im Herbst 1994 angekündigt, daß die faktische Wechselkursentwicklung der letzten zwei Jahre vor der Eintrittsentscheidung in die EWU zugrundegelegt werden soll – eine erheblich interpretationsbedürftige Formulierung.

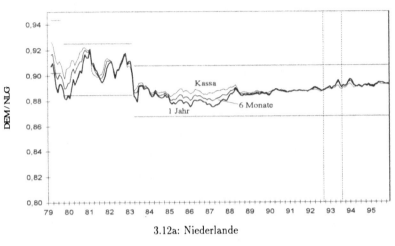

3.12a: Niederlande

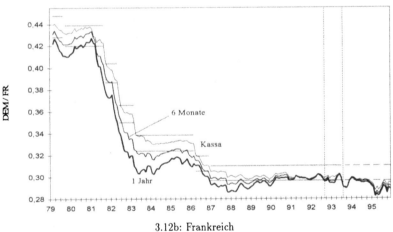

3.12b: Frankreich

Abbildung 3.12: Kassakurse und zukünftige Wechselkurserwartungen

Quelle der Grunddaten: Datastream

Auffällig an den Abbildungen ist weiterhin, daß sich die Devisenmarktakteure bei ihrer Einschätzung der Angemessenheit des Wechselkursregimes nie in die falsche Richtung geirrt haben. Wenn es zu Paritätsanpassungen kam, so erfolgten sie stets in der durch den Markt bereits frühzeitig erwarteten Richtung. Außerdem fällt gerade beim französischen Franc der zeitliche Vorlauf der einjährigen Wechselkurserwartung vor der sechsmonatigen auf.

Im Falle Frankreichs kommt auch sehr schön die oft beschworene Entwicklung zur Stabilitätsgemeinschaft Europa in den späten 80er Jahren und zu Beginn der 90er Jahre zum Ausdruck, bei der die europäischen Währungsstrukturen zunehmend Glaubwürdigkeit erlangten. Für den Zeitraum ab 1988 läßt sich in der kontinuierlichen Annäherung der Wechselkurserwartungen an das geltende Währungsband der Vertrauensgewinn im Falle Frankreichs deutlich ablesen. Im Zeitraum zweites Quartal 1990 bis zur September-Krise 1992 war das Wechselkursregime glaubwürdig.

Die Währungsturbulenzen des Septembers führten nicht dazu, daß sich solche ausgeprägten Zweifel an der Glaubwürdigkeit der deutsch-französischen Wechselkursvereinbarungen einstellten, wie sie lange Jahre typisch waren. Lediglich die einjährige Wechselkurserwartung verläuft für einen kurzen Zeitraum ein wenig unterhalb des unteren Interventionspunktes. Einschneidender erweist sich die EWS Krise Juli/August 1993, in deren Zuge es zur Erweiterung des EWS-Bandes für den Franc kam. Doch auch hier läßt sich mit Beginn des Jahres 1994 eine vorübergehende Stabilisierung der Wechselkurserwartungen, verbunden mit einer Rückkehr des Kassakurses an den unteren Rand des ursprünglichen, engen Bandes, beobachten. Erst ab Ende 1994 sind deutliche Zweifel erkennbar, ob der Franc innerhalb des engen Bandes richtig aufgehoben ist.

Insgesamt läßt sich festhalten, daß für den französischen Franc die Annahme der perfekten Glaubwürdigkeit durch die Daten weitestgehend widerlegt wird. Der einzige längere Zeitraum eines glaubwürdigen Wechselkursabkommens sind die zweieinhalb Jahre vor dem September 1992. Für den holländischen Gulden läßt sich die Annahme der perfekten Glaubwürdigkeit seit Beginn der 80er Jahre bestätigen. Umso mißmutiger stimmt es, daß sich auch im Falle der Niederlande die Implikationen des Wechselkurszielzonenmodells empirisch nicht bestätigen lassen.

Bei Betrachtung der übrigen am europäischen Wechselkursmechanismus betei-

ligten Währungen wird die Sonderstellung des deutsch-niederländischen Wechselkursregimes unter dem Blickwinkel seiner Glaubwürdigkeit deutlich. Die Annahme
der perfekten Glaubwürdigkeit läßt sich anhand der Daten für die übrigen Länder
nicht bestätigen. Flood et al. (1991) zeigen, daß im Untersuchungszeitraum März
1979 bis Mai 1990 im Falle Belgiens, Dänemarks, Frankreichs, Irlands und Italiens
der in einem Jahr erwartete D-Mark Wechselkurs in nahezu allen Phasen des EWS
außerhalb der jeweils gültigen Währungsbänder lag. Frankel und Phillips (1991)
verwenden zusätzlich Befragungsdaten von Wechselkurserwartungen und bestätigen diesen Befund.[113] Sie fanden aber auch für alle EWS-Währungen im zugrundeliegenden, bis zum Juli 1991 reichenden Untersuchungszeitraum, einen Anstieg
der Glaubwürdigkeit des Wechselkursregimes, insbesondere seit Januar 1990. Auch
Untersuchungen zur Glaubwürdigkeit des unilateralen peggings der schwedischen
Krone an den Währungskorb der handelsanteilgewichteten Währungen der fünfzehn
größten Handelspartner Schwedens, fallen negativ aus.[114] Die Modellannahme der
perfekten Glaubwürdigkeit der Wechselkurszielzone wird in der Realität zumeist
nicht erfüllt.

3.4 Kritische Zusammenfassung

Im Krugman-Ansatz der Wechselkursdetermination in Wechselkurszielzonen kommt
dem stochastischen Verhalten von Fundamentalfaktoren eine Schlüsselrolle zu. Um
die Auswirkungen geldnachfrageseitiger und geldangebotsseitiger Einflüsse auf den
Wechselkurs zu bestimmen, mußte die Wahrscheinlichkeitsverteilung möglicher geldnachfrageseitiger Entwicklungen im Zeitablauf und die damit verbundenen geldpolitischen Reaktionen berücksichtigt werden.[115] Mit Hilfe der stochastischen Differenti-

---

[113]Der Vorteil bei der Verwendung von Befragungsdaten ist die Unabhängigkeit der Ergebnisse von Fehlern, die durch die Existenz von Risikoprämien enstehen könnten (vgl. in diesem Zusammenhang auch Seite 64). Aufgrund ihrer Untersuchungen schließen die Autoren außerdem die
Möglichkeit aus, daß das in vielen Untersuchungen konstatierte empirische Versagen des Krugman-
Modells auf die zugrundeliegende Annahme der ungedeckten Zinsparitätbedingung zurückzuführen
ist.

[114]Vgl. Svensson (1991a) und Lindberg und Söderlind (1991).

[115]Vgl. Krugman (1992).

76

alrechnung ließ sich eine zeitunabhängige Gleichgewichtslösung für den Wechselkurs berechnen.

Die Gleichgewichtslösung ist durch eine nichtlineare Form und eine im Vergleich zu freien Kursen geringere Reagibilität des Wechselkurses auf Veränderungen der Fundamentalfaktoren gekennzeichnet. Damit wurde gezeigt, daß eine perfekt glaubwürdige Wechselkurszielzone inhärent stabilisierend ist – der vielzitierte honeymoon effect. Solange effiziente Devisenmärkte mit rational agierenden Akteuren vorliegen, ist die an Wechselkurszielzonen häufig geäußerte Kritik, sie seien destabilisierend indem sie spekulative Währungsattacken rational und selbsterfüllend machten, unzutreffend.[116]

Es konnte außerdem gezeigt werden, daß die positiven Ankündigungseffekte einer glaubwürdigen Zielzone die an (theoretischen) Festkurssystemen häufig kritisierte Endogenität der Geldbasis reduzieren und geldpolitische Freiräume ermöglichen. Zielzonen geben der Zentralbank eine gewisse monetäre Unabhängigkeit bei der Kontrolle des inländischen Zinsniveaus. Diese zinspolitischen Freiräume können genutzt werden, um die kurzfristige Zinsentwicklung zu glätten oder in gewissem Umfang Output- und Inflationstabilisierung anzustreben.[117] Zu berücksichtigen ist jedoch, daß die Freiräume nur temporär bestehen und sich vor allem auf die kurzfristigen Fluktuationen von Zinsen mit kurzen Laufzeiten beziehen.

Von den Modellergebnissen war insbesondere die aus einem linearen Modellaufbau resultierende Nichtlinearität der Lösungsfunktion ursächlich für die einsetzende Forschungseuphorie, die sich in einer wahren Veröffentlichungsflut theoretischer und empirischer Beiträge niederschlug. Mit diesen Nichtlinearitäten schien eine mögliche Ursache für den geringen empirischen Erklärungsgehalt traditioneller Strukturmodelle der Wechselkursdetermination ausgemacht.[118]

Diese Forschungseuphorie erhielt einen raschen Dämpfer, nachdem sich herausstellte, daß die klaren Modellaussagen der empirischen Überprüfung nicht standhielten. Im Abschnitt 3.3 wurde gezeigt, wie sich aus dem Modell empirisch überprüfbare

---

[116]Vgl. auch Krugman und Miller (1993).

[117]Vgl. Svensson (1992c).

[118]Vgl. Meese und Rose (1990).

Aussagen herleiten lassen. Diese Aussagen wurden exemplarisch anhand des Wechselkurses der Deutschen Mark zum holländischen Gulden und zum französischen Franc im EWS getestet. Die Ergebnisse fallen durchweg negativ aus. Keine einzige Modellaussage läßt sich empirisch bestätigen.[119]

Die Ursache hierfür dürfte in einer ganzen Reihe kritischer Modellannahmen liegen. Zum einen wurde im Rahmen der empirischen Analysen verdeutlicht, daß die Annahmen über das unterstellte Interventionsverhalten der Zentralbanken und die perfekte Glaubwürdigkeit der Wechselkurszielzone realiter zumeist unerfüllt bleiben. Zum anderen basiert das Krugman-Modell auf einem Wechselkurserklärungsansatz, der sich empirisch für ein allgemeines Modell der Wechselkursdetermination als inadäquat erwiesen hat.[120]

Der Geldmarktansatz bei flexiblen Güterpreisen unterstellt das kontinuierliche Erfülltsein der Kaufkraftparitätenbedingung. Für diese Annahme findet sich empirisch jedoch negative Evidenz.[121] Weiterhin unterstellt der Geldmarktansatz über die Annahme der ungedeckten Zinsparitätenbedingung Devisenmarkteffizienz und Risikoneutralität der Devisenmarktakteure. Unter flexiblen Wechselkursen läßt sich die ungedeckte Zinsparitätenbedingung aber ebenfalls empirisch nicht bestätigen.[122] Mit Blick auf die nachfolgenden Analysen stellt sich daher die Frage, ob die ungedeckte Zinsparitätenbedingung als (empirische) Arbeitshypothese aufrechterhalten werden kann.

Die negative empirische Evidenz der ungedeckten Zinsparitätenbedingung wird zumeist mit Risikoprämien und Devisenmarktineffizienz begründet. Die Frage nach der Effizienz des Devisenmarktes ist allerdings noch nicht endgültig geklärt. Einfach zu testende Formen der Effizienzhypothese sind für den Devisenmarkt zwar mittlerweile falsifiziert. Dies läßt jedoch noch keine generelle Ablehnung der Effizi-

---

[119]Zu insgesamt vergleichbaren Ergebnissen gelangen Svensson (1991a) und Lindberg und Söderlind (1991) für die schwedische Krone, Meese und Rose (1990) und Flood et al. (1991) für das Bretton Woods System, den Goldstandard und verschiedene EWS Währungen, Smith und Spencer (1992) für den D-Mark Kurs der italienischen Lira im EWS sowie Bertola und Caballero (1992a) für den D-Mark Kurs des französchen Franc im EWS.

[120]Vgl. Taylor (1995a), Sutherland (1994) und Frankel (1993).

[121]Vgl. Frenkel (1981a) und (1981b) und Dornbusch (1987), (1985) und (1980).

[122]Vgl. Taylor (1995a), Froot und Thaler (1990) und Krugman (1989).

enzhypothese zu. Denn auf der Gegenseite ist ebenfalls auszuschließen, daß sich auf Devisenmärkten umfangreiche systematische Gewinne erzielen lassen.[123]

Krugman und Miller (1993) sehen bei der Errichtung von Zielzonenregimen insbesondere das Motiv, exzessive Wechselkursvolatilität infolge von Devisenmarkt-ineffizienz zu verhindern. Im Ergebnis ihrer modelltheoretischen Untersuchungen gelangen sie jedoch zu einer Zielzonenwechselkursfunktion, welche dieselben Eigenschaften aufweist, wie die des Grundmodells. Nach Einführung des Zielzonenregimes ist die unterstellte Devisenmarktineffizienz für die weiteren Modellimplikationen also bedeutungslos und ändert nichts an den Modellaussagen.[124] Devisenmarktineffizienz ist daher vor allem für den Referenzmaßstab flexibler Wechselkurse bedeutsam, nicht für die Zielzone an sich. Aus der möglichen Beseitigung exzessiver Wechselkursvolatilität ergibt sich allerdings ein wichtiges Argument für Wechselkurszielzonen.

Die Bedeutung von Risikoprämien bei der Zinsparitätenbedingung kann wiederum wegen der vom Grundmodell intendierten Betrachtung sehr kurzer zeitlicher Abfolgen der Variablenwerte als nahezu vernachlässigbar angesehen werden. Ihr Umfang dürfte in Zielzonenregimen ohnehin nur sehr klein sein.[125] Außerdem ergäben sich nur bei stark veränderlichen Risikoprämien Probleme, die ungedeckte Zinsparitätenbedingung als (empirische) Arbeitshypothese aufrecht zu erhalten.[126] Zudem stellt Hodrick fest, „... *that we do not have a model of the risk premium that is not rejected by the data.*"[127]

Das Grundproblem bei der Modellierung von Wechselkurszielzonen ist letztlich, daß es hierfür eines Strukturmodells der Wechselkursdetermination bedarf: „*It should be noted that target-zone models require a structural linear model ..., so that target-zone models have, at the very least, all the problems of floating exchange-rate models.*"[128] Hilfreich ist allein, daß sich die reduzierte Ausgangsgleichung des

---

[123]Für eine kurze Übersicht zur Frage der Effizienz des Devisenmarktes vgl. Taylor (1995a). Die vielfältigen Probleme bei der empirischen Überprüfung der Effizienzhypothese sind ausführlich in Hodrick (1987) dargestellt.

[124]Deshalb wird im Rahmen dieser Arbeit auf die Modelldarstellung verzichtet.

[125]Vgl. Flood et al. (1991) und Svensson (1992b).

[126]Vgl. Thomas (1994) und Svensson (1993).

[127]Hodrick (1990), S.187.

[128]Flood et al. (1991), S.16.

Krugman-Modells[129] in einem allgemeinen Sinne als Linearkombination einer Reihe fundamentaler Wechselkursdeterminanten interpretieren läßt. So zeigt Svensson, daß Risikoprämien oder Abweichungen von der Kaufkraftparität durchaus mit der reduzierten Ausgangsgleichung des Krugman-Modells vereinbar sind.[130] Wichtig sind daher in erster Linie Aussagen über die gesamtdynamischen (stochastischen) Eigenschaften einer solchen Linearkombination der Fundamentalfaktoren.

Vor diesem Hintergrund wird nachfolgend zunächst der Einfluß der beiden kritischen Annahmen der perfekten Zielzonenglaubwürdigkeit (Kapitel 4) und der ausschließlich marginalen Interventionen (Kapitel 5) auf die Modellergebnisse analysiert. Die stochastischen Eigenschaften des Fundamentalfaktorprozesses werden hierbei wesentlich modifiziert woraus grundlegende Erklärungsbeiträge für die stilisierten Fakten von Wechselkurszielzonen resultieren. Im Kapitel 6 erfolgt dann eine explizite Modifikation des Wechselkurserklärungsansatzes durch die Annahme träger Güterpreisanpassung. Dies ermöglicht zum einen, die Stabilität der Zielzonenmodelle in bezug auf den modelltheoretischen Hintergrund zu untersuchen. Zum anderen ermöglicht es, die Analyse auf reale Wechselkurszielzonen auszudehnen, so, wie sie der Williamson (1985) Vorschlag vorsah.

---

[129]Gleichung (3.8) auf Seite 35.

[130]Vgl. Svensson (1991b), S.29.

Anhang

A Brown'sche Bewegung

Die Brown'sche Bewegung erhielt ihren Namen nach dem englischen Botaniker Robert Brown, der im 19. Jahrhundert durch ein Mikroskop das Verhalten von winzigen, im Wasser schwebenden Pollenteilchen beobachtete.[131] Er stellte eine andauernde, unregelmäßige Bewegung der Pollenteilchen fest, verursacht durch scheinbar aufeinanderfolgende, zufällige Kollisionen mit benachbarten Flüssigkeitsmolekülen. Eine Bewegung, die auch nicht endete, wenn der Flüssigkeitsbehälter von jeder äußeren Störung isoliert wurde.

Eine erste mathematische Beschreibung der zugehörigen Bewegungsgesetze fand im Jahre 1905 durch Albert Einstein statt, der aus der molekular-kinetischen Wärmetheorie die Übergangsdichten der Brown'schen Bewegung herleitete.[132] Von Einstein nicht gekannt, ging dem allerdings bereits im Jahre 1900 eine heuristische Arbeit Louis Bachelier's voraus, der in seiner 'Théorie de la Spéculation' für die Preisentwicklung von Staatsanleihen die von Einstein hergeleiteten Bewegungsgesetze vorwegnahm. Bachelier war der erste, der den Begriff des stochastischen Prozesses verwandte und in seiner Finanzmarktanalyse die Theorie dieser Prozesse begründete.[133]

Die streng mathematische Theorie der Brown'schen Bewegung als stochastischer Prozeß wurde von Norbert Wiener 1918 in seiner Dissertation und in späteren Arbeiten entwickelt.[134] Wiener war es, der zeigte, daß die Zeitpfade der Brown'schen Bewegung stetige Funktionen der Zeit sind. Er bewies aber auch, daß fast jeder Pfad an keiner Stelle differenzierbar ist, so daß sich die Techniken der gewöhnlichen Differentialrechnung nicht anwenden lassen.[135]

---

[131]Die Jahresangaben für diese Beobachtung sind in der Literatur uneinheitlich. Sie reichen vom Jahr 1826 (vgl. Chung (1978), S.265), über das Jahr 1827 (vgl. Dixit und Pindyck (1994), S.63 oder Malliaris (1987), S.920), bis zum Jahr 1828 (vgl. Samuelson (1983), S.548 oder Karatzas und Shreve (1991), S.47).

[132]Vgl. Karatzas und Shreve (1991), S.126 mit Bezugnahme auf Einstein (1905).

[133]Vgl. Samuelson (1983), S.548.

[134]Vgl. Malliaris (1987), S.920. Der wesentlichste Beitrag ist hierbei Wiener (1923).

[135]Vgl. Chung (1978), S.266f. und Malliaris (1987), S.920. Die Entwicklung einer Differentialrech-

Erst Ende der 50er und im Laufe der 60er Jahre kam es zu einer Neuentdeckung der Theorie stochastischer Prozesse für die ökonomische Modellbildung.[136] In den 70er Jahren nahm dann die Entwicklung von Modellen, in denen die stochastische Entwicklung von Variablen durch einen zeitdiskreten *random walk* determiniert wird, einen rapiden Aufschwung. Dieser Boom läßt sich insbesondere auf die durch Eugene Fama begründete Theorie effizienter Märkte zurückführen.[137] Die Beschreibung von Markteffizienz als eine Situation, bei der in aktuellen Marktpreisen preisrelevante Informationen vollständig implementiert sind, schließt aus, daß sich aus der zukünftigen Preisdynamik systematisch Gewinne erzielen lassen. Dies legt es nahe, die Preisentwicklung in diskreten Modellen als random walk zu formulieren.[138] Die Brown'sche Bewegung ist das Grenzmodell eines random walk, wenn die Länge

---

nung für stochastische Funktionen geht zurück auf Kiyosi Itô (1951). Eine kurze Darstellung und die Herleitung der bei der Berechnung der allgemeinen Gleichgewichtslösung für den Zielzonenwechselkurs verwendeten Itô Formel findet sich im nachfolgenden Anhang B.

[136]Vgl. Huang (1987), S.631. So z.B. in Beiträgen von Working (1958) und Osborne (1959) zur Erklärung der Preisentwicklung auf spekulativen Auktionsmärkten, Samuelson (1965) und Mandelbrot (1966) zur Ableitung von Preisbildungprozessen auf Finanzmärkten bei Informationseffizienz und Merton (1969) bei der Formulierung eines intertemporalen Portfolio-Selection Ansatzes unter Unsicherheit. Osborne und Samuelson verwenden hierbei erstmalig die geometrische Brown'sche Bewegung. Sie unterstellen, daß sich die Entwicklung des Logarithmus von Wertpapierpreisen durch ein Brown'sches Bewegungsgesetz beschreiben läßt. Damit wird für die Veränderungsraten der Preise eine Normalverteilung unterstellt, deren Varianz linear in der Zeit wächst. Die dadurch sichergestellte Nicht-Negativität von Wertpapierpreisen behebt ein bei Bachelier noch ungelöstes Problem (vgl. auch Samuelson (1983), S.551f.).

[137]Vgl. Fama (1965) und (1970).

[138]Nach Fama ist es üblich, zwischen einer schwachen, halbstrengen und strengen Form der Markteffizienz zu trennen, die sich durch den beinhalteten Informationsumfang unterscheiden. Der Informationsumfang reicht hierbei von der einfachen 'Preisgeschichte' über zusätzliche, allgemein zugängliche Informationen bis zum Einbezug von 'Insider-Wissen'. Die random walk Hypothese ist indifferent bezüglich des Effizienzkonzepts, da mit ihr nur Aussagen über das Eintreffen und die Verteilung neuer Informationen gemacht werden, nicht über den Charakter der Informationen. Sie stellt allerdings eine sehr strikte Formulierung von Markteffizienz dar, weil die Unabhängigkeit und identische Normalverteilung aufeinanderfolgender Preisänderungen unterstellt wird (vgl. Heri (1982), S.117ff.). Zufälligkeit und identische Normalverteilung aufeinanderfolgender Preisänderungen sind jedoch keine notwendige Bedingung für die fehlende Realisationsmöglichkeit systematischer Gewinne (vgl. auch Gaab (1983), S.59f.).

82

der Zeitintervalle gegen Null geht.[139] Sie ist ein auf einem kontinuierlichem Zustandsraum definierter, zeitkontinuierlicher stochastischer Prozeß.

Als *stochastischer Prozeß* $\{X(t) : t \in T\}$ wird eine Zusammenfassung von Zufallsvariablen $X : T \times \Omega \to \Re$ bezeichnet, die alle auf demselben Wahrscheinlichkeitsraum $(\Omega, \Im, P)$ definiert sind und einen gemeinsamen Wertebereich $\mathcal{X}$ besitzen. Hierbei ist $\Omega = \{\omega_1, \omega_2, \ldots\}$ der Ergebnisraum des Zufallsvorgangs (das sichere Ergebnis), $\Im$ die Menge der Ereignisse, die eine σ-Algebra der Teilmengen von Ω bilden und $P : \Im \to [0,1]$ ein auf $\Im$ definiertes Wahrscheinlichkeitsmaß.

Wenn wir die einzelnen Zufallsvariablen durch einen Parameter t kennzeichnen, der einen gewissen (nichtleeren) Parameterraum T durchläuft, dann ist der betrachtete stochastische Prozeß also gerade die Menge $\{X(t) : t \in T\}$. t läßt sich z.B. als Zeitindex auffassen. Der Parameterraum T ist dann das Zeitintervall $[0\ldots T]$. Ein stochastischer Prozeß $\{X(t) : t \in T\}$ ist also eine Funktion $X : T \times \Omega \to \Re$ zweier Variablen, bei der $X(t) = X(t, \cdot)$ eine Zufallsvariable für jedes $t \in T$ und $X(\cdot, \omega) : T \in \Re$ eine Realisation oder Trajektorie des stochastischen Prozesses für jedes $\omega \in \Omega$ ist.[140]

Die *Brown'sche Bewegung* oder auch *Standard Wiener Prozeß* $\{W(t); t \in \Re_+\}$ ist nun definiert als Zusammenfassung von Zufallsvariablen $\{W(t)\}$, deren Indexmenge durch die stetige und im Bereich $[0, \infty)$ variierende Variable t gegeben ist und die den folgenden Bedingungen genügt:[141]

1. $W(0) = 0$ mit Wahrscheinlichkeit Eins (w.p.1); das heißt, der Prozeß startet annahmegemäß bei Null.

2. Die Zuwächse $W(s_i + t_i) - W(s_i)$ sind für jede beliebige Menge punktfremder Intervalle $(s_i, s_i + t_i)$ unabhängige zufällige Variable.

3. Für alle $s \geq 0$, $t \geq 0$, hat $W(s + t) - W(s)$ die Normalverteilung $N(0, t)$.

Einen Prozeß $\{W(t) + a\}$, bei dem $W(t)$ wie eben definiert ist, nennt man für jede Konstante a die Brown'sche Bewegung von a aus.[142]

---

[139]Für eine formale Herleitung vgl. Chung (1978), S.265f. oder Dixit und Pindyck (1994), S.68ff.

[140]Vgl. Kloeden und Platen (1995), S.27.

[141]Vgl. z.B. Chung (1978), S.266 oder Malliaris (1987), S.920.

[142]Vgl. Chung (1978), ebenda.

Bei der Brown'schen Bewegung handelt es sich also um einen Markov Prozeß mit unabhängigen Zuwächsen, bei dem die Prozeßveränderungen in jedem endlichen Zeitintervall normalverteilt sind, mit einer Varianz, die linear mit der Länge des Zeitintervalls wächst. Die Beziehung zwischen $dW(t)$ und dt läßt sich auch mit der im Text verwendeten Schreibweise symbolisieren, wonach $dW(t) \sim N(0, dt)$.[143]

Die *Markov Eigenschaft* resultiert aus der zweiten Bedingung. Sie besagt, daß die Wahrscheinlichkeitsverteilung für zukünftige Prozeßzustände ausschließlich vom gegenwärtigen Prozeßzustand abhängt. Für die zukünftige Entwicklung des Prozesses ist die Vergangenheit, das heißt, der genaue Entwicklungspfad zum gegenwärtigen Zustand, bedeutungslos – ein Markov Prozeß besitzt kein Gedächtnis.[144]

Im Rahmen eines endlichen Zustandsraumes $\mathcal{X} = \{x_1, x_2, \ldots, x_N\}$ läßt sich die Markov Eigenschaft wie folgt verdeutlichen.[145] Es sei

$$P(X(t) = x_j) = p_j(t),$$

$x_j \in \mathcal{X}$, $t \geq 0$, die Wahrscheinlichkeit, mit der sich ein stochastischer Prozeß $\{X(t)\}$ zum Zeitpunkt t im Zustand x_j befindet. Dabei ist $0 \leq p_j \leq 1$ für alle j und $\sum_{j=1}^{N} p_j(t) = 1$ für alle $t \geq 0$. Die Zufallsvariable $X(t)$ ist also gemäß eines N-dimensionalen Wahrscheinlichkeitsvektors $p(t)$ über den Zustandsraum $\mathcal{X}$ verteilt.[146] Weiter sei mit

$$p^{i,j}(t_0, t_1) = P\Big(X(t_1) = x_j \,|\, X(t_0) = x_i\Big)$$

---

[143]Zur Herleitung vgl. auch Dixit und Pindyck (1994), S.64f.

[144]Übertragen auf die Formulierung ökonomischer Prozesse schließt dies nicht aus, daß bei Zukunftserwartungen Ereignisse und Erfahrungen der Vergangenheit Bedeutung haben. Das Wissen um die Vergangenheit kann durchaus die Zukunftserwartungen beeinflussen. Entsprechende Informationen sind einfach Teil des gegenwärtigen Prozeßzustands.

[145]Man spricht in diesem Zusammenhang von diskreten Markov Prozessen oder auch zeitkontinuierlichen Markov Ketten (vgl. Kloeden und Platen (1995), S.32). Wenn, wie im Falle der Brown'schen Bewegung, der Markov Prozeß kontinuierliche Werte in $\Re$ annehmen kann, spricht man auch von einem *Diffusionsprozeß*. Für die Darstellung der Markov Eigenschaft bei Diffusionsprozessen vgl. Kloeden und Platen (1995), S.34f.

[146]Diese Aussage darf nicht im Sinne einer Stationarität des Prozesses fehlinterpretiert werden. Stationarität erfordert die zeitliche Invarianz der gemeinsamen Wahrscheinlichkeitsverteilungen über versetzte Zeiträume, das heißt $F_{t_1, t_2, \ldots, t_n} = F_{t_1+h, t_2+h, \ldots, t_n+h}$ für alle $t_i, t_i + h \in T$, wobei $i = 1, 2, \ldots, n$ und $n = 1, 2, 3, \ldots$ (vgl. Kloeden und Platen (1995), S.28). Die Brown'sche Bewegung ist nicht-stationär, da die Varianz des Prozesses im Zeitablauf wächst – mithin auch der Wertebereich, den der Prozeß zum Zeitpunkt t einnehmen kann (vgl. Dixit und Pindyck (1994), S.62).

die Übergangswahrscheinlichkeit bezeichnet, mit welcher der Prozeß vom Zustand x_i zum Zeitpunkt t_0 in den Zustand x_j im Zeitpunkt t_1 wechselt. Offensichtlich ist $0 \leq p^{i,j}(t_0, t_1) \leq 1$ und, da $X(t_1)$ nur Zustände in $\mathcal{X}$ annehmen kann, $\sum_{j=1}^{N} p^{i,j}(t_0, t_1) = 1$ für alle $i, j = 1, 2, \ldots, N$ und alle $t_1 \geq t_0 \geq 0$. Die Markov Eigenschaft besagt nun, daß

$$P\left(X(t_1) = x_j | X(s_1) = x_{i_1}, X(s_2) = x_{i_2}, \ldots, X(s_n) = x_{i_n}, X(t_0) = x_i\right)$$
$$= P(X(t_1) = x_j | X(t_0) = x_i)$$

für alle $0 \leq s_1 \leq s_2 \leq \ldots \leq s_n \leq t_0 \leq t_1$ und alle $x_i, x_j, x_{i_1}, x_{i_2}, \ldots, x_{i_n} \in \mathcal{X}$, wobei $n = 1, 2, 3, \ldots$.[147] Die Wahrscheinlichkeitsverteilung für $X(t_1)$ hängt nur von $X(t_0)$ ab und nicht zusätzlich davon, was vor dem Zeitpunkt t_0 geschah.

Bei der Brown'schen Bewegung handelt es sich darüberhinaus um einen *homogenen* Markov Prozeß. Die Zuwächse $W(s_i + t_i) - W(s_i)$ sind definitionsgemäß unabhängig und identisch verteilt, das heißt, die Übergangsdichtefunktionen sind stationär.[148]

Die Brown'sche Bewegung ist gleichzeitig ein *Martingal*. Aus $W(0) = 0$ und $E[W(t)] = 0$ folgt allgemein

$$E\left[W(t_1) | W(s_1) = w_{i_1}, W(s_2) = w_{i_2}, \ldots, W(s_n) = w_{i_n}, W(t_0) = w_0\right] = w_0$$

für alle $0 \leq s_1 \leq s_2 \leq \ldots \leq s_n \leq t_0 \leq t_1$ und alle $w_{i_1}, w_{i_2}, \ldots, w_{i_n}, w_0$. Der bedingte Erwartungswert von $W(t)$ für einen Zeitpunkt t_1 entspricht für alle Trajektorien des Prozesses, die den Prozeß zu einem früheren Zeitpunkt t_0 durch w_0 führen, dem zum Zeitpunkt t_0 eingenommenen Wert. Oder anders, der erwartete Zuwachs des Prozesses ist zu jedem Zeitpunkt gleich Null.

Die Brown'sche Bewegung läßt sich leicht verallgemeinern und in komplexere stochastische Prozesse überführen. Durch geeignete Transformation dient sie so als Bau-

---

[147]Vgl. Kloeden und Platen (1995), S.32.

[148]Ein *diskreter* stochastischer Prozeß $\{X(t)\}$ ist *homogen*, wenn seine Übergangswahrscheinlichkeiten stationär sind, also nur vom Zeitintervall $t_i - s_i$ abhängen, nicht jedoch von i, das heißt, wenn allgemein gilt

$$p^{i,j}(t_0, t_1) = P\left(X(t_1) = x_j | X(t_0) = x_i\right) = p^{i,j}(t_1 - t_0) = p^{i,j}(\Delta t) \quad .$$

Für einen Diffusionsprozeß entspricht dies der Forderung nach Stationarität der Übergangsdichtefunktionen.

stein für ein breites Spektrum stochastischer Variablen. Mit ihrer Hilfe läßt sich eine Vielzahl zeitkontinuierlicher stochastischer Entwicklungsprozesse beschreiben.[149] Die im Zusammenhang mit den Fundamentalfaktorprozessen der Zielzonenmodelle üblicherweise verwendeten Formulierungen sind Spezifikationen eines verallgemeinerten, zeitkontinuierlichen *Itô Prozesses* $\{Y(t)\}$, dessen stochastisches Differential durch

$$dY(t) = a(t, Y(t))dt + b(t, Y(t))dW(t)$$

beschrieben ist. $dW(t)$ ist der Zuwachs eines Standard Wiener Prozesses. $a(t, Y(t))$ und $b(t, Y(t))$ sind bekannte, deterministische Funktionen.[150] Für $a(t, Y(t)) = 0$ und $b(t, Y(t)) = \sigma$ ergibt sich mit

$$dY(t) = \sigma dW(t)$$

der in Gleichung (3.17) auf Seite 36 unterstellte Prozeß. Die einzige Modifikation in bezug auf den Standard Wiener Prozeß ist hierbei ein konstanter Varianzparameter σ. Da definitionsgemäß $\mathrm{E}[dW(t)] = 0$ ist, folgt $\mathrm{E}[dY(t)] = 0$ und damit $\mathrm{E}[(dY(t) - \mathrm{E}[dY(t)])^2] = \mathrm{E}[(dY(t))^2] = \sigma^2\mathrm{E}[(dW(t))^2] = \sigma^2 dt$, so daß $dY(t) \sim N(0, \sigma^2 dt)$.

Setzt man außerdem $a \neq 0$ (konst.), so ist

$$dY(t) = a\,dt + \sigma dW(t)$$

eine *Brown'sche Bewegung mit Drift*, wie sie für den Fundamentalfaktorprozeß im Abschnitt 4.2.1 unterstellt ist.[151] a wird als Driftparameter bezeichnet. Der Erwartungswert folgt einem linearen Trend, das heißt $\mathrm{E}[Y(t) - Y(s)] = a(t - s)$. Das stochastische Differential $dY(t)$ ist normalverteilt, mit $dY(t) \sim N(a\,dt, \sigma^2 dt)$.[152]

Ein in ökonomischen Anwendungen häufig genutzter Spezialfall des Itô Prozesses ist die *geometrische Brown'sche Bewegung mit Drift*. Sie wird insbesondere zur Modellierung der Preisentwicklung von Wertpapieren, Zinssätzen und anderen finanziellen Variablen genutzt. Hierbei wird unterstellt, daß die Änderungsraten der

---

[149]Vgl. Dixit und Pindyck (1994), S.63ff.

[150]Vgl. ebenda, S.70f.

[151]Vgl. Gleichung 4.20 auf Seite 110.

[152]Wegen $\mathrm{E}[dW(t)] = 0$ ist $\mathrm{E}[dY(t)] = a\,dt$. Damit errechnet sich die Varianz des stochastischen Differentials zu $\mathrm{E}[(dY(t) - \mathrm{E}[dY(t)])^2] = \mathrm{E}[(a\,dt + \sigma dW(t) - a\,dt)^2] = \mathrm{E}[\sigma(dW(t))^2] = \sigma^2 dt$.

Variablen den Bewegungsgesetzen einer Brown'schen Bewegung folgen. Bei Niveau-variablen ergibt sich bei unterstellter Normalverteilung der Prozeßrealisationen das Problem, daß auch (stark) negative Werte eine positive Wahrscheinlichkeit besitzen. Dies würde das fast sichere Auftreten negativer Preise in einem hinreichend langen Zeitintervall bedeuten.[153] Die geometrische Brown'sche Bewegung ergibt sich für $a(t, Y(t)) = aY(t)$ und $b(t, Y(t)) = \sigma Y(t)$ zu

$$dY(t) = aY(t)dt + \sigma Y(t)dW(t) \quad ,$$

wobei a und σ Konstanten sind. Mit Hilfe der Itô Formel[154] läßt sich zeigen, daß $y(t) = \ln Y(t)$ in diesem Falle durch

$$dy(t) = \left(a - \frac{1}{2}\sigma^2\right)dt + \sigma dW(t)$$

beschrieben ist.[155] Die logarithmischen Differenzen von $Y(t)$ sind normalverteilt, mit $dy(t) \sim N\left((a - \frac{1}{2}\sigma^2)dt, \sigma^2 dW(t)\right)$. Die absoluten Änderungen $dY(t)$ sind folglich lognormalverteilt. Für $Y(0) = Y_0$ und $dt = t - 0$ ist der Erwartungswert von $Y(t)$ gegeben durch $E[Y(t)] = Y_0 \exp(at)$ und die Varianz durch $E[(Y(t) - E[Y(t)])^2] = Y_0^2 \exp(2at)(\exp(\sigma^2 t) - 1)$.[156] Ein weiteres Problem der Annahme einer Brown'schen Bewegung für ökonomische Zeitreihen liegt auch darin, daß sich derartige Prozesse beliebig weit von ihrem Startpunkt entfernen können. Für viele ökonomische Variablen ist eine solche Annahme unrealistisch. Deshalb sei als letzter Spezialfall eines Itô Prozesses der in ökonomischen Anwendungen häufig benutzte *Ornstein-Uhlenbeck Prozeß* dargestellt.[157] Er besitzt die Eigenschaft der *mean reversion*[158] und ermöglicht es, langfristige Gleichgewichtsaspekte in den zeitlichen Entwicklungspfad der Variablen einzubeziehen. Mit seiner Hilfe lassen sich auch, wie im Kapitel 5 gezeigt wird, intramarginale Interventionen modellieren.[159] Der Ornstein-Uhlenbeck

---

[153]In Chung (1978) werden die Wahrscheinlichkeitseigenschaften relativ leicht nachvollziehbar anhand eines zeitdiskreten random walks analysiert.

[154]Vgl. Anhang B

[155]Vgl. Dixit und Pindyck (1994), S.81.

[156]Vgl. ebenda, S.71f. Zu den Eigenschaften einer lognormalen Verteilung vgl. Karlin und Taylor (1994), S.35.

[157]Vgl. Dixit und Pindyck (1994), S.74ff.

[158]Am besten wohl mit 'Rückkehr zum Normalwert' übersetzt.

[159]Vgl. Gleichung 5.2 auf Seite 160.

Prozeß ist die zeitkontinuierliche Version eines autoregressiven Prozesses erster Ordnung (AR(1)) und ergibt sich für $a(t, Y(t)) = \eta(Y^l - Y(t))$ und $b(t, Y(t)) = \sigma$. Sein Differential ist folglich

$$dY(t) = \eta(Y^l - Y(t))dt + \sigma dW(t) \quad .$$

Y^l repräsentiert einen langfristigen Erwartungs- oder Normalwert von $Y(t)$, zu dem der Prozeß mit der Geschwindigkeit η zurückkehrt.[160] Der Ornstein-Uhlenbeck Prozeß besitzt ebenfalls die Markov Eigenschaft, verfügt allerdings nicht über unabhängige Zuwächse: Für $Y(t) > Y^l$ ist die Wahrscheinlichkeit für ein Sinken von $Y(t)$ größer, als die Wahrscheinlichkeit für ein Steigen von $Y(t)$ und umgekehrt.

Wenn anfänglich $Y(0) = Y_0$ und demgemäß $dt = t$, dann sind Erwartungswert und Varianz für $Y(t)$ zu jedem zukünftigen Zeitpunkt t gegeben durch[161]

$$E[Y(t)] = Y^l + (Y_0 - Y^l) \exp(-\eta t) \text{ und } E[(Y(t) - E[Y(t)])^2] = \frac{\sigma^2}{2\eta}(1 - \exp(-2\eta t)) \ .$$

Der Erwartungswert konvergiert mit zunehmenden t gegen Y^l und die Varianz gegen $\sigma^2/(2\eta)$. Für $\eta \to \infty$ geht die Varianz gegen Null, das heißt, der Prozeß kann sich nicht von seinem Normalwert lösen. Für $\eta \to 0$ geht der Ornstein-Uhlenbeck Prozeß in die einfache Brown'sche Bewegung über.[162]

B   Die Itô Formel

Ein Itô Prozeß läßt sich in symbolischer Differentialform schreiben als

$$dY(t) = a(t, Y(t)) \, dt + b(t, Y(t)) \, dW(t) \quad , \tag{A.45}$$

wobei $a(t, Y(t))$ und $b(t, Y(t))$ deterministische Funktionen sind und $dW(t)$ der Zuwachs eines Standard Wiener Prozesses ist. Itô Prozesse sind stetige Funktionen der Zeit, aber an keiner Stelle differenzierbar. Für eine stochastische Funktion

---

[160]Wenn $Y(t)$ ein Güterpreis wäre, könnte Y^l beispielsweise den langfristigen Grenzkosten bei der Produktion des Gutes entsprechen (vgl. Dixit und Pindyck (1994) S.74).

[161]Für eine formale Herleitung vgl. Dixit und Pindyck (1994), S.90f.

[162] Um empirisch zwischen beiden Prozessen zu diskriminieren, sind lange Datenreihen erforderlich. Vgl. hierzu Dixit und Pindyck (1994), S.77f.

$Z(t) = U(t, Y(t))$, die kontinuierliche partielle Ableitungen zweiter Ordnung besitzt, läßt sich somit die Kettenregel der klassischen Differentialrechnung nicht anwenden.

Um eine solche Funktion dennoch differenzieren oder integrieren zu können, bedurfte es der Entwicklung entsprechender mathematischer Grundlagen für stochastische Funktionen. Diese Grundlagen sind wesentlich durch Koyosi Itô (1951) entwickelt worden, auf den das als Itô Formel bezeichnete stochastische Gegenstück der Kettenregel zurückgeht.

Die Itô Formel läßt sich am leichtesten als Taylorreihenentwicklung verstehen.[163] Betrachtet man eine Taylorreihenentwicklung für U in $\Delta Z(t) = U(t + \Delta t, Y(t) + \Delta Y(t)) - U(t, Y(t))$, so erhält man

$$\Delta Z(t) = \left\{ \frac{\partial U}{\partial t} \Delta t + \frac{\partial U}{\partial Y(t)} \Delta Y(t) \right\}$$
$$+ \frac{1}{2} \left\{ \frac{\partial^2 U}{\partial t^2} (\Delta t)^2 + 2 \frac{\partial^2 U}{\partial t \partial Y(t)} (\Delta t)(\Delta Y(t)) + \frac{\partial^2 U}{\partial (Y(t))^2} (\Delta Y(t))^2 \right\}$$
$$+ \cdots \quad,$$

wobei die partiellen Differentiale an der Stelle $(t, Y(t))$ berechnet sind. In der klassischen Differentialrechnung verschwinden beim Grenzübergang $\Delta t \to 0$ und $\Delta Y(t) \to 0$ die Terme höherer Ordnung, da sie schneller gegen Null gehen als dt und $dY(t)$ selbst, so daß mit

$$dZ(t) = \frac{\partial U}{\partial t}(t, Y(t)) \, dt + \frac{\partial U}{\partial Y(t)}(t, Y(t)) \, dY(t)$$

die klassische Kettenregel für das Differential von $Z(t)$ resultiert.

Wenn Y jedoch dem durch (A.45) beschriebenen stochastischen Prozeß folgt, muß berücksichtigt werden, daß auch aus dem Teil zweiter Ordnung der Taylor-Expansion ein 'dt' Term erster Ordnung resultiert, der im Differential von Z zu berücksichtigen ist.[164] Dies wird deutlich, wenn man $dY(t)$ gemäß (A.45) substituiert, um $(dY(t))^2$ zu bestimmen:

$$(dY(t))^2 = a^2(t, Y(t))(dt)^2 + 2a(t, Y(t))b(t, Y(t))dt dW(t) + b^2(t, Y(t))(dW(t))^2$$

---

[163]Vgl. Dixit und Pindyck (1994), S.79ff. Einen streng mathematischen Beweis bieten Kloeden und Platen (1995), S.92ff. oder Karatzas und Shreve (1991), S.149ff.

[164]Bei einer Expansion von $(dY(t))^i$, $i = 3, 4, \ldots$, kommen ausschließlich Terme vor, in denen dt in höherer Potenz als Eins steht. Taylor-Expansionsglieder noch höherer Ordnung sind daher zu vernachlässigen.

Da $(dW(t))^2$ im mittleren quadratischen Sinne gleich dt ist, resultieren Terme in dt^2, $dt^{3/2}$ und dt.[165] Terme in $(dt)^2$ und $(dt)^{3/2}$ gehen beim Grenzübergang schneller gegen Null, als dt selbst, und es bleibt

$$(dY(t))^2 = b^2(t, Y(t))\, dt \quad . \tag{A.46}$$

Deshalb ist in der Taylorreihenentwicklung für das Differential einer stochastischen Funktion ein zusätzlicher Term zu berücksichtigen. Wir erhalten schließlich die als *Itô Formel* bekannte Kettenregel für eine stochastische Funktion, wonach

$$dZ(t) = \frac{\partial U}{\partial t}\, dt + \frac{\partial U}{\partial Y(t)}\, dY(t) + \frac{1}{2}\frac{\partial^2 U}{\partial Y(t)^2}\, (dY(t))^2 \; .$$

Zur Erhöhung der Übersichtlichkeit ist hierbei die Funktionalabhängigkeit $U(t, Y(t))$ unterdrückt. Unter Berücksichtigung von (A.46) folgt hieraus

$$dZ(t) = \left\{ \frac{\partial U}{\partial t} + \frac{1}{2}\, b^2(t, Y(t))\frac{\partial^2 U}{\partial Y(t)^2} \right\} dt + \frac{\partial U}{\partial Y(t)}\, dY(t)$$

mit Gleichheit interpretiert im mittleren quadratischen Sinne.[166] Da $dY(t)$ durch (A.45) gegeben ist, läßt sich die Itô Formel nach Einsetzen schließlich in Form von

$$dZ(t) = \left\{ \frac{\partial U}{\partial t} + a(t, Y(t))\frac{\partial U}{\partial Y(t)} + \frac{1}{2}b^2(t, Y(t))\frac{\partial^2 U}{\partial Y(t)^2} \right\} dt + b(t, Y(t))\frac{\partial U}{\partial Y(t)}dW(t)$$

schreiben, wobei die partiellen Ableitungen von U an der Stelle $(t, Y(t))$ berechnet sind.

Die stochastische Kettenregel unterscheidet sich durch den zusätzlichen dritten Term in der geschweiften Klammer von der normalen Kettenregel. Seine Existenz ist eine Implikation von Jensen's Ungleichung.[167] Um dies zu verdeutlichen, sei $a(t, Y(t)) = 0$ und $b(t, Y(t)) = \sigma$ angenommen. $Y(t)$ folgt also einer einfachen Brown'schen Bewegung ohne Drift

$$dY(t) = \sigma\, dW(t) \quad .$$

[165]Vgl. Kloeden und Platen (1995), S.90. Für den Standard Wiener Prozeß gilt $E[(dW)^2] = dt$, das heißt, er konvergiert im mittleren quadratischen Sinne streng nach dt. Die aus Varianz und Kovarianz des Wiener Prozesses resultierenden Zusammenhänge für den Grenzübergang sind in nebenstehender Multiplikationstabelle zusammengefaßt (vgl. Karatzas und Shreve (1991), S.154). W, $\tilde W$ sind unabhängige Wiener Prozesse.

	dt	$dW(t)$	$d\tilde W(t)$
dt	0	0	0
$dW(t)$	0	dt	0
$d\tilde W(t)$	0	0	dt

[166]Vgl. Kloeden und Platen (1995), S.80.

[167]Vgl. Fußnote 14 auf Seite 30.

$Z(t)$ sei gegeben durch $Z(t) = U(Y(t))$. Mit Hilfe der Itô Formel errechnet sich das Differential dZ als

$$dZ(t) = \frac{1}{2}\sigma^2 \frac{\partial^2 U}{\partial Y(t)^2}\, dt + \sigma \frac{\partial U}{\partial Y(t)}\, dW(t)\,.$$

Folglich ist $\mathrm{E}[dY(t)] = 0$, aber $\mathrm{E}[dZ(t)] = 0.5\sigma^2\,(\partial^2 U/\partial Y(t)^2)\,dt$.[168] Wenn U eine konvexe Funktion von $Y(t)$ ist, wenn also $\partial^2 U/\partial Y(t)^2 > 0$, dann ist $\mathrm{E}[dZ(t)]$ positiv, auch wenn für Y die erwartete Änderung Null ist. Ist U eine konkave Funktion von $Y(t)$, mit $\partial^2 U/\partial Y(t)^2 < 0$, dann ist $\mathrm{E}[dZ(t)]$ entsprechend negativ. Da sich bei Itô Prozessen $(dY)^2$ wie dt verhält, sind die Auswirkungen von Konkavität oder Konvexität in der Größenordnung dt. Sie beeinflussen das Verhalten von Z bis zur infinitesimalen Grenze und dürfen im Differential daher nicht vernachlässigt werden.[169]

---

[168]Dieses Ergebnis wurde auch bei der Bestimmung der Wechselkursänderungserwartungen im Grundmodell einer Wechselkurszielzone verwendet, vgl. Gleichung (3.26) auf Seite 45.

[169]Vgl. auch Dixit und Pindyck (1994), S.80f.

Kapitel 4

Unvollkommene

Regime-Glaubwürdigkeit

In diesem Kapitel wird untersucht, welchen Einfluß die Annahme der perfekten Glaubwürdigkeit der eingegangenen Interventionsverpflichtung zur Aufrechterhaltung der Wechselkurszielzone auf die Modellergebnisse hat. Zwei Teilfragen sind zu beantworten. Erstens, welchen Einfluß hat es, wenn Zweifel daran bestehen, daß die monetären Autoritäten willens oder in der Lage sind, daß Zielzonensystem aufrechtzuerhalten? Zweitens, welchen Einfluß hat es, wenn das prinzipielle Festhalten an einem Zielzonensystem zwar nicht in Frage gestellt wird, jedoch Unsicherheit darüber besteht, ob es bei einem entsprechenden Anpassungsdruck aufgrund fundamentaler Divergenzen, nicht zu einem Realignment der Zielzone kommen könnte?

Der ersten Teilfrage wird im Abschnitt 4.1 nachgegangen, während die zweite Teilfrage Gegenstand des Abschnitts 4.2 ist. Der Einbezug möglicher Realignments stellt sich dabei als wesentliche Erweiterung des Grundmodells heraus und führt zu einer Reihe empirisch gehaltvoller Modifikationen, die ebenfalls in 4.2 behandelt werden. Abschnitt 4.3 faßt die gewonnenen Erkenntnisse kritisch zusammen.

4.1 Glaubwürdigkeit des Wechselkurssystems

4.1.1 Mangelhafte Glaubwürdigkeit der Interventionsabsicht

Mit der Frage der Glaubwürdigkeit der eingegangenen vertraglichen Bindung zur Aufrechterhaltung der Wechselkurszielzone beschäftigt sich Krugman bereits in seinem Originalbeitrag.[1] Er analysiert die Sensitivität seiner Ergebnisse für den Fall, daß die Devisenmarktakteure unsicher sind, ob die Zentralbanken beim Erreichen der Zonenränder am Devisenmarkt intervenieren und das Wechselkursregime verteidigen.

Grundlegend ist die Befürchtung, daß eine mangelhaft glaubwürdige Zielzone das Risiko von Instabilitäten in sich trägt, da sich die Akteure herausgefordert sehen könnten, die Reaktion der monetären Autoritäten bei Erreichen der Interventionspunkte zu testen. Krugman's Grundmodell erweist sich jedoch diesbezüglich als stabil, d.h. der prinzipielle Charakter der Modellösung ändert sich nicht.

Es sei angenommen, daß die Marktteilnehmer keine genaue Kenntnis über das tatsächliche Verhalten der Zentralbanken beim Erreichen des Zonenrandes besitzen. Die Akteure gehen davon aus, daß das Währungsband mit der Wahrscheinlichkeit π verteidigt wird und mit der Wahrscheinlichkeit $1 - \pi$ nicht. Welcher Fall tatsächlich eintritt wird jedoch erst sichtbar, wenn der Wechselkurs den Rand des Währungsbandes erreicht. In diesem Moment wird sichtbar, ob die Zentralbanken zu ihren Interventionsverpflichtungen stehen oder nicht. Stehen sie für die Verteidigung des Wechselkursregimes ein, so erlangt das Währungsband in diesem Moment vollkommene Glaubwürdigkeit, zumindest, wenn das Interventionspotential hinreichend ist. Kommt es dagegen zu keinen Interventionen, verliert die Zielzone sofort komplett ihre Glaubwürdigkeit und die Devisenmarktakteure realisieren, daß sie sich einem System frei flexibler Kurse gegenüber sehen.

Die resultierenden Marktreaktionen veranschaulicht Abbildung 4.1. Wenn die Marktakteure den Wechselkurs an den Rand des Währungsbandes getrieben haben (Punkt P), führt das Ausbleiben von Interventionen zu einem Regimewechsel, bei

---

[1]Vgl. Krugman (1991), S.679ff.

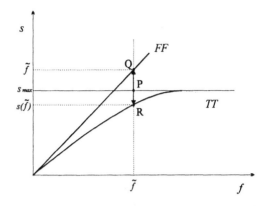

Abbildung 4.1: Wechselkurssprung am Zonenrand

dem der Wechselkurs von der erreichten Position am Zonenrand auf seinen Gleichgewichtswert bei Wechselkursflexibilität springt (Punkt Q auf der *FF* Linie). Erweist
sich die Wechselkurszielzone jedoch als glaubwürdig, so springt der Wechselkurs auf
seinen Gleichgewichtswert bei vollkommener Glaubwürdigkeit (Punkt R auf der *TT*
Funktion).[2]

Die a priori Wahrscheinlichkeiten dieser beiden möglichen Sprünge in der Wechselkursentwicklung sind $1 - \pi$ und π. Die Tatsache, daß sich der Wechselkurs im
Moment des Erreichens des Interventionspunktes noch in einer Position befindet, die
nicht mit Sicherheit auf seine zukünftige Entwicklung schließen läßt, impliziert, daß
keine unbegrenzt hohen erwarteten Spekulationserträge pro Zeiteinheit existieren
dürfen. Der tatsächliche Wechselkurs muß dem erwarteten Wechselkurs entsprechen
und der Erwartungswert des Wechselkurssprungs folglich gleich Null sein. Wäre
der Erwartungswert des Wechselkurssprungs ungleich Null, so würde das Speku-
lationsverhalten (risikoneutraler) Devisenmarktakteure die Wechselkursentwicklung
bereits (marginal) vor Erreichen des Punktes P determinieren. Im Sinne sich selbst
erfüllender Erwartungen wäre dann die Kursentwicklung vorgegeben und die Frage
überflüssig, was beim Erreichen des Zonenrandes geschieht.

Es sei $\tilde{f}$ der Wert des Fundamentalfaktors f, bei dem im Punkt P der obere
Interventionspunkt s_{max} erreicht ist und die Wechselkurszielzone verteidigt werden

---

[2]Die Grundlagen der Modellanalyse bei vollkommener Glaubwürdigkeit sind im Abschnitt 3.2
dargestellt.

muß. Stellt sich heraus, daß die Zentralbanken zu ihren Interventionsverpflichtungen stehen, so springt s auf den Wert $s(\tilde{f})$ bei vollkommener Glaubwürdigkeit.[3] Stellt sich die Wechselkurszielzone als Schein heraus, so springt s auf den Wert $\tilde{f}$ bei völliger Wechselkursflexibilität.[4] Die Bedingung eines Erwartungswertes von Null für den Wechselkurssprung im Punkt P läßt sich folglich schreiben als

$$s_{max} = \pi\, s(\tilde{f}) + (1 - \pi)\tilde{f} \quad . \tag{4.1}$$

Diese Gleichung definiert implizit $\tilde{f}$.

Wenn $\tilde{f}$ bekannt ist, läßt sich das Wechselkursverhalten innerhalb des Währungsbandes bestimmen. Innerhalb des Bandes muß sich s immer noch auf dem zugehörigen Teilbereich einer S-förmigen Gleichgewichtsbeziehung der allgemeinen Form $s(f) = f + 2A \sinh(\lambda f)$ befinden.[5] Der Wechselkurs kann sich dem kritischen Punkt P von unten nur stetig annähern, weil sprunghafte Entwicklungen vor Erreichen von P ausgeschlossen sind.[6] Da die gesuchte Wechselkursfunktion bei $\tilde{f}$ den Interventionspunkt s_{max} erreicht, läßt sich A mit Hilfe der Wertgleichheitsbedingung

$$
\begin{aligned}
s_{max} &= \tilde{f} + A\left(\exp(\lambda\tilde{f}) - \exp(-\lambda\tilde{f})\right) \\
\Leftrightarrow \qquad A &= \frac{s_{max} - \tilde{f}}{2\sinh(\lambda\tilde{f})}
\end{aligned}
\tag{4.2}
$$

bestimmen. Hieraus ergibt sich die gesuchte Lösungsfunktion.

Das Ergebnis ist in Abbildung 4.2 dargestellt. Die Gleichgewichtsfunktion bei unvollkommener Glaubwürdigkeit der Interventionsverpflichtung verläuft zwischen der FF und der TT Funktion.[7] Sie verläuft steiler als die Funktion bei vollkommener Glaubwürdigkeit, aber immer noch flacher, als die Funktion für frei flexible Kurse. Der S-förmige Charakter der Lösung bleibt erhalten. Allerdings schneidet die Funktion nunmehr die Zielzonenränder, d.h. die smooth pasting Eigenschaft bezüglich der Interventionspunkte geht verloren. Die Wechselkursfunktion beinhaltet aber auch bei unvollkommener Glaubwürdigkeit einen honeymoon effect. Eine

---

[3]Er ist durch Gleichung (3.34) auf Seite 47 bestimmt.

[4]Bei frei flexiblen Kursen entspricht der Wert des Wechselkurses dem Wert des (zusammengefaßten) Fundamentalfaktors (vgl. Seite 37).

[5]Vgl. Seite 46.

[6]Hier kommt die Argumentation aus Abschnitt 3.2.1, Seite 42 zum Tragen.

[7]Die gezeigte Funktion ist für $\pi = 0.75$ berechnet.

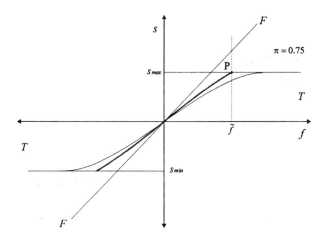

Abbildung 4.2: Zielzonenwechselkursfunktion bei unvollkommen glaubwürdiger Interventionsverpflichtung

begrenzt glaubwürdige Wechselkurszielzone stabilisiert also die Wechselkursentwicklung, allerdings in geringerem Umfang, als bei perfekter Glaubwürdigkeit. Das Stabilisierungsausmaß hängt vom Grad der Glaubwürdigkeit ab. Wenn π gegen Eins geht, nähert sich der Wechselkursverlauf der TT Funktion an; geht π gegen Null, nähert sich der Wechselkursverlauf der FF Funktion.

Da die Modellösung bei nur bedingter Glaubwürdigkeit der eingegangenen Interventionsverpflichtung ähnliche Charakteristiken aufweist, wie die im Abschnitt 3.2 hergeleitete Lösung bei vollkommener Glaubwürdigkeit, lassen sich die Ergebnisse der empirischen Untersuchungen im Kapitel 3 und die daran anschließende Modellkritik auf den hier diskutierten Fall größtenteils übertragen.

Die Existenz von Nichtlinearitäten in der Gleichgewichtsbeziehung zwischen Wechselkurs und (zusammengesetztem) Fundamentalfaktor so, wie sie das Krugman-Modell postuliert, konnte nicht bestätigt werden. Die Bedeutung dieser Nichtlinearitäten nimmt zwar ab, wenn π gegen Null geht und insofern ließe sich hierin ein Grund für den unspezifischen, über weite Bereiche fast 45° parallelen Verlauf der empirischen Wechselkursfunktionen sehen. Doch der modellimplizite Zusammenhang zwischen internationalen Zinsdifferenzen und der Wechselkursposition im Währungsband und die Implikationen hinsichtlich der Volatilität und Verteilungsdichte des

Zielzonenwechselkurses bleiben bestehen. Diese Modellaussagen ließen sich jedoch empirisch nicht bestätigen.[8] Insofern stellt der gezeigte Versuch einer parametrischen Integration von Regime-Risiken eine unzureichende Realitätsbeschreibung dar.

Darüberhinaus ist die unterstellte Exogenität der Wahrscheinlichkeit, mit der es zur Verteidigung des Währungsbandes kommt, zumindest problematisch. Sowohl ihre Unabhängigkeit von der Wechselkursposition im Band – mithin vom Ausmaß fundamentaler Divergenzen zu dem der Parität zugrundeliegenden Wert – als auch ihre Unabhängigkeit von der Geschwindigkeit und Dauer, mit der diese Divergenzen auftreten, ist unplausibel. Die gezeigte Lösungsfunktion bei unvollkommener Glaubwürdigkeit läßt sich in der dargestellten Form aber nur unter der Annahme der Exogenität und Konstanz von π berechnen.

4.1.2 Spekulative Attacken und Währungsreserven

Eine stärkere Realitätsannäherung mit Blick auf die Frage der Glaubwürdigkeit des Wechselkurssystems läßt sich durch den Einbezug weiterer Zustandsvariablen erreichen. Die Literatur über spekulative Attacken in Festkurssystemen legt es nahe, das Ausmaß vorhandener Währungsreserven und ihre zeitliche Entwicklung in die Analyse einzubeziehen. Die Theorie spekulativer Attacken geht zurück auf Krugman (1979). Aufbauend auf die Analysen von Salant und Henderson (1978) zeigte Krugman, daß es in einem Festkurssytem bei einer übermäßigen Kreditexpansion des Staates zu einem fortschreitenden Verlust an Währungsreserven kommt, der schließlich in eine spekulative Attacke mündet, bei der das Land auf einen Schlag die verfügbaren Währungsreserven verliert und den Kurs der Währung freigeben muß.

Flood und Garber (1984) und Obstfeld (1984) erweiterten den analytischen Grundrahmen und ermöglichten die Bestimmung des Zeitpunktes der spekulativen Attacke und des hierzu gehörenden kritischen Reservenbestandes.[9] Flood und Garber untersuchten zudem den Fall der Unsicherheit über die heimische Kreditexpan-

---

[8] Zudem erfordert eine deutliche Annäherung der Zielzonenwechselkursfunktion an die *FF* Funktion recht niedrige Werte von π.

[9] Eine gute Einführung und Übersicht über die Theorie der spekulativen Attacken und Zahlungsbilanzkrisen bieten Agénor, Bhandari und Flood (1992) und Blackburn und Sola (1993).

sion, indem sie für das Kreditwachstum einen stochastischen Trend unterstellten. Durch diese Erweiterung wird der genaue Zeitpunkt, zu dem das Wechselkurssystem kollabiert, zu einer Zufallsvariablen. Es besteht daher zu jedem Zeitpunkt eine von Null verschiedene Wahrscheinlichkeit, daß es zum Zusammenbruch des Wechselkurssystems kommt. Die Abnahme der Währungsreserven kann hierdurch mit sich beschleunigender Rate stattfinden, die größer als die heimische Kreditexpansion ist. Unsicherheit über die heimische Kreditexpansion vermag insofern den Zusammenbruch des Wechselkurssystems zu beschleunigen.[10] Ein weiteres zentrales Ergebnis der Analyse von Flood und Garber ist, daß im Fall der Unsicherheit bei begrenzten Währungsreserven der Zusammenbruch des Wechselkursregimes unausweichlich ist.[11]

Das Ausmaß vorhandener Währungsreserven kann auch für eine Wechselkurszielzone imperfekte Glaubwürdigkeit erzeugen. Beim Erreichen des oberen (schwachen) Interventionspunktes stellt sich für die Devisenmarktakteure die Frage, ob der Bestand an Währungsreserven hinreichend ist, einer spekulativen Attacke zu widerstehen. Da jedes Erreichen des oberen Interventionspunktes mit einem (marginalen) Verlust von Währungsreserven verbunden ist, reduziert sich der Währungsreservenbestand im Zeitablauf. Sind die Währungsreserven auf ein kritisches Niveau abgeschmolzen, so kommt es zu einer spekulativen Attacke und zum Zusammenbruch des Zielzonensystems.[12]

Begrenzte Währungsreserven können also dazu führen, daß sich ein Zielzonensystem als nicht tragfähig erweist. Unter diesen Umständen ergeben sich andere Implikationen für das Wechselkursverhalten, als bei perfekter Glaubwürdigkeit der Zielzone. Die nachfolgende Analyse einer Wechselkurszielzone bei begrenzten Währungs-

---

[10]Vgl. Blackburn und Sola (1993), S.133ff.

[11]Vgl. Flood und Garber (1984), S.12.

[12]Strenggenommen ist dabei unterstellt, daß der Wechselkurs nicht zwischenzeitlich den unteren Interventionspunkt erreicht und eine Auffüllung der Reservenbestände stattfindet. Alternativ könnte man auch die Annahme treffen, daß jeweils nur das Schwachwährungsland interveniert. (So z.B. in Delgado und Dumas (1993).) Dadurch sind Interventionen gleichbedeutend mit dem Verlust von Währungsreserven. Anstelle des nachfolgend betrachteten vollständigen Systemkollapses ließe sich auch die Möglichkeit eines Realignments in Betracht ziehen. Eine entsprechende Analyse findet sich bei Bertola und Caballero (1992b).

98

reserven ist angelehnt an die Darstellungen bei Krugman und Rotemberg (1992) und Delgado und Dumas (1993).

Ausgangspunkt ist wiederum die im vorangegangenen Kapitel hergeleitete reduzierte Wechselkursbestimmungsgleichung des Geldmarktansatzes

$$s = m + v + \theta \, \mathrm{E}[ds]/dt \,, \qquad (4.3)$$

wobei s der (natürliche) Logarithmus des Wechselkurses, m der Logarithmus des inländischen Geldangebots, v ein allgemeiner monetärer (stochastischer) Term und θ die Elastizität des Wechselkurses bezüglich seiner eigenen, erwarteten (unmittelbaren) Änderungsrate ist.

In v sind sämtliche monetären Einflüsse subsumiert, die außer dem inländischen Geldangebot auf den Wechselkurs wirken (Veränderungen des Realeinkommens, der Umlaufgeschwindigkeit, des ausländischen Geldangebots usw.). Es wird unterstellt, daß v einer Brown'schen Bewegung ohne Drift folgt[13]

$$dv = \sigma dW \,, \qquad (4.4)$$

wobei σ der konstante Varianzparameter und dW der Zuwachs eines Standard Wiener Prozesses ist. Für den Zielzonenwechselkurs resultiert hieraus bei konstantem inländischen Geldangebot die allgemeine Lösungsfunktion

$$s = m + v + A \exp(\lambda v) + B \exp(-\lambda v) \,, \qquad (4.5)$$

[13]In den Darstellungen von Krugman und Rotemberg (1992) und Delgado und Dumas (1993) folgt der Fundamentalfaktorprozeß einer Brown'schen Bewegung mit (positiver) Drift. (Für eine entsprechende Erweiterung der formalen Analyse vgl. auch Abschnitt 4.2.1, Seite 110.) Dies ließe sich hier im Sinne einer Asymmetrie-Annahme interpretieren, wonach das Inland langfristig inflationslastiger und damit für eine spekulative Attacke prädestiniert ist (vgl. Delgado und Dumas (1993), S.207). Diese Annahme ist jedoch nicht unbedingt erforderlich und betont zudem nur die Erkenntnis, daß bei fortschreitenden fundamentalen Divergenzen ein Zielzonenregime zumindest bei unveränderter Parität nicht aufrechtzuerhalten ist. Interessant ist vielmehr, daß auch ohne Fundamentalfaktordrift Situationen entstehen könne, bei denen es zur Erschöpfung der Währungsreserven und schließlich einer spekulativen Attacke kommt. (Damit zeigt die Analyse indirekt auch, wie wichtig für die Aufrechterhaltbarkeit eines Zielzonensystems wechselseitige Beistandsmechanismen und ausreichende Möglichkeiten für eine zumindest vorübergehende Finanzierung von entstehenden Devisenbilanzdefiziten sind.)

wobei $\lambda = \sqrt{2/\theta}\big/\sigma$ ist.[14]

Das anfängliche inländische Geldangebot m ist gegeben durch die Summe von inländischen Krediten D und dem Bestand an Währungsreserven R

$$m = \ln(D + R) \, . \tag{4.6}$$

Das Kreditvolumen wird als konstant angenommen. Veränderungen der Geldmenge ergeben sich bei Erreichen der Interventionspunkte aus Veränderungen der Reservenbestände.[15]

Zunächst soll nun der Fall betrachtet werden, daß die Währungsreserven zu gering sind, um das Wechselkurband zu verteidigen.[16] Beim Anstieg des Wechselkurses löst der Versuch, den oberen Interventionspunkt zu verteidigen, eine spekulative Attacke aus, die zum vollständigen Verlust der Währungsreserven führt.[17] Nach der Attacke ist das inländische Geldangebot folglich auf

$$m' = \ln(D) \tag{4.7}$$

gesunken. Der Zusammenbruch der Zielzone führt zur völligen Freigabe des Wechselkurses. Schließt man die Existenz spekulativer Blasen aus, dann ist der Erwartungsterm $E[ds]$ in (4.3) folglich gleich Null und der Wechselkurs nach dem Systemkollaps durch

$$s = m' + v \tag{4.8}$$

gegeben. In Abbildung 4.3 wird diese post Kollaps-Wechselkursfunktion durch die $F'F'$ Linie repräsentiert. Vor der Attacke ist die entsprechende Referenzfunktion bei freien Wechselkursen durch

$$s = m + v \tag{4.9}$$

gegeben und verläuft als FF Linie oberhalb der $F'F'$ Linie. (Da in der Abbildung der

---

[14]Zur Herleitung von (4.5) vgl. Seite 45 und Anhang B in Kapitel 3.

[15]Obwohl in der obengenannten Literatur über spekulative Attacken in Festkurssystemen das Kreditwachstum letztlich die Ursache für Zahlungsbilanzkrisen ist, erfordert die nachfolgend beabsichtigte Darstellung der prinzipiellen Lösungseigenschaften keine entsprechende Festlegung. Die Annahmen über v implizieren, daß die Interventionspunkte im Zeitablauf erreicht werden, was durch das unterstellte Abschmelzen der Reservenbestände hinreichend ist, eine spekulative Attacke auszulösen.

[16]Zum nachfolgenden vgl. auch Krugman und Rotemberg (1992), S.119ff.

[17]Alternativ könnte nach der Attacke auch ein positiver oder negativer Reservenbestand unterstellt werden.

100

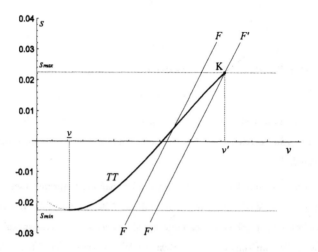

Abbildung 4.3: Die Zielzonenwechselkursfunktion bei begrenzten Währungsreserven

Wechselkurs in Abhängigkeit von v gezeigt wird, impliziert ein höheres inländisches Geldangebot ceteris paribus eine stärker abgewertete Inlandswährung.)

Der Verlauf der Zielzonenwechselkursfunktion vor dem Eintritt der spekulativen Attacke ergibt sich aus den beiden folgenden Überlegungen. Erstens muß die Zielzonenwechselkursfunktion im oberen Bereich des Wechselkursbandes wiederum unterhalb der Referenzfunktion FF bei freien Kursen verlaufen. Die Absicht der Zentralbank, die Zielzone zu verteidigen, unterstützt den Wert der Inlandswährung, solange sich der Wechselkurs im inneren Bereich der Zielzone befindet. Zweitens muß der Wechselkurs entlang der Zielzonenwechselkursfunktion genau dann den oberen Interventionspunkt s_{max} erreichen, wenn v ein Niveau v' erreicht hat, bei dem der zugehörige Wechselkurs der post Kollaps-Wechselkursfunktion $F'F'$ ebenfalls s_{max} beträgt. In der Abbildung 4.3 ist dies im Punkt K gezeigt. Die Zielzonenwechselkursfunktion verläuft mit abnehmender Steigung in Richtung auf die $F'F'$ Linie, auf die sie im Punkte K trifft.

Die beiden Überlegungen sind ökonomisch eng miteinander verbunden und lassen sich mit Hilfe des 'Schattenwechselkurs'-Konzeptes erklären.[18] Der Schatten-

---

[18]Das Konzept geht zurück auf Flood und Garber (1984).

wechselkurs entspricht jenem (flexiblen) Wechselkurs, der sich unter der Bedingung des Systemkollapses zu einem beliebigen zukünftigen Zeitpunkt für ein gegebenes Niveau der Fundamentalfaktoren einstellen würde. Im Modellzusammenhang wird dieser Schattenwechselkurs in Abhängigkeit von v durch die $F'F'$ Linie repräsentiert.

Solange sich dieser Schattenwechselkurs für ein gegebenes Niveau von v unterhalb des Zielzonenwechselkurses befindet, würde eine spekulative Attacke den Spekulanten sofortige Kapitalverluste bescheren. Der Wechselkurs fiele augenblicklich auf das Niveau der $F'F'$ Linie und die zu einem höheren Preis erstandenen Devisenbestände hätten an Wert verloren. Dies ist auch der Grund, warum sich die Interventionsabsicht der Zentralbank stabilisierend auf den Zielzonenwechselkurs auswirkt, solange die Zielzonenwechselkursfunktion oberhalb der $F'F'$ Linie verläuft.

Andersherum würden sich für den Fall, daß der Schattenwechselkurs oberhalb des Zielzonenwechselkurses liegt, im Zuge einer spekulativen Attacke und eines damit erzwungenen Übergangs zum Floating augenblickliche Kapitalgewinne erzielen lassen. Eine Situation vorhersehbarer Kapitalgewinne ist aber inkompatibel mit einem spekulativen Gleichgewicht bei rationalen Erwartungen. Der Übergang vom Zielzonensystem zu freien Wechselkursen kann daher nicht mit einem Wechselkurssprung einhergehen. Durch den Wettbewerb der Spekulanten untereinander würden solche Gewinnmöglichkeiten wegkonkurriert. Die spekulative Attacke findet deshalb genau dann statt, wenn der Schattenwechselkurs dem Zielzonenwechselkurs entspricht, also im Punkt K.

Bei einer expliziten Lösung für die Zielzonenwechselkursfunktion tritt an die Stelle der Bedingung des smooth pasting an den oberen Rand des Wechselkursbandes nunmehr die Bedingung, daß der Interventionspunkt s_{max} genau dann erreicht wird, wenn $v = v'$ ist. Die Parameter A und B in (4.5) lassen sich also aus den Bedingungen

$$s_{max} = m + v' + A \exp(\lambda v') + B \exp(-\lambda v') \tag{4.10}$$

$$s_{min} = m + \underline{v} + A \exp(\lambda \underline{v}) + B \exp(-\lambda \underline{v}) \tag{4.11}$$

$$s_v(\underline{v}) = 0 = 1 + \lambda A \exp(\lambda \underline{v}) - \lambda B \exp(-\lambda \underline{v}) \tag{4.12}$$

bestimmen, wobei s_v die partielle Ableitung der Zielzonenwechselkursfunktion nach v und $\underline{v}$ der Wert von v ist, bei dem die Zielzonenwechselkursfunktion die untere

Grenze des Wechselkursbandes erreicht. v' läßt sich aus (4.8) zu $v' = s_{max} - m'$ berechnen.

Wie Abbildung 4.3 verdeutlicht, ist bei geringen Beständen an Währungsreserven die Zielzonenwechselkursfunktion keine Tangente an den kritischen Interventionspunkt. Die Nichtlinearitäten der Zielzonenwechselkursfunktion sind daher weniger stark ausgeprägt als bei vollkommener Regime-Glaubwürdigkeit, womit auch ein abgeschwächter honeymoon effect verbunden ist.

Im nächsten Schritt soll nun gezeigt werden, daß die smooth pasting Eigenschaft des Zielzonenwechselkurses genau dann eintritt, wenn die Währungsreservenbestände groß genug sind, um den maximal möglichen Umfang einer spekulativen Attacke abzuwehren. Dabei soll gleichzeitig der kritische Reservenbestand hergeleitet werden.[19]

Der Umfang der spekulativen Attacke entspricht dem Ausmaß des Verlustes an Währungsreserven, der mit dieser Attacke verbunden ist. Der Verlust an Währungsreserven läßt sich in Abbildung 4.3 aus dem horizontalen Abstand zwischen der FF Linie und der $F'F'$ Linie ersehen. (Der horizontale Abstand entspricht der mit dem Reservenverlust verbundenen Verringerung des Geldangebots.) Höhere Reservenbestände und damit einhergehend umfangreichere spekulative Attacken verschieben die $F'F'$ Linie und den Punkt K des Systemkollapses demgemäß weiter nach rechts.

Für die zugehörige, in den Punkt K mündende Zielzonenwechselkursfunktion impliziert dies eine stärkere Krümmung weg von der FF Linie. Die Konkavität und der damit verbundene honeymoon effect nehmen folglich zu. Bei der algebraischen Modellösung sinkt in (4.5) der negative Parameter A, der das Ausmaß der Konkavität der Zielzonenwechselkursfunktion im oberen Bereich des Wechselkursbandes bestimmt.

Allerdings lassen sich auf diese Weise nicht spekulative Attacken beliebigen Ausmaßes erzeugen. Dies wird in Abbildung 4.4 verdeutlicht. Wenn A hinreichend weit gesunken ist, krümmt sich die Zielzonenwechselkursfunktion so stark, daß es im Punkt K_2 zum smooth pasting mit dem oberen Rand des Wechselkursbandes kommt.

---

[19]Zum prinzipiellen Vorgehen vgl. auch Krugman und Rotemberg (1992).

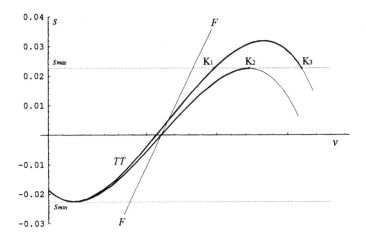

Abbildung 4.4: Währungsreserven und smooth pasting

Bei einem weiteren Sinken von A verläuft die Funktion unterhalb des oberen Interventionspunktes s_{max}, was als Modellösung nicht in Betracht kommt. Es ist aber auch nicht möglich, daß der Ort der spekulativen Attacke auf einer Zielzonenwechselkursfunktion liegt, die oberhalb von s_{max} verläuft und dann rechts von K_2 das Währungsband im Punkt K_3 erneut schneidet. Punkte wie K_3 sind prinzipiell unerreichbar, da bereits in K_1 Zentralbankinterventionen ausgelöst werden, die zum Zusammenbruch des Zielzonensystems führen. Es kann daher nicht zu spekulativen Attacken im größeren Umfang als der horizontalen Distanz zwischen der FF Linie und K_2 kommen.

Die Analyse macht deutlich, daß sich die smooth pasting Eigenschaft der Zielzonenwechselkursfunktion dann ergibt, wenn die Bestände an Währungsreserven hinreichend groß sind. Für die Zielzonenwechselkursfunktion gilt dabei

$$s_v(v') = 0 = 1 + \lambda A \, \exp(\lambda v') - \lambda B \, \exp(-\lambda v') \,. \tag{4.13}$$

Hieraus läßt sich der kritische Reservenbestand berechnen. Aus (4.13) ergibt sich

$$B \exp(-\lambda v') = \frac{1}{\lambda} + A \, \exp(\lambda v') \,.$$

Eingesetzt in (4.10) erhält man

$$s_{max} = m + v' + \frac{1}{\lambda} + 2 A \, \exp(\lambda v') \,. \tag{4.14}$$

Da unmittelbar nach einer spekulativen Attacke der Wechselkurs entlang der zugehörigen $F'F'$ Funktion ebenfalls s_{max} betragen muß, gilt gleichzeitig

$$s_{max} = m' + v' \tag{4.15}$$

Aus (4.14) und (4.15) ergibt sich durch Gleichsetzen

$$m' - m = \frac{1}{\lambda} + 2\,A\,\exp(\lambda v')\,. \tag{4.16}$$

Die durch die spekulative Attacke verursachte Veränderung des Geldangebots hängt wiederum ab von der Relation der Währungsreserven zu den Krediten:

$$m' - m = \ln(D) - \ln(D+R) = -\ln\left(1 + \frac{R}{D}\right) \tag{4.17}$$

Eingesetzt in (4.16) ergibt sich hieraus

$$\frac{R}{D} = -\left\{1 + \exp\left(\frac{1}{\lambda} + 2\,A\,\exp(\lambda v')\right)\right\}\,. \tag{4.18}$$

Solange also

$$R \geq -D\left\{1 + \exp\left(\frac{1}{\lambda} + 2\,A\,\exp(\lambda v')\right)\right\}$$

ist, kann die Zentralbank die Zielzone beim Erreichen von s_{max} verteidigen. Die hierzu erforderlichen infinitesimalen Interventionen reduzieren allerdings nach und nach den Reservenbestand. In der Graphik würde sich die Zielzonenwechselkursfunktion im Zuge der Interventionen graduell nach rechts verschieben.[20]

Im gleichen Umfang verlagert sich ebenfalls die FF Linie, wobei die abnehmende horizontale Distanz zur $F'F'$ Linie den sinkenden Währungsreservenbestand indiziert. Solange die Währungsreserven hinreichend sind, wirkt der Interventionspunkt als Barriere für den Wechselkurs. Dieser Prozeß kann sich aber nicht endlos fortsetzen. Durch den graduellen Reservenverlust tritt nach einer Phase des smooth pasting irgendwann der Moment ein, wo die Reservenbestände den kritischen Wert erreicht haben. So, wie auch in den Modellen spekulativer Attacken in Festkurssystemen, kommt es schließlich zur Krise, bei der das Zielzonensystem kollabiert.[21]

---

[20]Anders als bei einer Darstellung des Zielzonenwechselkurses in Abhängigkeit vom zusammengefaßten Fundamentalfaktor $f = m + v$ verschiebt sich die Zielzonenwechselkursfunktion in einer Darstellung gegenüber v, wenn m interventionsbedingt variiert.

[21]Vgl. auch Krugman und Rotemberg (1992), S.123.

Die Analyse zeigt, daß smooth pasting kein generelles Ergebnis des Zielzonen-modells, sondern an die Annahme hinreichender Währungsreservenbestände gebunden ist. Außerdem kann sich bei begrenzten Reserven ein abgeschwächter honey-moon effect ergeben. In einer permanenten Zielzone erwarten die Akteure immer die Rückkehr des Wechselkurses zur Parität, wenn sich der Wechselkurs den Interventionspunkten nähert. Bestehen Zweifel daran, daß die Währungsreserven für eine Verteidigung des Zielzonensystems ausreichen, dann ist die Erwartung einer Paritätsrückkehr gedämpft. Der honeymoon effect ist dadurch schwächer.[22]

Die Analyse macht deutlich, daß es in bilateralen Zielzonen für die Länder wichtig sein kann, sich auf dem Kreditwege die für Interventionszwecke benötigte Partnerwährung besorgen zu können. Hierdurch wird der Blick allerdings stark auf einen eher technischen Aspekt gelenkt.

Ein Schwachpunkt der meisten Modelle, bei denen die Glaubwürdigkeit des Zielzonensystems an die Höhe der Währungsreserven gekoppelt ist, besteht darin, daß das Problem des Systemwechsels erst unter zusätzlichen Annahmen akut wird. Zum einen ist im Regelfall unterstellt, daß nur das Schwachwährungsland bei Erreichen der Interventionspunkte interveniert.[23] Dadurch kommt es beim Erreichen des unteren Interventionspunktes nicht zum Auffüllen der Reservenbestände. Zum anderen wird meist eine Drift für den Fundamentalfaktorprozeß unterstellt, wodurch sich eines der beiden Länder als dauerhafter Schwachwährungskandidat etabliert. Das Ergebnis, daß bei zunehmenden fundamentalen Divergenzen eine Zielzone bei unveränderter Parität nicht aufrechtzuerhalten ist, kann aber kaum überraschen.

Die Grenzen der vorausgegangenen Analyse werden deutlich, würde man die Annahme über das Interventionsverhalten umkehren: Beim Erreichen des *unteren* Interventionspunktes interveniert jeweils nur das Starkwährungsland. In diesem Fall könnten die Währungsreserven eines Landes niemals abnehmen und selbst bei zunehmenden fundamentalen Divergenzen bräuchte kein Realignment stattzufinden.[24]

---

[22]Vgl. auch Agénor et al. (1992).

[23]So in Krugman und Rotemberg (1992) und Delgado und Dumas (1993). Aber auch Bertola und Caballero (1992b) erzeugen erst durch diese Annahme ein an die Reservenbestände gebundenes Realignmentrisiko.

[24]Vgl. auch Svensson (1992d).

Die Konsequenz wäre natürlich ein permanenter Anstieg des Geldangebots, so daß die Zielzone in beiden Ländern zu einer erhöhten Inflationsrate führte.

Dies macht das eigentliche Problem sichtbar: Die Aufrechterhaltung eines Zielzonensystems ist deshalb eine nichttriviale Angelegenheit, weil die Geldpolitik Restriktionen unterliegt und die Verteidigung des Wechselkursregimes nicht ihr einziges Ziel ist.[25] Insofern müßten die eigentlichen Grenzen für die Aufrechterhaltbarkeit eines Zielzonensystems anhand derjenigen makroökonomischen Größen formuliert werden, aus denen sich die Restriktionen der Geldpolitik ergeben.[26]

Damit kann letztendlich deutlich gemacht werden, daß eine starke Fokussierung auf Wechselkursziele dauerhaft nur zwischen Ländern möglich ist, die ein hohes Maß an makroökonomischer Konvergenz aufweisen und ähnliche wirtschaftspolitische Zielsetzungen haben. Dann wiederum ist es ohne weiteres möglich, durch geeignete Interventionsregeln und den Zugang zu Devisenkrediten ein glaubwürdiges und überlebensfähiges Zielzonensystem zu errichten.

4.2 Realignmentrisiken

Wechselkursunsicherheit resultiert in einer Wechselkurszielzone nicht nur aus Wechselkursbewegungen innerhalb des Währungsbandes und der damit verbundenen Gefahr des Zusammenbruchs des Wechselkurssystems. Wenn die Devisenmarktakteure die Lage des Währungsbandes aufgrund fundamentaler Divergenzen zwischen den Ländern als nicht gerechtfertigt ansehen, kann der entstehende Anpassungsdruck am Devisenmarkt auch zu einer Neufestsetzung der zentralen Parität führen. Das prinzipielle Festhalten an einem Zielzonensystem muß hierbei nicht in Frage gestellt werden.

In der Historie des Europäischen Währungssystems sind zahlreiche solcher Realignments der bilateralen Leitkurse erfolgt. Die Historie des EWS zeigt dabei, daß tatsächliche Realignments nicht nur in der Nähe der Interventionspunkte, son-

---

[25]Vgl. ebenda.

[26]Restriktionen können beispielsweise in Form von Zinsober- oder Zinsuntergrenzen, realen Wechselkurszielen, Leistungsbilanzsalden oder Inflationszielen vorliegen.

dern auch in deutlicher Entfernung hierzu stattgefunden haben.[27] Dies rechtfertigt die Annahme, daß aus Sicht des Devisenmarktes Paritätsänderungsrisiken bereits im Inneren der Wechselkurszielzone relevant sind. Durch den Einbezug von Paritätsänderungsrisiken eröffnet sich eine unter Realitätsaspekten erforderliche, zusätzliche Quelle für Wechselkurs- und Zinsfluktuationen, die über den angenommenen, simplen stochastischen Prozeß des zusammengefaßten Fundamentalfaktors im Grundmodell hinausreicht.[28]

In einigen Beiträgen wurden Realignmentrisiken zunächst unter der Annahme eines von der Wechselkursposition im Währungsband unabhängigen Realignmentumfangs und einer positionsunabhängigen Realignmentwahrscheinlichkeit modelliert.[29] Durch diese Unabhängigkeitsannahmen werden Auswirkungen von Realignmentrisiken auf die Wechselkursänderungserwartungen in Abhängigkeit von der Wechselkursposition jedoch eliminiert. Am grundsätzlichen Verlauf der Zielzonenwechselkursfunktion ändert sich durch derartige Modifikationen daher nichts.[30]

Desweiteren finden sich Modelle, bei denen die Wahrscheinlichkeit, daß es in der nahen Zukunft zu einem Realignment kommt, bei Annäherung der Fundamentalfaktoren an bestimmte, allgemein bekannte Schwellenwerte, wächst.[31] Auf dieser Grundlage lassen sich wechselkurspositionsabhängige Realignmentrisiken analysieren. In diesen Modellen werden die Realignmentwahrscheinlichkeiten im Augenblick des Erreichens der Schwellenwerte und der dann zu erwartende Realignmentumfang als exogen und konstant angenommen. Insofern ist der Wechselkurs weiterhin ausschließlich abhängig vom jeweiligen Wert des (zusammengefaßten) Fundamentalfaktors. Dadurch resultieren eindeutig determinierte Lösungsfunktionen für den Zielzonenwechselkurs in Abhängigkeit vom Fundamentalfaktor.

Diese Lösungsfunktionen weisen allerdings bereits erhebliche qualitative Modifikationen gegenüber dem Grundmodell auf. Wird die Annäherung des Wechselkurses an die Ränder des Wechselkursbandes als Erhöhung des Realignmentrisikos wahrgenommen, dann kann sich der Krümmungsverlauf der Zielzonenwechselkursfunktion

---

[27]Vgl. hierzu auch Abbildung 3.4 auf Seite 54.

[28]Vgl. auch Svensson (1991b), S.52f. und Bertola und Svensson (1993), S.689f.

[29]Vgl. z.B. Svensson (1991c) und (1992b).

[30]Vgl. Bertola (1994), S.281.

[31]Vgl. Miller und Weller (1989), Bertola und Caballero (1992a) und (1992b).

108

umkehren, was die Implikationen des Krugman'schen Grundmodells ins Gegenteil verkehrt.

Bertola und Caballero (1992a) und (1992b) zeigen, daß bei einer Realignment-wahrscheinlichkeit von 0.5, die Zielzonenwechselkursfunktion identisch mit der 45° Funktion bei flexiblen Kursen verläuft. Bei noch höherer Realignmentwahrscheinlichkeit verläuft die Wechselkursfunktion sogar steiler als bei freien Kursen. Dabei nimmt ihre Steigung in Richtung auf die Interventionspunkte zu. Das Ausbleiben des smooth pasting und das Fehlen des honeymoon effect erklärt sich daraus, daß bei Annäherung an die Interventionspunkte die Spekulation nunmehr eine destabilisierende Wirkungen ausübt.[32]

Unter diesen Umständen nimmt die Wechselkursvolatilität in Richtung auf die Interventionspunkte zu. Außerdem kehrt sich der Zusammenhang zwischen internationalen Zinsdifferenzen und der Wechselkursposition im Währungsband um. Im Falle einer Realignmentwahrscheinlichkeit von größer als 0.5 verläuft die Zinsdifferenzen-Wechselkursfunktion positiv monoton. Außerdem ergibt sich eine triangulare asymptotische Dichtefunktion des Zielzonenwechselkurses, mit dem Großteil der Wahrscheinlichkeitsmasse im mittleren Bereich des Währungsbandes.

Die Implikationen des Bertola-Caballero Modells sind also weitgehend konsistent mit den empirischen Ergebnissen im Abschnitt 3.3. Für einige der Modellimplikationen findet sich jedoch negative Evidenz. Insbesondere läßt sich die postulierte Steigungserhöhung der Zielzonenwechselkursfunktion gegenüber der Wechselkursfunktion bei flexiblen Kursen nicht bestätigen.[33] Darüberhinaus vernachlässigen Bertola und Caballero die Möglichkeit variabler Paritätsänderungsrisiken innerhalb des Bandes. Paritätsänderungserwartungen müssen ihre Ursache nicht allein in der Wechselkursposition haben und folglich nicht in einer deterministischen Beziehung zur Wechselkursposition stehen. In der nachfolgend dargestellten Erweiterung der Analyse wird deshalb der Einfluß zeitvariabler Paritätsänderungsrisiken auf die Modellergebnisse analysiert. Der Ansatz geht zurück auf Bertola und Svensson (1993),

[32]Bertola und Caballero zeigen außerdem, daß die globale Beziehung zwischen Fundamentalfaktor und Wechselkurs dabei linear wird. Wenn also Zielzonen den Fundamentalfaktorprozeß selbst nicht beeinflussen, haben sie langfristig keinen Einfluß auf die Beziehung zwischen Wechselkurs und Fundamentalfaktor (vgl. Bertola und Caballero (1992b), S.200ff.).

[33]Vgl. in diesem Zusammenhang auch Flood et al. (1991), S.37 und 49ff.

die als erste ein solches Modell formulierten.[34] Die Modellergebnisse haben sich als grundlegend für eine Reihe wichtiger Modifikationen bei der empirischen Analyse von Wechselkurszielzonen erwiesen.[35]

---

[34]Eine interessante Alternative des Einbezugs von Realignmentrisiken zeigt Tristani (1994), der Eigenschaften des Bertola/Caballero-Modells mit denen des nachfolgend gezeigten Ansatzes kombiniert. Dabei ergibt sich ein (aus empirischer Sicht allerdings weniger überzeugender) Spezialfall des Bertola/Svensson-Modells.

[35]Vgl. hierzu die Unterabschnitte 4.2.3 und 4.2.4. Die im Zusammenhang mit dem Bertola/-Svensson-Modell entwickelten Schätzansätze haben sich – zum Teil leicht modifiziert (vgl. Chen und Giovannini (1992)) – zu Standardverfahren für empirische Zielzonenanalysen entwickelt. Vgl. z.B. auch Labhard und Wyplosz (1996).

4.2.1 Wechselkurszielzonen und zeitveränderliche Realignmentrisiken

Es wird wiederum angenommen, daß der Logarithmus des Wechselkurses zum Zeitpunkt t, $s(t)$, eine Funktion des Skalars $f(t)$ der (zusammengefaßten) fundamentalen Determinanten des Wechselkurses und seiner eigenen erwarteten, unmittelbaren Änderungsrate, $E_t[ds(t)]/dt$, multipliziert mit θ ist:

$$s(t) = f(t) + \theta\,E_t[ds(t)]/dt \quad . \tag{4.19}$$

Hierbei indiziert θ das Ausmaß, mit welchem der Wechselkurs von seiner eigenen erwarteten Änderungsrate abhängt.[36]

Für den zusammengefaßten Fundamentalfaktor, $f(t)$, wird angenommen, daß er einem exogen gegebenen stochastischen Prozeß folgt, dessen stochastisches Differential durch

$$df(t) = \mu_f dt + \sigma_f dW_f(t) + dU(t) - dO(t) + dc(t) \tag{4.20}$$

gegeben ist. μ_f und σ_f sind skalare Konstanten und $\{W_f(t)\}$ ist ein Standard Wiener Prozeß. Der Term $\mu_f dt + \sigma_f dW_f(t)$ erfaßt alle fundamentalen Wechselkursdeterminanten außer dem inländischen Geldangebot. Ihr Verhalten wird also als Brown'sche Bewegung mit Drift charakterisiert.[37] Mit $dU(t) - dO(t)$ werden Veränderungen des inländischen Geldangebots abgebildet, die annahmegemäß nur bei Erreichen der Interventionspunkte stattfinden. Es handelt sich hierbei um infinitesimale Devisenmarktinterventionen, die den Wechselkurs am Verlassen des Währungsbandes hindern sollen. $\{U(t)\}$ und $\{O(t)\}$ sind folglich nicht abnehmende, kontinuierliche Prozesse, die genau dann steigen, wenn der untere Interventionspunkt s_{min} ($\Rightarrow dU > 0$) oder der obere Interventionspunkt s_{max} ($\Rightarrow dO > 0$) erreicht ist.[38] Insoweit folgt $\{f(t)\}$ also einer regulierten Brown'schen Bewegung mit Drift. $\{c(t)\}$ schließlich ist ein Sprungprozeß, mit dem die Auswirkungen von Realignments auf den Fundamentalfaktor f erfaßt werden. Hierbei ist $c(t)$ der Logarithmus der zentralen Währungs-

---

[36] Vgl. hierzu auch die Ausführungen zu den Modellgrundlagen auf den Seiten 26ff.

[37] Veränderungen von $\mu_f dt + \sigma_f dW_f(t)$ sind für jedes beliebige Zeitintervall Δt normalverteilt und haben den Erwartungswert $\mu_f \Delta t$ und die Varianz $\sigma_f^2 \Delta t$. Vgl. hierzu auch Anhang A in Kapitel 3, Seite 85.

[38] Vgl. auch Seite 39.

parität; sie ist konstant zwischen Realignments und springt im Zeitpunkt eines Realignments. Unter Verwendung von $c(t)$ läßt sich $s(t)$ auch als Summe von zentraler Parität und (logarithmischer) Abweichung des Wechselkurses von der Parität $x(t)$ schreiben:[39]

$$s(t) \equiv c(t) + x(t) \quad . \tag{4.21}$$

Bei einem Realignment wird die Parität und das zugehörige Währungsband neu definiert. Oberer und unterer Interventionspunkt, Währungsparität, Fundamentalfaktor und Wechselkurs erfahren hierbei eine diskrete Veränderung. Der Umfang des Wechselkurssprungs im Falle eines Realignments zum Zeitpunkt t sei mit $z(t)$ bezeichnet. Es sei ferner angenommen, daß die Wahrscheinlichkeit eines Realignments im nächsten Augenblick $p(t)dt$ beträgt und demzufolge die Wahrscheinlichkeit für das Ausbleiben des Realignments $1 - p(t)dt$ ist.[40] Da im Modellzusammenhang Risikoneutralität der Devisenmarktakteure unterstellt wird, beeinflußt nur der Erwartungswert des realignmentbedingten Wechselkurssprungs im nächsten Augenblick die Wechselkursdetermination.[41] Dieser sei mit $r(t)$ bezeichnet und ist gegeben durch

$$\begin{aligned} r(t) &= \left(p(t)\mathrm{E}_t[z(t)]dt + (1 - p(t))\mathrm{E}_t[0]dt \right) / dt \\ &= p(t)\mathrm{E}_t[z(t)] \quad . \end{aligned} \tag{4.22}$$

Der Erwartungswert des realignmentbedingten Wechselkurssprungs ergibt sich also aus dem Produkt der Wahrscheinlichkeitsintensität eines Realignments mit dem

---

[39]Tatsächlich wurde diese implizite Definition des Wechselkurses im Band, $x(t)$, bereits bei den empirischen Untersuchungen des Krugman'schen Grundmodells verwendet (vgl. die Seiten 55ff.).

[40]Für konstantes p wüchse die Realignmentwahrscheinlichkeit also linear mit der Länge des betrachteten Zeitintervalls Δt. $p(t)$ kann als *Wahrscheinlichkeitsintensität* eines realignmentbedingten Wechselkurssprunges betrachtet werden. Wahrscheinlichkeitsintensitäten sind die Ableitungen der Prozeßübergangswahrscheinlichkeiten nach der Zeit an der Stelle Null. Sie beschreiben die Übergangswahrscheinlichkeiten in andere Prozeßzustände für infinitesimale Zeitintervalle bei Prozeßbeginn. In Verbindung mit dem Wahrscheinlichkeitsvektor $p(0)$ des Prozeßzustands bei Prozeßbeginn sind sie hinreichend, einen homogenen, zeitkontinuierlichen Markov Prozeß vollständig zu charakterisieren (vgl. Kloeden und Platen (1995), S.32f.).

[41]Höhere Momente des Wechselkursänderungsumfangs, wie Varianz, Schiefe und Kurtosis, sind aus der Sicht risikoneutraler Devisenmarktakteure bedeutungslos. Außerdem haben nach Gleichung (4.19) immer nur die unmittelbar erwarteten Wechselkursänderungen Auswirkungen auf den momentanen Wechselkurs.

erwarteten Umfang des Wechselkurssprungs.[42] Sofern das erwartete Sprungausmaß und/oder die Realignmentwahrscheinlichkeit im Zeitablauf stochastisch fluktuieren, folgt der erwartete Wechselkurssprung einem stochastischen Prozeß. Aus Gründen der analytischen Vereinfachung unterstellen Bertola und Svensson für den Prozeß $\{r(t)\}$ zwischen Realignments eine Brown'sche Bewegung mit Drift. Zum einen ermöglicht diese Annahme bereits vielfältige und realitätsnahe Modellergebnisse.[43] Zum anderen würde die Endogenisierung des erwarteten Wechselkurssprungs, z.B. als abhängig von der Wechselkursposition im Band oder vom Fundamentalfaktor, zu erheblichen analytischen Komplikationen führen.[44] Eine gewisse innere Verknüpfung läßt sich jedoch herstellen, indem die Möglichkeit einer Korrelation zwischen dem Prozeß des erwarteten Wechselkurssprungs und dem des Fundamentalfaktors eingeräumt wird. Es sei

$$d\,r(t) = \mu_r dt + \sigma_r dW_r(t) \ , \text{ mit } dW_r(t)dW_f(t) = \rho dt \text{ und } |\rho| \le 1 \ . \tag{4.23}$$

Der bivariate Vektorprozeß $\{f(t), r(t)\}$ besitzt folglich die Markov Eigenschaft. Sofern spekulative Blasen ausgeschlossen werden, lassen sich Wechselkurs und erwartete Wechselkursänderungsrate für gegebene Parameterwerte und Zielzonenbreite allein als Funktion der beiden Zustandsvariablen f und r schreiben.

Der Modellaufbau gestattet es nun, mit Hilfe einiger Substitutionen auf relativ einfachem Wege zu einer Lösung zu gelangen. Wechselkursänderungserwartungen lassen sich offensichtlich in zwei Komponenten zerlegen: in erwartete Wechselkursveränderungen im Falle eines Realignments, r, und erwartete Wechselkursveränderungen hinsichtlich der bestehenden Parität, $E_t[dx]/dt$:

$$E_t[ds]/dt = E_t[dx]/dt + r \quad . \tag{4.24}$$

---

[42]Um Mißverständnisse zu vermeiden: Gleichung (4.22) definiert die im Falle eines Realignments erwartete, diskrete Veränderung des Wechselkurses, nicht das erwartete Realignmentausmaß. Für die Wechselkursänderungserwartungen in Gleichung (4.19) ist das erwartete Realignmentausmaß irrelevant. Relevant ist nur die in dieser Situation erwartete Wechselkursänderung. Manchmal wird zur Vereinfachung unterstellt, daß beide dem Umfang nach übereinstimmen ((vgl. Svensson (1991c) und Rose und Svensson (1991)). Nur dann ist diese Unterscheidung hinfällig.

[43]Vgl. Bertola und Svensson (1993), S.691f.

[44]Vgl. ebenda, S.695.

Bezeichnet man ferner mit

$$\tilde{f}(t) = f(t) - c(t) \tag{4.25}$$

die Abweichung des Fundamentalfaktors von dem der Parität zugrundeliegenden Wert, so läßt sich die Wechselkursfunktion (4.19) schreiben als

$$\begin{aligned} s(f,r) &= f + \theta(\mathrm{E}_t[dx]/dt + r) \\ &= \tilde{f} + c + \theta\mathrm{E}_t[dx]/dt + \theta r \\ \Leftrightarrow \quad x(\tilde{f},r) &= \tilde{f} + \theta\mathrm{E}_t[dx]/dt + \theta r \quad . \end{aligned} \tag{4.26}$$

Da Kombinationen von $\tilde{f}$ und r, für die $\tilde{f} + \theta r$ konstant ist, zum gleichen Wert von x führen müssen, ist es sinnvoll, eine neue Zustandsvariable

$$h(t) \equiv \tilde{f}(t) + \theta r(t) \tag{4.27}$$

zu definieren, die dann dem stochastischen Differential

$$dh(t) = \mu dt + \sigma dW(t) \quad \text{mit} \tag{4.28}$$

$$\mu \equiv \mu_f + \theta\mu_r \quad \text{und} \quad \sigma \equiv \sqrt{\sigma_f^2 + \sigma_r^2 + 2\theta\rho\sigma_f\sigma_r} \tag{4.29}$$

folgt und mit deren Hilfe sich Gleichung (4.26) vereinfachen läßt zu

$$x(h) = h + \theta\mathrm{E}_t[dx]/dt \quad . \tag{4.30}$$

Durch die Annahme eines stochastischen Prozesses für den erwarteten Wechselkurssprung zum Zeitpunkt eines Realignments erhält man also schließlich eine Funktion für den Wechselkurs innerhalb des Bandes x, die formal identisch mit der Ausgangsgleichung des Krugman'schen Grundmodells einer Wechselkurszielzone ist.

Für den $\{h(t)\}$ Prozeß impliziert das Modell also wiederum untere und obere Grenzen, mit $\underline{h} \leq h(t) \leq \overline{h}$, die sich aus den Grenzbedingungen

$$x_{min} = x(\underline{h}) = s_{min} - c \;, \quad x_{max} = x(\overline{h}) = s_{max} - c \quad \text{und} \quad x_h(\underline{h}) = x_h(\overline{h}) = 0 \tag{4.31}$$

ergeben.[45]

Um für den Erwartungsterm in (4.30) eine Lösung zu bestimmen, wird für $x = x(h)$ unter Anwendung der Itô Formel das totale Differential berechnet[46]

$$dx = x_h dh + \frac{1}{2}x_{hh}(dh)^2 \quad , \tag{4.32}$$

---

[45]Vgl. auch Seite 38.

[46]Vgl. Anhang B.

114

wobei x_h und x_{hh} die ersten und zweiten partiellen Ableitungen von x nach $h(t)$ sind. Unter Berücksichtigung von (4.28) folgt

$$
\begin{aligned}
dx &= x_h(\mu dt + \sigma dW(t)) + \frac{1}{2}x_{hh}(\mu dt + \sigma dW(t))^2 \\
&= \mu x_h dt + \sigma x_h dW(t) + \frac{1}{2}\mu^2 x_{hh} dt^2 + \mu\sigma x_{hh} dt dW(t) + \frac{1}{2}\sigma^2 x_{hh}(dW(t))^2
\end{aligned} \quad (4.33)
$$

Der Ausdruck $(dW(t))^2$ konvergiert streng nach dt. Terme, in denen dt in höherer Potenz als Eins vorkommt, gehen für $dt \to 0$ schneller gegen Null als dt selbst. Gleichung (4.33) läßt sich daher vereinfachen zu[47]

$$
dx = \mu x_h dt + \sigma x_h dW(t) + \frac{1}{2}\sigma^2 x_{hh} dt \quad , \quad (4.34)
$$

mit Gleichheit im mittleren quadratischen Sinne. Bildet man hieraus den Erwartungswert für dx, so ergibt sich wegen $E_t[dW(t)] = 0$

$$
\begin{aligned}
E_t[dx] &= \mu x_h dt + \frac{1}{2}\sigma^2 x_{hh} dt \\
\Leftrightarrow \quad E_t[dx]/dt &= \mu x_h + \frac{1}{2}\sigma^2 x_{hh} \quad .
\end{aligned} \quad (4.35)
$$

Eingesetzt in Gleichung (4.30) ergibt sich schließlich die Differentialgleichung zweiter Ordnung

$$
x(h) = h + \theta\mu x_h + \frac{1}{2}\theta\sigma^2 x_{hh} \quad . \quad (4.36)
$$

Ihre allgemeine Lösung ist[48]

$$
x(h) = h + \theta\mu + A\exp(\lambda_1 h) + B\exp(\lambda_2 h) \quad , \quad (4.37)
$$

wobei

$$
\lambda_1 = -\frac{\mu}{\sigma^2} + \sqrt{\frac{\mu^2}{\sigma^4} + \frac{2}{\theta\sigma^2}} \quad \text{und} \quad \lambda_2 = -\frac{\mu}{\sigma^2} - \sqrt{\frac{\mu^2}{\sigma^4} + \frac{2}{\theta\sigma^2}} \quad (4.38)
$$

die Wurzeln der charakteristischen Gleichung $\frac{1}{2}\theta\sigma^2\lambda^2 + \theta\mu\lambda - 1 = 0$ sind.

---

[47]Vgl. Anhang B, Seite 89.

[48]Zur Lösung einer inhomogenen Differentialgleichung zweiter Ordnung mit variablem Term vgl. z.B. Chiang (1984), S.503ff. und S.541ff. Das partikuläre Integral von (4.36) entspricht der Konvergenzlösung von (4.30) in Form eines Integrals der abdiskontierten, zukünftig erwarteten $h(t)$ Realisationen: $x(t) = \frac{1}{\theta}\int_t^\infty E_t[h(\tau)]\exp\left(\frac{-(\tau-t)}{\theta}\right)d\tau$ (vgl. auch Fußnote 49, Seite 44). Wegen der Markov Eigenschaft des $\{h(t)\}$ Prozesses gilt $E_t[\tau)|h(t)] = h(t) + \mu(\tau - t)$ für alle t und $\tau \geq t$. Die Lösung dieser Integralgleichung lautet folglich $x(t) = h(t) + \theta\mu$ (vgl. z.B. Bertola (1994) oder Bertola und Caballero (1992a)).

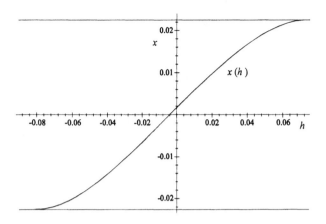

Abbildung 4.5: Die Zielzonenwechselkursfunktion bei zeitvariablen Realignmentrisiken

Die modifizierten Wertgleichheitsbedingungen und die smooth pasting Bedingungen lauten

$$x_{max} = \overline{h} + \theta\mu + A\exp(\lambda_1\overline{h}) + B\exp(\lambda_2\overline{h})$$
$$x_{min} = \underline{h} + \theta\mu + A\exp(\lambda_1\underline{h}) + B\exp(\lambda_2\underline{h}) \tag{4.39}$$

und

$$x_h(\overline{h}) = 0 = 1 + \lambda_1 A\exp(\lambda_1\overline{h}) + \lambda_2 B\exp(\lambda_2\overline{h})$$
$$x_h(\underline{h}) = 0 = 1 + \lambda_1 A\exp(\lambda_1\underline{h}) + \lambda_2 B\exp(\lambda_2\underline{h}) \quad . \tag{4.40}$$

Auf dieser Basis lassen sich die Konstanten A und B, die Schwankungsgrenzen $\underline{h}$ und $\overline{h}$ und somit die Gleichgewichtslösung von x in Abhängigkeit von h bestimmen.

Abbildung 4.5 zeigt den Verlauf der Lösungsfunktion $x(h)$ für $\theta = 0.1$, $\sigma = 0.3$ und $\mu = 0.1$. Die leichte Asymmetrie des Funktionsverlaufs und der negative Abzissenabschnitt, die im Vergleich mit den Abbildungen 3.1 und 3.2 auffallen, resultieren allein daraus, daß $\{h(t)\}$ einer Drift folgt.

Aus (4.37) läßt sich äquivalent die Gleichgewichtslösung für s bezüglich der ursprünglich treibenden Kräfte f, r und c herleiten. Setzt man in (4.37) $h = \tilde{f} + \theta r =$

116

$f - c + \theta r$ ein und berücksichtigt ferner $\mu = \mu_f + \theta \mu_r$, so ergibt sich

$$
\begin{aligned}
x \;=\; & f - c + \theta r + \theta(\mu_f + \theta \mu_r) + A \exp(\lambda_1 (f - c + \theta r)) \\
& + B \exp(\lambda_2 (f - c + \theta r))
\end{aligned}
$$

$$
\overset{(4.21)}{\Longleftrightarrow} \quad
\begin{aligned}
s \;=\; & f + \theta r + \theta(\mu_f + \theta \mu_r) + A \exp(\lambda_1 (f - c + \theta r)) \\
& + B \exp(\lambda_2 (f - c + \theta r)) \quad .
\end{aligned}
\tag{4.41}
$$

Der lineare Teil von (4.41) reflektiert Wechselkursverhalten, das sich auch bei frei flexiblen Kursen einstellen würde, wenn die Determinanten des Wechselkurses einem gemischten Brown'schen Sprungprozeß folgen würden, bei dem das Produkt aus Wahrscheinlichkeitsintensität und erwartetem Sprungausmaß der in (4.23) unterstellten Dynamik folgt. Die exponentiellen Terme in (4.41) reflektieren stabilisierende Wechselkursänderungserwartungen der Devisenmarktakteure, die sich daraus erklären, daß mit Annäherung des Wechselkurses an die Interventionspunkte die Wahrscheinlichkeit von Devisenmarktinterventionen der Zentralbank wächst.[49]

Bei der Modellösung im Falle zeitvariabler Realignmentrisiken kommt es infolgedessen ebenso wie im Grundmodell einer Wechselkurszielzone zu einem honeymoon effect: Das Währungsband erweist sich als inhärent stabilisierend.

Allerdings beeinflussen Wechselkursänderungserwartungen, die im Zusammenhang mit Realignmentrisiken stehen, die Lage und Gestalt der Zielzonenwechselkursfunktion sowie die Breite des zugehörigen Fundamentalfaktorbandes. Dies führt dazu, daß bei alleiniger Betrachtung von Wechselkurs und Fundamentalfaktorabweichung von der Parität kein wohldefinierter Zusammenhang zu erwarten ist. Damit ließe sich erklären, warum im Abschnitt 3.3.3 empirisch keine eindeutige Beziehung zwischen Wechselkurs und Fundamentalfaktor feststellbar war. Steigt aus Sicht der Marktteilnehmer die Wahrscheinlichkeit, daß es im Zusammenhang mit einer Paritätserhöhung zu einer Erhöhung des Wechselkurses kommt – die Inlandswährung im Zuge eines Realignments also abgewertet wird, so verlagert sich die Wechselkursfunktion nach links, wodurch die obere Grenze des Fundamentalfaktorbandes sinkt.

---

[49]Vgl. Bertola und Svensson (1993), S.693f. und ferner die grundlegende Argumentation im Abschnitt 3.2.1, Seite 39ff.

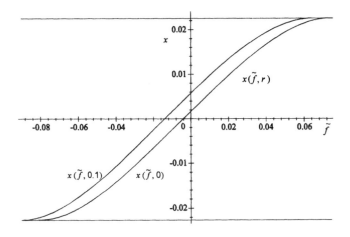

Abbildung 4.6: Die Zielzonenwechselkursfunktion und realignmentbedingte Wechselkursänderungserwartungen

Die Abbildung zeigt den Verlauf der Zielzonenwechselkursfunktion bei unterschiedlichen gegebenen, realignmentbedingten Wechselkursänderungserwartungen. Eine positive Änderungsrate r verschiebt die Wechselkursfunktion um das θ-fache nach links.

Abbildung 4.6 zeigt den Wechselkurs im Band x in Abhängigkeit von $\tilde{f}$, der fundamentalen Abweichung von der Parität, bei gegebenem erwarteten, realignmentbedingten Wechselkurssprung r. Gezeigt sind die Situationen $r = 0$ und $r = 0.1$. Für den Fall eines erwarteten Wechselkurssprungs von Null verläuft die Funktion identisch mit der $x(h)$ Funktion in Abbildung 4.5. Eine (als konstant angenommene) positive erwartete Änderungsrate verschiebt die $x(\tilde{f})$ Funktion nach links. Das Ausmaß der Horizontalverschiebung beträgt θr. Um diesen Wert reduziert sich auch die obere Grenze des Fundamentalfaktorbandes. Je größer also die Wahrscheinlichkeit einer realignmentbedingten Wechselkurserhöhung ist, desto niedriger ist die obere Grenze des Fundamentalfaktorbandes. Es verringert sich somit der Stabilisierungsgewinn in Richtung auf den durch die Möglichkeit eines Realignments in Frage gestellten Interventionspunkt.

Die Gestalt der Wechselkursfunktion und die Weite des Fundamentalfaktorbandes sind darüberhinaus auch abhängig von den Parametern σ_r und ρ des stochastischen Differentials des erwarteten Wechselkurssprungs. Erhöhen sich Standardabweichung oder Korrelationskoeffizient in (4.23), so steigt auch die Standardab-

118

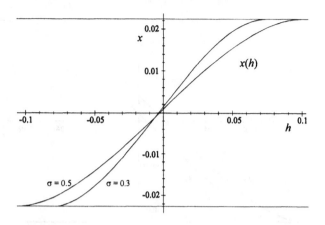

Abbildung 4.7: Der Einfluß der Prozeßparameter σ_r und ρ

Die Abbildung zeigt bei gegebener Drift μ_r der erwarteten realignmentbedingten Wechselkursände-rungsrate, den Einfluß einer Erhöhung von σ_r und/oder ρ auf Lage und Verlauf der Zielzonen-wechselkursfunktion. Erhöhungen der beiden Parameter bewirken eine Erhöhung der Standard-abweichung σ des $\{h(t)\}$ Differentials. Dies führt zur Abflachung des Funktionsverlaufs und zur Verbreiterung des Fundamentalfaktorbandes.

weichung σ des stochastischen Differentials von $h(t)$. Dies reduziert wiederum die charakteristischen Wurzeln λ_1 und λ_2 und erhöht $|A|$ und $|B|$, so daß sich die Breite des Fundamentalfaktorbandes vergrößert. Es kommt zu einer Abflachung und (leich-ten) Verschiebung der Wechselkursfunktion. Abbildung 4.7 zeigt den Einfluß einer erhöhten Standardabweichung des stochastischen Differentials von $h(t)$.

Mit σ steigt ceteris paribus die Wahrscheinlichkeit, daß x innerhalb eines gege-benen Zeitintervalls die Interventionspunkte erreicht. Damit erhöht sich die Wahr-scheinlichkeit zukünftiger Devisenmarktinterventionen der Zentralbank zur Verteidi-gung des Währungsbandes. Die damit verbundenen Erwartungen zukünftiger Wech-selkursänderungen transformiert der Markt in sofortige Wechselkursänderungen, aus denen dann ein abgeflachter Verlauf der Zielzonenwechselkursfunktion resultiert.

Auch im Krugman'schen Grundmodell einer Wechselkurszielzone wirkt sich ei-ne Erhöhung der Volatilität σ des Fundamentalfaktors v in einer Abflachung der Wechselkursfunktion aus. Im Zusammenhang mit Realignmentrisiken unterschei-det sich allerdings die ökonomische Interpretation: Bei gegebenem Erwartungswert möglicher realignmentbedingter Wechselkursänderungsraten im Zeitverlauf übt eine erhöhte Unsicherheit der Devisenmarktteilnehmer über das tatsächliche Ausmaß der im Zeitpunkt eines Realignments auftretenden Wechselkursveränderung einen stabilisierenden Effekt aus. Fundamentale Paritätsabweichungen können in größerem Ausmaß auftreten, bevor Devisenmarktinterventionen tatsächlich erforderlich werden. Da für $\rho \geq 0$ Fluktuationen von $\tilde{f}$ und r jedoch gemeinschaftlich und überwiegend gleichgerichtet auftreten, werden im allgemeinen häufigere und umfangreichere Devisenmarktinterventionen erforderlich sein.[50]

4.2.2 Zinsdifferenzen und Realignmentrisiken

Im vorangegangenen Abschnitt wurde gezeigt, daß die Lage der Gleichgewichtsbeziehung zwischen dem Wechselkurs innerhalb des Bandes x und der Fundamentalfaktorabweichung $\tilde{f}$ von der Parität abhängig vom erwarteten Wechselkurssprung zum Zeitpunkt eines Realignments ist. Darauf aufbauend soll nunmehr gezeigt werden, daß beim Einbezug zeitvariabler Realignmentrisiken kein deterministischer Zusammenhang zwischen internationalen Zinsdifferenzen und der Wechselkursposition im Währungsband zu erwarten ist.

Unter der Annahme der ungedeckten Zinsparitätenbedingung wird die Differenz zwischen In- und Auslandszins $\delta = i - i^*$ durch entsprechende Wechselkursänderungserwartungen im zugrundeliegenden Zeitintervall erklärt:[51]

$$\delta(t) = E_t[ds]/dt \quad . \tag{4.42}$$

Wechselkursänderungserwartungen lassen sich bei Einbezug von Realignmentrisiken aus Änderungserwartungen im Zusammenhang mit möglichen Realignments und erwarteten Wechselkursveränderungen innerhalb eines bestehenden Währungsbandes erklären.[52] Diese Wechselkursänderungserwartungen im Zusammenhang mit möglichen Realignments sind es nun, die Abweichungen von der im Abschnitt 3.3.2 hergeleiteten, deterministischen Beziehung zwischen Zinsdifferenzen und der Wechselkursposition im Währungsband begründen.

---

[50]Vgl. Bertola und Svensson (1993), S.695.

[51]Zur Diskussion der Annahme der ungedeckten Zinsparität vgl. auch Abschnitt 3.3.3.

[52]Vgl. Gleichung (4.24).

Unter Berücksichtigung von Gleichung (4.24) folgt für (4.42)

$$\delta(t) = r + \mathrm{E}_t[dx]/dt \quad . \tag{4.43}$$

Die Zinsdifferenz ist also gleich der Summe vom erwarteten realignmentbedingten Wechselkurssprung und der Wechselkursänderungserwartung im Band. Für die erwartete Wechselkursänderung im Band läßt sich nach (4.30) auch einfach schreiben

$$\mathrm{E}_t[dx]/dt = (x(h) - h)/\theta \quad . \tag{4.44}$$

Die Zinsdifferenz ist folglich eine Funktion des Fundamentalfaktors h und des erwarteten Wechselkurssprungs r:

$$\delta(h,r) = r + (x(h) - h)/\theta \quad . \tag{4.45}$$

Löst man Gleichung (4.37) nach $(x(h) - h)/\theta$ auf, so läßt sich (4.45) auch schreiben als

$$\delta(h,r) = r + \mu + (A\exp(\lambda_1 h) + B\exp(\lambda_2 h))/\theta \quad . \tag{4.46}$$

Die Beziehung zwischen Zinsdifferenz und erwarteter Wechselkursänderung im Band wird also genau um das Ausmaß des erwarteten Wechselkurssprungs im Falle eines Realignments modifiziert.[53] Für einen gegebenen erwarteten Wechselkurssprung ist die Zinsdifferenz allein eine Funktion von h. Da die Steigung der $x(h)$ Funktion kleiner Eins ist, folgt $d((x(h) - h)/\theta)/dh < 0$. Die Zinsdifferenz ist bei gegebenem erwarteten Wechselkurssprung monoton fallend in h. Dies entspricht den Ergebnissen für das Krugman'sche Grundmodell.[54]

Der ökonomische Hintergrund hierfür ist wiederum, daß ein monoton in h steigender Wechselkurs beim Anstieg von h eine zunehmende Wahrscheinlichkeit zukünftiger Devisenmarktinterventionen impliziert, welche zur Aufwertung der Währung (zum Sinken des Wechselkurses) führen würden. Je höher also der Wechselkurs ist, desto kleiner ist die erwartete Abwertungsrate der Währung und demzufolge die Zinsdifferenz zwischen In- und Auslandszins.

Da δ eine eindeutige Funktion von h ist, läßt sich bei gegebener erwarteter, realignmentbedingter Wechselkursänderungsrate eine explizite Beziehung zwischen

---

[53]Vgl. hierbei auch Fußnote 88 auf Seite 60.

[54]Vgl. Abschnitt 3.3.2, Seite 60.

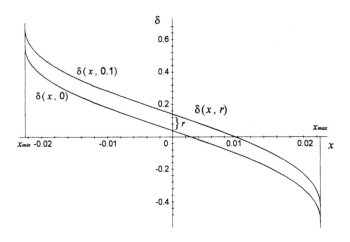

Abbildung 4.8: Die Zinsdifferenzen-Wechselkursfunktion bei Realignmentrisiken

Die Abbildung zeigt den Zusammenhang zwischen Zinsdifferenzen und der Wechselkursposition im Band unter Einbezug von Realignmentrisiken. Für eine konstante erwartete, realignmentbedingte Wechselkursänderungsrate existiert eine monoton fallende, deterministische Beziehung zwischen beiden Größen, deren Lage allerdings vom Ausmaß der wahrgenommenen, realignmentbedingten Wechselkursrisiken abhängt.

Zinsdifferenz und Wechselkursposition im Band herleiten, denn $x(h)$ ist im Intervall $\underline{h} \leq h \leq \overline{h}$ eine einwertige und damit invertierbare Funktion. Die Lage der Zinsdifferenzen-Wechselkursfunktion wird allerdings durch das Ausmaß von realignmentbedingten Wechselkursänderungsrisiken bestimmt. Abbildung 4.8 zeigt den Verlauf der Zinsdifferenzenfunktion und den Einfluß eines positiven erwarteten Wechselkurssprungs auf ihre Lage.

In formaler Sicht erhöht sich die Zinsdifferenz gemäß (4.43) um das Ausmaß des erwarteten Wechselkurssprungs. Allerdings existieren derartige deterministische Zinsdifferenzen-Wechselkursbeziehungen nur, wenn die bei einem Realignment erwartete Wechselkursänderungsrate als konstant angesehen werden kann. Wenn nun aber, wie im gegebenen Modellzusammenhang unterstellt, sowohl die Fundamentalfaktoren als auch der erwartete Wechselkurssprung im Falle eines Realignments im Zeitablauf (stochastisch) fluktuieren, dann geht jedweder deterministische Zusammenhang verloren.

Da Veränderungen der Realignmenterwartungen sowohl den Wechselkurs als auch die Zinsdifferenz beeinflussen, ist der Zusammenhang zwischen den beiden Größen a priori unbestimmt. Steigt beispielsweise die Erwartung einer Abwertung der Inlandswährung via Realignment, so erhöht sich ceteris paribus der Fundamentalfaktor h und damit der Wechselkurs. Ein schwächerer Wechselkurs erhöht für gegebene Zeithorizonte die Interventionswahrscheinlichkeit, senkt auf diesem Wege die Wechselkursänderungserwartungen im Band und damit die Zinsdifferenz. Die Wechselkursänderungserwartung im Zusammenhang mit dem Realignment selbst erhöht wiederum die Zinsdifferenz. Die Zinsdifferenz kann infolgedessen sinken oder steigen. Mit der Beobachtung eines höheren Wechselkurses im Band kann demzufolge sowohl eine gesunkene als auch eine gestiegene Zinsdifferenz einhergehen. Für bestimmte Parameterkonstellationen ist es nunmehr möglich, daß der Zusammenhang zwischen Zinsdifferenzen und der Wechselkursposition im Währungsband positiv wird, wodurch die aufgetretenen Inkonsistenzen aus der empirischen Betrachtung im Abschnitt 3.3.2 erklärbar würden.[55]

Bertola und Svensson (1993) zeigen mit Hilfe von Simulationen ihres Modellansatzes, daß sich durch den Einbezug zeitvariabler Realignmentrisiken eine Reihe empirischer Regelmäßigkeiten erklären lassen.[56] Simulierte Wechselkurs- und Fundamentalfaktorreihen ermöglichen hierbei die Untersuchung der Frage, inwieweit aus der Analyse von Wechselkurs-Fundamentalfaktor Realisationen eine Bestätigung der im Zusammenhang mit dem Grundmodell einer Wechselkurszielzone formulierten Implikationen zu erwarten ist. Die Simulationsergebnisse machen deutlich, daß die mangelnde empirische Bestätigung des Krugman-Modells z.B. daraus resultieren können, daß bei der Modellformulierung Erwartungsprozesse vernachlässigt werden, die sich auf Zustandsvariablen richten, deren Bedeutung aus der realiter

---

[55]Wie Bertola und Svensson (1993) zeigen, hängt die Steigung der Zinsdifferenzen-Wechselkursfunktion von der relativen Variabilität der Realignmenterwartungen im Verhältnis zu Veränderungen des Fundamentalfaktors f ab. Wenn die Ursache von Wechselkursvariationen überwiegend in Veränderungen der erwarteten Realignmentrate liegt, kann es zu einem ansteigenden Verlauf der Zinsdifferenzen -Wechselkursfunktion kommen. Aber selbst wenn Wechselkursänderungen überwiegend 'fundamental' bedingt sind, machen im Zeitablauf veränderliche Realignmenterwartungen die Aussicht auf einen empirisch einfach zu verifizierenden Zinsdifferenzen-Wechselkurs Zusammenhang zunichte.

[56]Vgl. Bertola und Svensson (1993), S.699ff.

unvollkommenen Glaubwürdigkeit von Zielzonenarrangements resultiert.[57] Hieraus ergeben sich auch Modifikationen bezüglich des adäquaten empirischen Vorgehens, die Gegenstand des folgenden Abschnitts sind.

4.2.3 Empirische Betrachtung von Wechselkurszielzonen unter Einbezug von Realignmentrisiken

Bei Existenz von Realignmentrisiken ist der im Abschnitt 3.3.3 gewählte Ansatz zur empirischen Spezifizierung einer Zielzonenwechselkursfunktion inadäquat. Unter der Annahme zeitveränderlicher Realignmentrisiken werden Zinsdifferenzen aus Wechselkursänderungserwartungen im bestehenden Band zuzüglich möglicher erwarteter Wechselkursveränderungen im Zusammenhang mit Realignments erklärt.

Das Modell Krugmans bezog sich dagegen auf eine glaubwürdige Zielzone, bei der Paritätsänderungsrisiken ausgeschlossen sind. Beim empirischen Versuch, Wechselkursänderungserwartungen im Band anhand von tatsächlichen Zinsdifferenzen zu identifizieren, werden diese folglich im Ausmaß von Wechselkursänderungserwartungen fehlspezifiziert, die sich auf die Situation einer Paritätsveränderung beziehen. Ziel dieses Abschnitts ist die Schätzung realignmentbedingter Wechselkursänderungserwartungen. Auf dieser Grundlage soll erneut die Existenz einer Zielzonenwechselkursfunktion vom Krugman'schen Typ überprüft und der Zusammenhang zwischen Zinsdifferenzen und der Wechselkursposition im Währungsband analysiert werden.

Das Ausmaß realignmentbedingter Wechselkursänderungserwartungen läßt sich bei Gültigkeit der ungedeckten Zinsparitätenbedingung mit Hilfe internationaler Zinsdifferenzen und erwarteter Wechselkursänderungsraten im Band ausdrücken. Nach Gleichung (4.43) ist

$$r(t) = \delta(t) - E_t[dx(t)]/dt . \qquad (4.47)$$

Mit einer Schätzung für $E_t[dx(t)]/dt$ ist es also möglich, das empirische Ausmaß realignmentbedingter Wechselkursänderungserwartungen zu bestimmen. Dieses Vor-

---

[57]Wenngleich die Autoren anfügen: „ We would immediateley like to add that we do not, of course, believe that the model we have developed here is all there is needed to explain the data" (Bertola und Svensson (1993), S.711).

124

gehen wird als Drift-Anpassungsmethode bezeichnet, da bestehende Zinsdifferenzen um die (erwartete) Drift des Wechselkurses innerhalb des Bandes bereinigt werden.[58]

Geschätzt werden die Wechselkursänderungserwartungen wiederum für die Niederlande und Frankreich vom Inkrafttreten des EWS im März 1979 bis zum Herbst 1995. Als Vorhersagezeitraum wurde zum einen der bereits im Abschnitt 3.3.4 zugrundegelegte Sechsmonatshorizont gewählt. Zum anderen wurde eine Einwochenschätzung durchgeführt, die zur Annäherung an die in der Modelltheorie verwendeten 'momentanen' Änderungsraten dient. Als Datenbasis dienen tägliche Wechselkurse und annualisierte Euro-Geldmarktsätze entsprechender Laufzeiten der Datastream International Datenbank. Dabei wurden für jeden Voraussagezeitraum jeweils drei Schätzungen für Wechselkursänderungserwartungen durchgeführt, die nachfolgend begründet und erläutert werden.

Im engen Kontext des Modells von Bertola und Svensson (1993) determiniert ausschließlich die momentane Wechselkursposition im Band zukünftig erwartete Veränderungen des Zielzonenwechselkurses: Realignmentbedingte Wechselkursänderungserwartungen folgen einem exogenen stochastischen Prozeß, der zusammen mit dem exogenen stochastischen Prozeß des traditionellen Fundamentalfaktors den endogenen Wechselkurs determiniert. Die im-Band-Position des Zielzonenwechselkurses wird dadurch zum einzigen Bestimmungsfaktor von Wechselkursänderungserwartungen innerhalb des bestehenden Währungsbandes.[59]

Die Zinsdifferenz gleicht hierbei der Summe von exogener realignmentbedingter Wechselkursänderungserwartung und endogener Wechselkursänderungserwartung im Band. Insofern ist auch die Zinsdifferenz eine Funktion der Wechselkursposition im Band. Im vorangegangenen Abschnitt wurde gezeigt, daß sie für gegebene Realignmentrisiken deterministisch und monoton fallend in x ist. Dies impliziert, daß bei Paritätsabweichungen des Wechselkurses Wechselkursänderungserwartungen in Richtung auf die Parität entstehen.[60] Auf diese Weise erzeugt die Existenz eines Wechselkursbandes ein Element der 'mean reversion' für zukünftig erwartete

---

[58]Das Verfahren geht zurück auf Bertola und Svensson (1993) und wurde empirisch durch Rose und Svensson (1991) und Lindberg et al. (1993) implementiert.

[59]Vgl. auch Rose und Svensson (1991).

[60]In Abbildung 4.8 wird dies deutlich, wenn man sich vergegenwärtigt, daß die untere gezeigte Funktion $\delta(x, 0)$ identisch mit $E_t[dx]/dt$ ist.

Realisationen des Zielzonenwechselkurses:[61] Für zukünftige Wechselkursrealisationen wird erwartet, daß sie sich im Vergleich zum gegenwärtigen Wechselkurs näher am langfristigen Durchschnitt – das heißt der Parität – befinden.

Diese mean reversion Eigenschaft des Zielzonenwechselkurses ermöglicht es, eine Vorhersage des Wechselkurses im gegebenen Wechselkursband auf Grundlage der gegebenen Wechselkursposition zu machen. Die Probleme empirischer Wechselkursprognosen sind hinlänglich bekannt und in der Literatur ausgiebig dokumentiert.[62] Durch die Eigenschaft der mean reversion hat sich jedoch die Prognose von Wechselkursen in Zielzonen als erheblich fruchtbarer erwiesen als bei frei flexiblen Wechselkursen.[63]

Aus theoretischer Sicht kann allerdings bei der Analyse relativ kurzer Vorhersagezeiträume die Nichtlinearität der Zinsdifferenzen-Wechselkursfunktion eine exakte Schätzung der Wechselkurserwartungen erschweren und die Verwendung nicht-parametrischer Schätztechniken erforderlich machen.[64] Die Bedeutung dieser Nichlinearitäten nimmt jedoch mit zunehmendem Zeithorizont ab. Svensson (1991c) zeigt die Zinsdifferenzen-Wechselkursfunktion für unterschiedliche Laufzeiten. Dabei wird deutlich, daß für Zeiträume ab einem Monat ein linearer Schätzansatz für die erwartete Wechselkursänderungsrate im Band in Abhängigkeit von der Wechselkursposition hinreichend sein dürfte.[65]

Das Bertola und Svensson Modell legt also nahe, daß erwartete zukünftige Wechselkurse in nichtlinearer Weise allein vom gegenwärtigen Wechselkurs abhängen und daß der Einfluß von Nichtlinearitäten dabei für zunehmende Erwartungshorizonte vernachlässigbar wird. Als restriktivste Version wird von daher ein linearer Schätzansatz spezifiziert. Dieser dient insbesondere auch zur Untersuchung der Frage, ob

---

[61]Zum Begriff der mean reversion vgl. auch Anhang A, Seite 86. Die mean reversion Eigenschaft des Zielzonenwechselkurses wird in Svensson (1991c) hergeleitet und analysiert.

[62]Meese und Rogoff (1983) beispielsweise erzielten mit einfachen random walk Modellen bessere Wechselkursprognosen als mit Strukturmodellen der Wechselkursdetermination.

[63]Selbst einfache lineare Regressionen zukünftiger Wechselkurse innerhalb des Bandes auf gegenwärtige Wechselkurse innerhalb des Bandes und gegenwärtige Zinsen entsprechender Laufzeit besitzen eine gute Vorhersagekraft (vgl. Svensson (1992a)).

[64]Vgl. Bertola und Svensson (1993).

[65]Vgl. auch Rose und Svensson (1991) und Bertola und Svensson (1993).

126

sich die mean reversion Eigenschaft des Zielzonenwechselkurses empirisch bestätigen läßt oder ob ein einfacher random walk vorliegt.

Da auch Schätzungen für Einwochenzeiträume durchgeführt werden, bei denen Nichtlinearitäten von Bedeutung sein könnten, sind in einer zweiten Regression nichtlineare Terme in Form quadratischer und kubischer Funktionen des im-Band-Wechselkurses einbezogen. Diese Form der Schätzung kommt dem Bertola und Svensson Modell recht nahe, wenn auch die Nichtlinearitäten nicht kubischer Natur sein müssen.

In empirischen Untersuchungen haben sich darüberhinaus weitere Einflußfaktoren als signifikant für Wechselkursänderungserwartungen in Zielzonen erwiesen. So wurde bei einigen EWS-Währungen die Signifikanz nationaler Zinssätze nachgewiesen.[66] Demgegenüber haben sich eine Reihe weiterer, typischer fundamentaler Wechselkurseinflüsse als wenig bedeutsam gezeigt.[67] Thomas (1994) bezieht relative Arbeitslosenquoten, Arbeitskostenrelationen, Inflationsdifferenzen, Währungsreserven und öffentliche Verschuldungsquoten in die Determination von Wechselkurserwartungen ein. Er findet aber nur geringe Evidenz dafür, daß von diesen Größen ein wesentlicher Erklärungsbeitrag ausgeht.[68] Chen und Giovannini (1994) berücksichtigen unter anderem die Entwicklung von Handelsbilanzsalden und die Auslastung der Industrieproduktion und finden ebenfalls keinen signifikanten Einfluß. Konsistent hohe Erklärungskraft besitzt in beiden Untersuchungen allein die Paritätsabweichung des Wechselkurses.[69]

Chen und Giovannini (1994) entdecken allerdings, daß die Zeitspanne nach einem

---

[66]Vgl. Svensson (1993) und Lindberg et al. (1993). Zur theoretischen Begründung möglicher Zinseinflüsse im Kontext von Zielzonenmodellen vgl. Svensson (1992c).

[67]Vgl. Thomas (1994), Chen und Giovannini (1994) und im Zusammenhang mit der Schätzung von Realignmenterwartungen im EWS Rose und Svensson (1994).

[68]Thomas (1994) betrachtet die Wechselkurse der italienischen Lira und des französischen Franc in Relation zur Deutschen Mark. Es zeigt sich ein schwach signifikanter Einfluß der Inflationsdifferenz und der relativen Arbeitskosten im Falle Frankreichs und im Falle Italiens ein geringer Einfluß des öffentlichen Verschuldungsgrades.

[69]Allerdings findet Caramazza (1993) in einer zweistufigen Schätzung, bei der er die in einem ersten Schritt geschätzten Realignmenterwartungen nachfolgend auf einige plausible Erwartungsdeterminanten regressiert, Evidenz für den Einfluß von Inflationsdifferentialen, der Wettbewerbsfähigkeit, der Unterbeschäftigung, der Situation der öffentlichen Haushalte und den Währungsreserven.

Realignment insbesondere dann einen signifikanten Erklärungsbeitrag für Wechselkurserwartungen leisten kann, wenn häufig Realignments der betroffenen Währung
vorgekommen sind. Dieser Zeitraum kann als eine Art Vertrauensvariable angesehen werden, in dem sich die ansteigende Reputation der Zentralbank niederschlägt,
wenn es ihr gelingt, den Wechselkurs längere Zeit problemlos im bestehenden Band
zu halten.[70]

Da es für den französischen Franc vor 1987 zu einer Reihe von Realignments kam,
wurde vor dem Hintergrund der empirischen Erfahrungen schließlich als Drittes ein
erweiterter Schätzansatz gewählt, in dem die nationalen Zinssätze entsprechender
Laufzeit und die Zeitspanne seit dem letzten Realignment als Regressoren mit einbezogen sind.[71]

Bei der Schätzung von Wechselkurserwartungen im Band treten neben der Spezifizierung der Regressoren eine Reihe weiterer Probleme auf. Zunächst ist zu beachten, daß die zu schätzenden erwarteten Wechselkursänderungsraten im Band
strenggenommen als bedingte Erwartungswerte für den Fall zu schätzen sind, daß
kein Realignment auftritt. Dies läßt sich anhand von Gleichung (4.22) auf Seite 111
verdeutlichen: $r(t)$ mißt die erwartete (diskrete) Wechselkursveränderung in An-
betracht möglicher Realignments. Da $r(t)$ nur dann identisch mit dem erwarteten
Realignmentausmaß $E_t[dc]/dt$ ist, wenn es beim Realignment nicht zu einer Veränderung der Wechselkursposition innerhalb des Bandes kommt, sind in $r(t)$ die im
Zusammenhang mit Realignments stehenden Erwartungen relativer Wechselkursveränderungen mit enthalten.[72] In Gleichung (4.47) bezieht sich $E_t[dx]$ also allein
auf Wechselkursänderungserwartungen innerhalb des Bandes, die unabhängig von
Realignments sind.

Formal läßt sich dies mit Hilfe der Definitionsgleichung (4.21) verdeutlichen,

---

[70]Vgl. Chen und Giovannini (1994), S.129.

[71]Um einen typischen 'Wachstumscharakter' zu ermöglichen, wurde die Reputationsproxy als
Logarithmus von Eins plus der Anzahl der Wochen seit dem letzten Realignment spezifiziert. Auf
den Einbezug zusätzlicher Lag-Strukturen oder anderer EWS-Währungen in die jeweils bilateralen
Analysen wurde verzichtet. Entsprechende Untersuchungen finden sich bei Rose und Svensson
(1991) und Lindberg et al. (1993).

[72]Typischerweise springen 'schwache' Währungen bei einem Realignment in den 'starken' oder
mittleren Bereich des Bandes.

128

wonach[73]

$$E_t[\Delta s_{t+\tau}] \equiv E_t[\Delta \tilde{x}_{t+\tau}] + E_t[\Delta c_{t+\tau}] \quad . \tag{4.48}$$

Hierin beinhaltet $E_t[\Delta \tilde{x}_{t+\tau}]$ per Definition sämtliche Veränderungen der Wechselkursposition im Währungsband, einschließlich solcher Veränderungen, die im Zusammenhang mit Realignments stehen.[74] Unter Annahme der ungedeckten Zinsparitätenbedingung (4.42) folgt

$$E_t[\Delta c_{t+\tau}]/\tau = \delta_t^\tau - E_t[\Delta \tilde{x}_{t+\tau}]/\tau \ . \tag{4.49}$$

Hierbei steht $E_t[\Delta c_{t+\tau}]/\tau$ für die (durchschnittliche) erwartete Realignmentrate im Zeitintervall t bis $t + \tau$, $E_t[\Delta \tilde{x}_{t+\tau}]/\tau$ für die (durchschnittliche) erwartete Veränderung der Paritätsabweichung des Wechselkurses und δ_t^τ für die Zinsdifferenz gleichwertiger in- und ausländischer Aktiva mit Laufzeit τ.

Bei einer Schätzung von (4.49) träte das Problem auf, daß $\tilde{x}$ mögliche Wechselkurssprünge und Wechselkursänderungen im Falle von Realignments beinhaltet.[75] Dadurch können 'Peso Probleme' entstehen:[76] Seltene Ereignisse mit geringer Wahrscheinlichkeit aber großer Bedeutung im Falle ihres Auftretens verzerren die Schätzung, sofern der Schätzzeitraum bezüglich dieser Ereignisse nicht repräsentativ ist.[77]

Die in (4.49) verwendete erwartete Wechselkursänderungsrate im Band läßt sich in zwei Komponenten zerlegen

$$
\begin{aligned}
E_t[\Delta \tilde{x}_{t+\tau}] \ = \ & (1 - p_t^\tau) E_t[\Delta x_{t+\tau} \mid \text{kein Realignment}] \\
& + p_t^\tau E_t[\Delta x_{t+\tau} \mid \text{Realignment}] \ .
\end{aligned}
\tag{4.50}
$$

Dabei ist $p_t^\tau = \tau \, p(t)/dt$ die Wahrscheinlichkeit für das Auftreten eines Realignments im Zeitraum t bis $t + \tau$.

Unter Verwendung von (4.50) läßt sich (4.49) umformen zu

$$r_t^\tau = \delta_t^\tau - E_t[\Delta x_{t+\tau} \mid \text{kein Realignment}]/\tau \ , \tag{4.51}$$

---

[73]Zum weiteren Vorgehen vgl. auch Svensson (1993), Lindberg et al. (1993) und Thomas (1994).

[74]Die Tilde dient zur Unterscheidung von Gleichung (4.24).

[75]Vgl. Svensson (1993).

[76]Vgl. ebenda und Hodrick (1987).

[77]Es handelt sich also um ein 'small sample'-Problem.

wobei

$$r_t^\tau \equiv \mathrm{E}_t[\Delta c_{t+\tau}]/\tau + p_t^\tau \big\{ \mathrm{E}_t[x_{t+\tau} \mid \text{Realignment}]$$

$$- \mathrm{E}_t[x_{t+\tau} \mid \text{kein Realignment}] \big\}/\tau \qquad (4.52)$$

die erwartete (diskrete) Veränderung des Wechselkurses im Falle eines Realignments ist, so, wie sie im Abschnitt 4.2.1 definiert wurde.[78] Die im Falle eines Realignments erwartete Wechselkursänderungsrate r unterscheidet sich also genau durch das Ausmaß der in dieser Situation erwarteten Veränderung der im-Band-Position des Wechselkurses von der erwarteten Realignmentrate.

Gleichung (4.51) zeigt, daß zur empirischen Bestimmung von $r(t)$ Wechselkurs-änderungserwartungen im Band ohne erwartete (diskrete) Veränderungen bei einem Realignment geschätzt werden müssen. Hierdurch lassen sich auch Peso Probleme vermeiden. In den nachfolgenden Schätzungen werden deshalb jeweils τ Beobachtungen vor jedem Realignment aus der Schätzung ausgeschlossen.[79] Diese Vorgehensweise wird - auch aufgrund des hiermit verbundenen Informationsverlustes - kontrovers gesehen.[80] Zumindest schließt sie aber aus, daß allein aufgrund von Wechselkursveränderungen im Zusammenhang mit Realignments mean reversion des Zielzonenwechselkurses festgestellt wird.[81] Wegen der möglichen, realignmentbedingten Veränderungen der im-Band-Position des Wechselkurses werden bei der Schätzung für die einzelnen Zeitphasen zwischen Realignments auch variierende Achsenabschnitte (Regimedummies) zugelassen. Diese Dummies zeigen an, ob der Wechselkurs während einzelner Zeitphasen auf- oder abwertete, um mean reversion zu erreichen.[82]

Tabelle 4.1 zeigt für den französischen Franc und den holländischen Gulden die genauen Realignmentzeitpunkte, die bilateralen Paritäten zur Deutschen Mark und

---

[78]Bei der Herleitung von (4.52) mit Hilfe von (4.50) ist zu beachten, daß $\mathrm{E}_t[x_t \mid \text{Realignment}] = \mathrm{E}_t[x_t \mid \text{kein Realignment}] = x_t$ ist.

[79]Bei der Sechsmonats-Schätzung entfällt dadurch der Zeitraum vor dem 24.9.1979, da das erste EWS Regime kürzer als ein halbes Jahr gewesen ist.

[80]Chen und Giovannini (1994) argumentieren, daß der bedingte Erwartungswert für Δx allgemein nicht korrekt aus dem Datensatz geschätzt werden kann, da sich in Erwartungen für x immer Informationen über beides, Realignmentmöglichkeiten und Nicht-Realignmentmöglichkeiten, niederschlagen (vgl. ebenda, S.115 und FN 1).

[81]Vgl. auch Thomas (1994), S.281.

[82]Vgl. ebenda, S.269.

Tabelle 4.1: Realignmentdaten und bilaterale DEM Paritäten

Zeitraum	DEM/NLG Parität	Δc(%)	Regime	DEM/FR Parität	Δc(%)	Regime
13.03.79–23.09.79	0.922767	–	1	0.432995	–	1
24.09.79–04.10.81	0.904673	-1.96	2	0.424505	-1.96	2
05.10.81–13.06.82				0.390302	-8.06	3
14.06.82–20.03.83				0.352863	-9.59	4
21.03.83–06.04.86	0.887526	-1.90	3	0.326107	-7.58	5
07.04.86–11.01.87				0.307109	-5.83	6
12.01.87–01.08.93				0.298164	-2.91	7
seit 02.08.93[a]						8

[a] Seit dem 2. August 1993 gelten für den französischen Franc die erweiterten EWS-Bandbreiten von ±15% bei unveränderter Parität. Zwischen den Niederlanden und Deutschland ist auf Basis einer bilateralen Vereinbarung die ursprüngliche Bandbreite beibehalten worden.
Quelle: Deutsche Bundesbank, Statistisches Beiheft zum Monatsbericht Reihe 5, Devisenkursstatistik, vormals: Die Währungen der Welt; verschiedene Jahrgänge.

den zugehörigen Realignmentumfang – und definiert für beide Währungen die Regime. Obwohl aus theoretischer Sicht kein Grund besteht, Konstanz des Wechselkursprozesses zu unterstellen, wurden die übrigen Regressionskoeffizienten als über alle Regime gleich angenommen. Trotz der Verwendung von Tagesdaten könnten sonst Probleme aus einer unzureichenden Stichprobengröße resultieren.[83] Der geringe mögliche Erkenntnisgewinn aus der Verwendung von (nichtlinearen) Schätztechniken mit variablen Koeffizienten rechtfertigt diese Vorgehensweise.[84]

Geschätzt werden schließlich Regressionen der Form

$$(x_{t+\tau}-x_t)/\Delta t = \sum_i \beta_{0i}d_i+\beta_1 x_t+\beta_2 x_t^2+\beta_3 x_t^3+\gamma_1 i_t^\tau+\gamma_2 i_t^{*\tau}+\eta \ln(1+t^*)+\varepsilon_{t+\tau}, \quad (4.53)$$

wobei x_t die prozentuale Paritätsabweichung des Wechselkurses zum Zeitpunkt t und τ der Zeithorizont ist. Da fünf tägliche Beobachtungen pro Woche zur Verfügung stehen, entspricht $\tau = 5$ einer Woche und $\tau = 130$ ungefähr einem halben Jahr. Mit

[83]Vgl. Rose und Svensson (1991), S.8ff. Dies ist durch die Persistenz der Daten und die für die Erwartungsbildung relevanten Zeiträume bis zum möglichen Erreichen der Interventionspunkte begründet. Svensson (1993) stellt bei seiner Untersuchung außerdem fest, daß die Restriktion der angenommenen Konstanz der Wechselkurskoeffizienten im Falle Frankreichs und der Niederlande nicht bindend ist, was auf eine hinreichende Ähnlichkeit des Wechselkursprozesses in den einzelnen Regimen hinweist.

[84]Weber (1992) verwendet bei einer Schätzung von realignmentbedingten Wechselkursänderungserwartungen den Kalman Filter, kann aber keinen wesentlichen Erkenntniszugewinn ausmachen (ebenda, S.16).

Hilfe des Nenners Δt wird die durchschnittliche, *annualisierte* Wechselkursänderungsrate im Intervall t bis $t + \tau$ gebildet, da den Schätzungen annualisierte Euro-
Geldmarktsätze zugrundeliegen. Für $\tau = 5$ ist $\Delta t = 1/52$ und für $\tau = 130$ ist
$\Delta t = 1/2$. i_t^τ ist der DEM Euro-Geldmarktzins mit Laufzeit τ und $i_t^{*\tau}$ der FR oder
NLG Euro-Geldmarktzins mit gleicher Laufzeit. Die Variable t^* mißt (in Wochen)
die Zeit seit dem letzten Realignment und d_i ist ein Dummy für 'Regime i', also für
die einzelnen Perioden zwischen den Realignments einer Währung. Für die einfache
lineare Schätzung wurden die Koeffizienten β_2, β_3, γ_1, γ_2 und η gleich Null gesetzt.
Für die kubische Schätzung entsprechend γ_1, γ_2 und η. Die Regressionsergebnisse
für den Einwochenhorizont werden in Tabelle 4.2 gezeigt und für den Sechsmonatshorizont in Tabelle 4.3.

Geschätzt wird mit der gewöhnlichen Kleinst-Quadrate-Methode, wobei die Standardabweichungen unter Verwendung eines Newey und West (1987) Schätzers für
die Kovarianzmatrix berechnet wurden. Diese Modifikation ist erforderlich, weil der
Störterm in (4.53) seriell korreliert und heteroskedastisch ist und sonst zu ineffizi-
enten Schätzergebnissen führt.[85] Die serielle Korrelation des Störterms ergibt sich
durch die Schätzung mit 'überlappenden Beobachtungen'.[86] Da das Stichprobenin-
tervall (täglich) kürzer ist als der Vorhersagehorizont (wöchentlich bzw. halbjähr-
lich), werden aufeinanderfolgende Störterme durch eine Reihe gleicher Ereignisse bestimmt und sind folglich seriell korreliert.[87] Heteroskedastie, also ungleiche
Varianz der Störterme im Zeitablauf, ist eine typische Zeitreiheneigenschaft von

---

[85]Vgl. auch Bertola und Svensson (1993). Der Newey-West Ansatz gehört mittlerweile zu den
Standardverfahren ökonometrischer Software und ermöglicht die konsistente Schätzung bei serieller
Korrelation und Heteroskedastie unbekannter Art.

[86]Zum Problem überlappender Beobachtungen in Schätzansätzen wie (4.53) vgl. Hansen und
Hodrick (1980).

[87]Vgl. auch Hodrick (1987), S.28 und Frankel und Phillips (1991), S.24. Ein einzelner, nicht
antizipierter Schock beeinflußt so eine Reihe aufeinanderfolgender Störterme. Daher folgen die
Störterme einem Moving-Average Prozeß der Ordnung $\tau - 1$ (vgl. Caramazza (1993)). Bei der
Schätzung zeigt sich dies in entsprechenden Werten der Durbin-Watson (DW) Statistik. Bei den
durchgeführten Regressionen ergaben sich für den Einwochenzeitraum DW-Werte um 0.67 (für
Frankreich) und um 1.15 (für die Niederlande). Beim Sechsmonatszeitraum lag die DW bei 0.06
(Frankreich) und bei 0.2 (Niederlande). Alle Werte weisen klar auf positive serielle Korrelation hin,
die – theoriegemäß – beim Sechsmonatszeitraum stärker ausfällt.

Tabelle 4.2: Erwartete Wechselkursänderungsrate im Band: 1 Woche[a]

	(1)		(2)		(3)	
	DEM/NLG	DEM/FR	DEM/NLG	DEM/FR	DEM/NLG	DEM/FR
Abschnitte						
13.03.79	-7.71	-4.09	-13.60	-3.73	-16.43	0.84
	(1.79)	(1.72)	(3.22)	(1.70)	(3.72)	(2.12)
24.09.79	2.57	0.81	1.37	0.53	-1.46	8.74
	(1.04)	(1.79)	(1.11)	(1.80)	(2.22)	(2.73)
05.10.81		-5.02		-4.90		0.64
		(2.62)		(2.79)		(3.77)
14.06.82		-2.60		-3.00		3.74
		(1.95)		(1.98)		(2.79)
21.03.83	0.61	0.63	0.32	0.29	-2.98	9.94
	(0.19)	(0.81)	(0.20)	(0.80)	(2.06)	(2.64)
07.04.86		-4.36		-4.18		2.43
		(2.08)		(2.19)		(2.69)
12.01.87		-2.80		-1.60		7.67
		(0.75)		(0.92)		(2.32)
02.08.93[b]		-8.28		-8.25		3.59
− 28.9.95		(1.96)		(2.29)		(3.58)
Koeffizienten						
x	-5.28	-2.87	-5.09	-1.39	-4.94	-2.76
	(0.91)	(0.63)	(1.10)	(0.72)	(1.17)	(0.84)
x^2			3.46	-0.21	3.30	-0.36
			(1.18)	(0.34)	(1.19)	(0.36)
x^3			-1.64	-0.16	-1.56	-0.13
			(0.66)	(0.09)	(0.67)	(0.09)
P-Wert $(x^2 = x^3 = 0)$			0.01	0.08	0.02	0.32
i^τ					-0.91	0.20
					(0.39)	(0.35)
$i^{*\tau}$					0.92	-0.03
					(0.42)	(0.03)
P-Wert $(i^\tau = i^{*\tau} = 0)$					0.07	0.38
$\ln(1 + t^*)$					0.52	-2.32
					(0.37)	(0.74)
Diagnostik						
N	4308	4282	4308	4282	4308	4282
R^2	0.06	0.03	0.07	0.05	0.07	0.05
$\hat{\sigma}$	10.67	17.01	10.61	16.92	10.64	16.42

[a] Kleinste-Quadrate-Schätzung von (4.53) mit Newey-West Standardabweichungen in Klammern (mit τ Lags, $\tau=5$). Regressand ist $(x_{t+\tau} - x_t)/\Delta t$ (%/Jahr), $\Delta t=52$; Regressoren sind x (%), x^2, x^3, i^τ (%/Jahr), $i^{*\tau}$ (%/Jahr) und $\ln(1 + t^*)$. Dabei ist x die prozentuale Paritätsabweichung des DEM/NLG bzw. DEM/FR Kurses, i^τ der DEM Euro-Geldmarktsatz für Laufzeit τ, $i^{*\tau}$ der NLG bzw. FR Euro-Geldmarktsatz für Laufzeit τ und t^* der Zeitraum (in Wochen) seit dem letzten Realignment der Währung. Vertikale Striche zeigen an, daß kein Realignment stattfand. Die P-Werte geben anhand eines Chi-Quadrat Hypothesentests an, mit welcher Wahrscheinlichkeit die in Klammern genannte Nullhypothese erfüllt ist.

[b] Seit dem 2. August 1993 gelten für den Franc die erweiterten EWS-Bandbreiten (±15%).

Tabelle 4.3: Erwartete Wechselkursänderungsrate im Band: 6 Monate[a]

	(1)		(2)		(3)	
	DEM/NLG	DEM/FR	DEM/NLG	DEM/FR	DEM/NLG	DEM/FR
Abschnitte						
13.03.79	–	–	–	–	–	–
	(–)	(–)	(–)	(–)	(–)	(–)
24.09.79	1.23	1.23	1.37	1.00	1.07	4.95
	(0.39)	(1.22)	(0.43)	(1.16)	(0.73)	(2.13)
05.10.81		-3.26		-3.47		-1.46
		(0.49)		(0.53)		(2.31)
14.06.82		-0.29		-0.47		2.52
		(0.47)		(0.51)		(2.49)
21.03.83	0.19	0.45	0.12	0.36	-0.17	5.93
	(0.09)	(0.29)	(0.07)	(0.30)	(0.70)	(2.41)
07.04.86		-1.46		-1.54		1.68
		(0.62)		(0.74)		(1.22)
12.01.87		-2.23		-1.91		3.01
		(0.47)		(0.47)		(1.57)
02.08.93[b]		-5.61		-5.56		0.59
– 30.12.94		(1.32)		(1.42)		(2.11)
Koeffizienten						
x	-2.20	-1.98	-1.37	-1.56	-1.38	-2.15
	(0.31)	(0.27)	(0.40)	(0.30)	(0.41)	(0.23)
x^2			0.19	-0.05	0.21	-0.10
			(0.34)	(0.11)	(0.35)	(0.07)
x^3			-0.54	-0.06	-0.54	-0.04
			(0.17)	(0.03)	(0.19)	(0.02)
P-Wert $(x^2 = x^3 = 0)$			0.00	0.05	0.00	0.14
i^τ					-0.16	0.37
					(0.15)	(0.17)
$i^{*\tau}$					0.16	-0.15
					(0.18)	(0.16)
P-Wert $(i^\tau = i^{*\tau} = 0)$					0.47	0.07
$\ln(1 + t^*)$					0.04	-1.36
					(0.11)	(0.34)
Diagnostik						
N	3856	3322	3856	3322	3856	3322
R^2	0.55	0.49	0.62	0.52	0.63	0.60
$\hat{\sigma}$	0.89	1.89	0.82	1.85	0.81	1.68

[a] Kleinste-Quadrate-Schätzung von (4.53) mit Newey-West Standardabweichungen in Klammern (mit τ Lags, $\tau=130$). Regressand ist $(x_{t+\tau} - x_t)/\Delta t$ (%/Jahr), $\Delta t=2$; Regressoren sind x (%), x^2, x^3, i^τ (%/Jahr), $i^{*\tau}$ (%/Jahr) und $\ln(1 + t^*)$. Dabei ist x die prozentuale Paritätsabweichung des DEM/NLG bzw. DEM/FR Kurses, i^τ der DEM Euro-Geldmarktsatz für Laufzeit τ, $i^{*\tau}$ der NLG bzw. FR Euro-Geldmarktsatz für Laufzeit τ und t^* der Zeitraum (in Wochen) seit dem letzten Realignment der Währung. Vertikale Striche zeigen an, daß kein Realignment stattfand. Regime 1 ist für eine Schätzung zu kurz. Die P-Werte geben anhand eines Chi-Quadrat Hypothesentests an, mit welcher Wahrscheinlichkeit die in Klammern genannte Nullhypothese erfüllt ist.

[b] Seit dem 2. August 1993 gelten für den Franc die erweiterte EWS-Bandbreiten (±15%).

Devisenkursen.[88] Bei einer Wechselkurszielzone ist aber insbesondere wegen der begrenzenden und stabilisierenden Wirkung der Zonenränder mit heteroskedastischen Eigenschaften des Störterms zu rechnen.[89]

Zunächst läßt sich aufgrund der Schätzergebnisse für beide Währungen und beide Zeithorizonte die unit root Hypothese auf Nichtstationarität und damit mögliches random walk Verhalten des (logarithmierten) Zielzonenwechselkurses widerlegen. Die Koeffizienten des Wechselkurses sind in den linearen Schätzungen (1) hochsignifikant negativ und klare Evidenz für mean reversion.[90] Die t-Statistiken der Wechselkurskoeffizienten betragen im Falle der Niederlande -5.79 (1 Woche) und -7.20 (6 Monate). Im Falle Frankreichs betragen sie -4.53 bzw. -7.23.[91] Der kritische, für die Ablehnung der unit root Hypothese zu unterschreitende Wert für den Standard Dickey-Fuller Test auf einem 5 Prozent-Signifikanzniveau, beträgt beim gegebenen Stichprobenumfang -2.86 und bei einem 1 Prozent-Signifikanzniveau -3.43.[92] Wenn auch die Möglichkeit variierender Achsenabschnitte beim verwendeten Schätzansatz eine leichte Modifikation der Teststatistiken erforderlich machen dürfte, sind die t-Statistiken doch so deutlich unterhalb der kritischen Werte, daß eine Einheitswurzel klar auszuschließen ist.[93]

---

[88]Sie rührt allgemein daher, daß sich im Marktgeschehen meist hektische und ruhige Perioden abwechseln und seltener Phasen 'mittlerer' Aktivität auftreten (vgl. Hodrick (1987), S.40). Dadurch sind Perioden mit hoher Wechselkursvarianz meist gefolgt von Perioden mit geringer Wechselkursvarianz und umgekehrt. In den Dichtefunktionen von Wechselkursen äußert sich dies in sogenannten 'fatter tails', also einem leptokursischen Verlauf. (Zu den Verteilungseigenschaften täglicher Änderungen von Finanzmarktpreisen vgl. auch Taylor (1986).)

[89]Vgl. auch Lindberg et al. (1993). Im Zuge der Analysen wurden Breusch/Pagan und White Tests auf Heteroskedastie der Residuen durchgeführt, die für beide Währungen und beide Zeithorizonte Heteroskedastie auf dem 1% Signifikanzniveau bestätigten.

[90]Die Fragestellung, ob β_1 in $(x_{t+\tau} - x_t) = \beta_0 + \beta_1 x_t$ signifikant negativ ist, entspricht dem Standard unit root Test mit der Fragestellung, ob ρ in $x_{t+\tau} = \beta_0 + \rho x_t$ signifikant kleiner Eins ist.

[91]Die t-Werte werden aus den Tabellen berechnet, indem man die Schätzwerte für die Regressionskoeffizienten durch die zugehörigen Standardabweichungen dividiert.

[92]Dickey-Fuller Tests behalten auch im Falle serieller Korrelation der Störterme ihre Gültigkeit, solange die Standardabweichungen konsistent geschätzt werden (vgl. Phillips (1987)). Die kritischen Werte für verschiedene Formen von Dickey-Fuller Tests sind in den meisten Ökonometrielehrbüchern tabelliert. Sehr umfangreich ist in dieser Hinsicht Hamilton (1994), S.762ff.

[93]Perron (1989) ermittelt auf Grundlage von Monte Carlo Simulationen unit root Teststatistiken für stochastische Prozesse mit deterministischem Zeittrend und (einmaligen) prozeßexogenen Innovationen, wozu auch die Möglichkeit der Trendverschiebung durch veränderte Achsenabschnitte

Der Einbezug quadratischer und kubischer Terme des Zielzonenwechselkurses (Schätzungen (2)) erhöht insbesondere im Falle der Niederlande und vor allem beim Sechsmonatshorizont deutlich die Erklärungskraft der Regression. Die Hypothese, daß in (4.53) β_2 und β_3 gleichzeitig Null sind, läßt sich für die Niederlande eindeutig verwerfen. Im Falle Frankreichs sind die beiden Terme nur bei Betrachtung des Sechsmonatshorizonts auf dem 5 Prozentniveau signifikant und nur, solange die Zinssätze und der logarithmierte post-Realignment Zeittrend aus der Regression ausgeschlossen bleiben. Werden sie eingeschlossen, bleibt allein der kubische Term auf dem 5 Prozentniveau signifikant.

Der Einbezug der Zinsen (Schätzungen (3)) zeigt ein ambivalentes Bild. Beim Sechsmonatshorizont läßt sich die Hypothese $\gamma_1 = \gamma_2 = 0$ nur für Frankreich, und nur auf einem marginalen Signifikanzniveau von 7 Prozent, verwerfen. Betrachtet man die einzelnen t-Statistiken, so zeigt sich, daß nur der DEM-Euromarktzins im Falle Frankreichs signifikant ist, nicht jedoch der FR-Euromarktzins. Im Falle der Niederlande tragen beide Koeffizienten das falsche Vorzeichen, sind aber statistisch insignifikant. Beim Einwochenhorizont zeigt sich ein umgekehrtes Bild. Beide Zinssätze sind im Falle Frankreichs insignifikant, während bei den Niederlanden beide Zinssätze auf dem 5 Prozentniveau signifikant sind. Auch hier haben die Koeffizienten das falsche Vorzeichen, das heißt, sie sind im Widerspruch zur ungedeckten Zinsparitätenhypothese.[94]

---

gehört. Leider finden sich keine Teststatistiken, die auf die vorliegenden Regressionen anwendbar sind. Generell zeigt sich jedoch, daß die kritischen Werte betragsmäßig größer als die Dickey-Fuller Werte sind (vgl. ebenda, S.1376ff.).

[94] Rose und Svensson (1991) finden im Zuge der Schätzung von Wechselkursänderungserwartungen für den DEM/FR Kurs bei einem Einmonatshorizont Evidenz für die ungedeckte Zinsparitätenbedingung. Bei den hier betrachteten Zeiträumen läßt sie sich weder für Frankreich noch für die Niederlande bestätigen. Bei einer Kleinst-Quadrate-Regression von $(s_{t+\tau}-s_t)/\Delta t = a+b\delta_t^\tau+u_{t+\tau}$, wobei $s = \ln(\text{DEM/NLG})$, $\ln(\text{DEM/FR})$ und $\Delta t=1/52$ ($\tau=5$), $1/2$ ($\tau=130$), ergaben sich folgende Ergebnisse (Newey-West Standardabweichungen in Klammern):

	$\tau=5$		$\tau=130$	
	DEM/NLG	DEM/FR	DEM/NLG	DEM/FR
a	-0.01	-0.00	-0.00	0.00
	(0.00)	(0.01)	(0.00)	(0.01)
b	-0.72	0.53	-0.04	0.68
	(0.38)	(0.15)	(0.29)	(0.15)
N	4318	4314	4239	4235
R^2	0.00	0.08	0.00	0.27
$\hat{\sigma}$	0.11	0.23	0.02	0.04

136

Einen starken Einfluß auf die Signifikanz der Zinssätze übt im Falle der Niederlande der Einbezug des selbst insignifikanten post-Realignment Zeittrends aus.[95] Dieser Zeittrend erweist sich jedoch bei Frankreich als hochsignifikant, und zwar sowohl beim Einwochenhorizont ($t=-3.15$), als auch beim Sechsmonatshorizont ($t=-3.97$). Damit bestätigt sich die Bedeutung des post-Realignment Zeittrends, wenn die betrachtete Währung häufigere Realignments erfuhr.

Auf Grundlage der vorausgegangenen Schätzungen sollen nun erneut empirische Zielzonenwechselkursfunktionen betrachtet werden. Im Bertola/Svensson-Modell ließ sich der Wechselkurs im Band als Funktion des zusammengesetzten 'Fundamentalfaktors' h schreiben[96]

$$x(t) = x(h(t)) \equiv x(\tilde{f}(t) + \theta r(t)) \,, \tag{4.54}$$

wobei

$$\tilde{f}(t) = f(t) - c(t) \quad . \tag{4.55}$$

Dieser Funktionalzusammenhang machte deutlich, daß bei Fluktuationen der erwarteten realignmentbedingten Wechselkursänderungsrate r kein wohldefinierter Zusammenhang zwischen x und $\tilde{f}$ herzustellen ist. Dies wurde als Begründung für den unspezifischen Verlauf der empirischen Wechselkursfunktionen im Abschnitt 3.3.3 herangezogen.[97] Bei Fluktuationen von r müßte stattdessen x in Abhängigkeit von einer Schätzung des zusammengesetzten Fundamentalfaktors h dargestellt werden.

Eine Schätzung für h läßt sich mit Hilfe von Schätzungen des (traditionellen) Fundamentalfaktors f und der erwarteten realignmentbedingten Wechselkursänderungsrate r konstruieren, da

$$\hat{h}(t) \equiv \hat{f}(t) - c(t) + \hat{\theta}\hat{r}(t) \quad . \tag{4.56}$$

Für Frankreich sind die Koeffizienten zwar positiv, aber signifikant kleiner Eins. Für die Niederlande zeigen die Koeffizienten sogar das falsche Vorzeichen, sind dabei aber insignifikant. Zu den Problemen empirischer Untersuchungen der ungedeckten Zinsparitätenbedingung vgl. auch Froot und Thaler (1990) und Hodrick (1987).

[95]Wird Regression (3) für die Niederlande unter der Restriktion $\eta = 0$ geschätzt, so sind auch beim Einwochenhorizont beide Zinsen (bei unverändertem Vorzeichen) auf dem 5 Prozentniveau insignifikant.

[96]Die Gleichgewichtslösung für $x(h)$ ist durch Gleichungen (4.37) – (4.40) determiniert und in Abbildung 4.5 auf Seite 115 dargestellt.

[97]Vgl. Seite 116.

Die Schätzung des Fundamentalfaktors war bereits Gegenstand des Abschnitts 3.3.3. Dort wurde gezeigt, daß sich eine Schätzung für f aus

$$\hat{f}(t) = s(t) - \hat{\theta}\delta(t) \tag{4.57}$$

erhalten läßt. Das Zinsdifferential $\delta(t)$ ist hierbei eine aus der ungedeckten Zinsparitätentheorie begründete Proxy für die erwartete *augenblickliche* Änderungsrate von s, weshalb bei der Schätzung von f wiederum (annualisierte) Euromarkt Tagesgeldsätze verwendet werden. Für die (annualisierte) Semizinselastizität der Geldnachfrage wird $\hat{\theta} = 0.1$ als Schätzansatz beibehalten.[98]

Eine Schätzung für r läßt sich nach Gleichung (4.51) aus

$$\hat{r}_t^\tau = \delta_t^\tau - \Delta\hat{x}_{t+\tau} \tag{4.58}$$

auf Grundlage der vorausgegangenen Schätzungen der Wechselkursänderungserwartung im Band berechnen.[99] Die Gleichsetzung der subjektiven Markterwartungen in (4.51) mit dem sich aus der Schätzung ergebenden mathematischen Erwartungswert der Wechselkursänderungen läßt sich durch die Annahme rationaler Erwartungen rechtfertigen und ist grundlegend für die Möglichkeit der empirischen Analyse.[100]

Abbildung 4.9 zeigt die empirische Beziehung zwischen dem Zielzonenwechselkurs x und dem zusammengesetzten Fundamentalfaktor h bei Verwendung der restriktiven, nichtlinearen Schätzungen zur Berechnung von r. Betrachtet werden die Gesamtzeiträume der engen EWS-Bänder. Durch die variierenden Achsenabschnitte würde dabei eine der Regimezahl entsprechende Anzahl mehr oder minder gut unterscheidbarer, parallel verschobener Einzelverläufe entstehen. Um die graphischen Aussagen zu kondensieren, wurden deshalb die Regimedummies bei der Berechnung von r gleich Null gesetzt. Die beiden linken Diagramme sind Streudiagramme für die Niederlande, wobei dem oberen Diagramm die Einwochenschätzung aus Tabelle 4.2, Spalte (2), und dem unteren Diagramm die Sechsmonatsschätzung aus Tabelle 4.3, Spalte (2), zugrundeliegt. Die beiden rechten Diagramme sind die entsprechenden Streudiagramme für Frankreich. Die mit eingezeichneten linearen Funktionen sind

---

[98]Vgl. hierzu auch Abschnitt 3.3.3.

[99]Die Analyse und Interpretation von $\hat{r}_t^\tau$ ist dann Gegenstand des nachfolgenden Abschnitts.

[100]Vgl. Hodrick (1987), S.28.

138

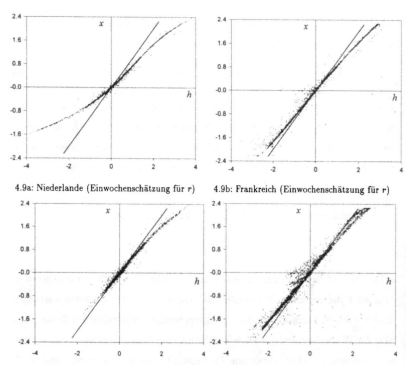

4.9a: Niederlande (Einwochenschätzung für r)   4.9b: Frankreich (Einwochenschätzung für r)

4.9c: Niederlande (Sechsmonatsschätzung für r)   4.9d: Frankreich (Sechsmonatsschätzung für r)

Abbildung 4.9: Empirische Wechselkursfunktionen bei Realignmentrisiken I

Die Abbildungen zeigen die empirischen $x(h)$ Funktionen bei Verwendung der nichtlinearen Regressionen (2) der Tabellen 4.2 und 4.3 zur empirischen Spezifizierung von r.

(theoretische) Referenzfunktionen für ein System flexibler Wechselkurse (45° Funktionen).

Die Streudiagramme zeigen einen so engen Zusammenhang, daß die Konstruktion einer zusätzlichen Interpolationsfunktion überflüssig ist. Generell ist das Ergebnis erheblich theorienäher als bei der empirischen Analyse des Krugman'schen Grundmodells im Abschnitt 3.3.3. Insbesondere im Falle der Niederlande, und vor allem bei Verwendung der Einwochenschätzung der Wechselkursänderungserwartungen im Band, zeigt sich eine bemerkenswerte Übereinstimmung mit der theoretischen Funktion.[101] Alle Streudiagramme zeigen einen deutlichen honeymoon effect im Sinne Krugmans: Die 45° Funktionen verlaufen steiler als die Punktwolken der empi-

---

[101]Vgl. Abbildung 4.5 auf Seite 115.

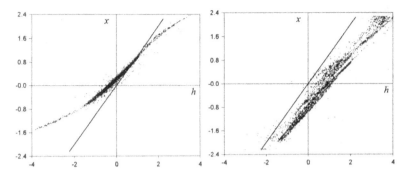

4.10a: Niederlande (Einwochenschätzung für r) 4.10b: Frankreich (Einwochenschätzung für r)

Abbildung 4.10: Empirische Wechselkursfunktionen bei Realignmentrisiken II

Die Abbildungen zeigen die empirischen $x(h)$ Funktionen bei Verwendung der erweiterten Regressionen (3) der Tabelle 4.2. Der Einbezug weiterer Erklärungsfaktoren für im-Band-Wechselkursänderungserwartungen erzeugt zwar insbesondere bei Frankreich eine deutliche Unschärfe, der prinzipielle Verlauf bleibt jedoch erkennbar, was auf den dominierenden Erwartungseinfluß der im-Band Position des Wechselkurses zurückzuführen ist.

rischen Wechselkursfunktionen. Das Band für den aggregierten Fundamentalfaktor ist also breiter als das Wechselkursband. Dieser Effekt wird im Falle der Niederlande noch durch eine ausgeprägte smooth pasting Tendenz verstärkt. Demgegenüber verläuft die Wechselkursfunktion im Falle Frankreichs nahezu linear.[102] Hier schlägt sich die Insignifikanz der in Form quadratischer und kubischer Terme einbezogenen Nichlinearitäten nieder.

Verwendet man die Sechsmonatsschätzungen der Wechselkursänderungserwartungen in (4.58), so ergibt sich ein diffuserer Zusammenhang zwischen Wechselkurs und aggregiertem Fundamentalfaktor. Dabei liegen die Punktwolken etwas steiler, zeigen aber immer noch einen honeymoon effect. Im Falle der Niederlande nimmt außerdem die smooth pasting Eigenschaft ab.

Den Einfluß des Regressionsansatzes für Wechselkursänderungserwartungen verdeutlicht Abbildung 4.10. Hier wurden zur Bestimmung von r die erweiterten Regressionen (3) der Tabelle 4.2 benutzt. Im Falle Frankreichs zeigt sich eine deutliche Lockerung des Zusammenhangs zwischen Wechselkurs und zusammengesetztem

---

[102]Rose und Svensson (1991) finden für den französischen Franc bei Betrachtung eines Einmonatshorizonts etwas ausgeprägtere Nichtlinearitäten. Das Ausmaß dieser Nichtlinearitäten hängt allerdings kritisch vom Schätzansatz für θ ab. Für $\theta \to 0$ ergibt sich automatisch eine 45° Beziehung.

140

Fundamentalfaktor. Dies resultiert aus dem Einfluß des stark signifikanten post-Realignment Zeittrends, der im x, h-Diagramm eine horizontale Diffusion der Beobachtungen verursacht. Der dominierende Erwartungseinfluß der Paritätsabweichung des Zielzonenwechselkurses bewirkt jedoch, daß der prinzipielle Verlauf, einschließlich honeymoon effect, erkennbar bleibt.[103] Dies gilt umso mehr für die Niederlande: Hier ist bei der Einwochenschätzung weiterhin der typische, theoriegemäße Verlauf der Zielzonenwechselkursfunktion sichtbar.

Zusammenfassend läßt sich festhalten, daß Abbildungen des Wechselkurses in Abhängigkeit von Schätzungen des zusammengesetzten Fundamentalfaktors h zu Wechselkursfunktionen mit positiven Steigungen führen, die kleiner als Eins sind, die also den honeymoon effect bestätigen. Allerdings zeigt sich die erwartete Abflachung der Wechselkursfunktion bei Annäherung an die Zonenränder nur im Falle der Niederlande, und sie kommt auch dort nur bei Verwendung des Einwochenhorizonts zur Schätzung der Wechselkursänderungserwartungen im Band deutlich zum Ausdruck. Ein smooth pasting ist also nicht generell feststellbar.

Zuletzt soll die empirische Beziehung zwischen den um realignmentbedingte Wechselkursänderungserwartungen bereinigten Zinsdifferenzen und der Wechselkursposition im Währungsband betrachtet werden. Wie Gleichung (4.58) verdeutlicht, handelt es sich dabei einfach um die Betrachtung der (geschätzten) Wechselkursänderungserwartungen im Band in Abhängigkeit von der Wechselkursposition. Zugrunde liegen die Regressionen (2) der Tabellen 4.2 und 4.3.

Abbildung 4.11 zeigt Streudiagramme der unbereinigten und bereinigten Einwochen- und Sechsmonatszinsdifferentiale. Es zeigt sich eine bemerkenswerte Konsistenz der empirischen Funktionen mit dem theoretisch zu erwartenden Verlauf. Insbesondere bei den Niederlanden findet sich ein deutlicher Steigungsanstieg in Richtung auf die Interventionspunkte. Die Annäherung des Wechselkurses an die Grenzen des Währungsbandes impliziert für die Niederlande also im starken Maße ansteigende Wechselkursänderungserwartungen zurück in Richtung auf die Parität. Hierin kommt die relativ hohe Glaubwürdigkeit des deutsch-niederländischen Währungsverbundes zum Ausdruck.[104]

---

[103]Bei der nicht gezeigten Sechsmonatsschätzung ist kaum ein Unterschied zur korrespondierenden Abbildung 4.9d feststellbar.

[104]In den Schätzungen (1) der Tabellen 4.2 und 4.3 äußert sich dies in den absolut größeren β_1

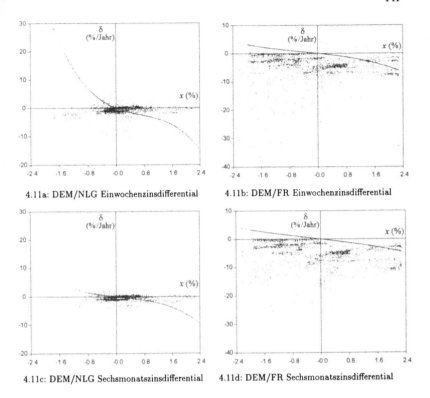

4.11a: DEM/NLG Einwochenzinsdifferential   4.11b: DEM/FR Einwochenzinsdifferential

4.11c: DEM/NLG Sechsmonatszinsdifferential   4.11d: DEM/FR Sechsmonatszinsdifferential

Abbildung 4.11: Empirische Zinsdifferenzen-Wechselkursfunktionen bei Realignmentrisiken

Letztlich sind die Diagramme die graphische Umsetzung der festgestellten mean reversion des Zielzonenwechselkurses. Nichtsdestoweniger unterstreicht die theoriegemäße Form der gerade bei den Niederlanden signifikanten Nichtlinearitäten den stabilisierenden Effekt glaubwürdiger Währungsvereinbarungen. Ein leichter Steigungsanstieg in Richtung auf die Interventionspunkte zeigt sich auch bei Frankreich, das heißt, auch hier nehmen Wechselkursänderungserwartungen in Richtung auf die Parität mit zunehmender Paritätsabweichung des Wechselkurses (schwach) überproportional zu. Darüberhinaus ist festzustellen, daß die Bedeutung von Nichtlinearitäten und die absolute Steigung der Zinsdifferenzenfunktion für beide Währungen mit zunehmender Laufzeit abnimmt. Auch dies stimmt mit den theoretischen

---

Koeffizienten für die Niederlande, die eine entsprechend stärkere mean reversion indizieren.

142

Ergebnissen überein.[105]

Das der in den Diagrammen gezeigte Zusammenhang so eng ist, resultiert natürlich daraus, daß in den Regressionen (2) der Zielzonenwechselkurs die alleinige Erklärungsvariable für Wechselkursänderungserwartungen ist. Verwendet man die erweiterten Schätzungen (3), so resultiert insbesondere für Frankreich ein loserer Zusammenhang zwischen den Wechselkursänderungserwartungen im Band und der Paritätsabweichung des Wechselkurses. Dies ist bei Frankreich wiederum auf den Einfluß des post-Realignment Zeittrends zurückzuführen. An der Grundtendenz des empirischen Funktionsverlaufs ändert sich jedoch nichts. Insbesondere bei den Niederlanden bleibt der (nichtlineare) Funktionsverlauf unverändert deutlich. Dies unterstreicht den dominanten Einfluß der Wechselkursposition auf die Wechselkursänderungserwartungen.

Die wesentlichen Aussagen des Bertola/Svensson-Modells scheinen sich also empirisch bestätigen zu lassen. Der gerade im Falle der Niederlande theoriegemäße Verlauf der empirischen Funktionen stimmt demgemäß zunächst erfreulich. Bei näherer Betrachtung werden hierdurch aber auch zusätzliche Fragen aufgeworfen. Blickt man auf Abbildung 4.11 zurück, so zeigen die Diagramme für die Niederlande nicht nur einen 'idealen' Funktionsverlauf, sondern auch deutliche Abweichungen zwischen bereinigten und unbereinigten Zinsdifferentialen. Im Bertola/Svensson-Modell lassen sich diese Abweichungen (nur) durch realignmentbedingte Wechselkursänderungserwartungen erklären. Warum aber sollten gerade bei einem stabilen EWS Partner wie den Niederlanden realignmentbedingte Wechselkursänderungserwartungen einen so großen Einfluß auf den 'wahren' Verlauf der empirischen Funktionen haben? Diese Frage läßt sich nicht durch das Modell beantworten und wird auch in der empirischen Literatur nicht diskutiert.[106]

Weiterhin läßt sich beobachten, daß das Ausmaß der Abweichung zwischen bereinigten und unbereinigten Zinsdifferentialen gerade bei den Niederlanden in Rich-

[105]Vgl. Svensson (1991c), S.98ff.

[106]Rose und Svensson (1991) und Weber (1992) konstruieren (mit unterschiedlichen Schätzansätzen) empirische Zinsdifferenzen-Wechselkursfunktionen, bei denen sich ebenfalls ein theoriegemäßer Verlauf ergibt. Das Problem der impliziten Realignmenterwartungen wird dabei aber nicht angesprochen. Auch die Betrachtung der besonders stabilen Teilperiode seit 1988 ändert nichts am Befund.

tung auf die Interventionspunkte zunimmt. Empirisch steigt also die Erwartung realignmentbedingter Wechselkursänderungen bei Annäherung an die Interventionspunkte. Für sich genommen impliziert dies ein Sinken der Regimeglaubwürdigkeit. Dies steht im Widerspruch zum zuvor festgestellten Stabilisierungseffekt der Zielzone und kann nicht modellkonsistent erklärt werden. Am Ende des nachfolgenden Abschnitts wird dieser Aspekt erneut aufgegriffen.

4.2.4 Glaubwürdigkeit von Wechselkurszielzonen – Eine erneute Betrachtung

Gegenstand dieses Abschnitts ist die erneute Analyse der Glaubwürdigkeit des EWS Wechselkursbandes der Deutschen Mark zum französischen Franc und zum holländischen Gulden mit Hilfe der Drift-Anpassungsmethode.

Wie bereits im Abschnitt 3.3.4 angedeutet, bietet die Drift-Anpassungsmethode Vorteile insbesondere bei der Analyse kürzerer Erwartungshorizonte. Dies wird deutlich, indem man Konfidenzintervalle anstelle von Punktschätzungen zukünftiger Wechselkurserwartungen respektive Realignmenterwartungen verwendet. Beim einfachen Glaubwürdigkeitstest wurden erwartete Wechselkurse unter Annahme der ungedeckten Zinsparitätenbedingung aus Zinsdifferentialen und Devisenkassakursen berechnet. Bei diesen Analysen ist die statistische Präzision der damit implizit geschätzten Realignmenterwartungen unbekannt. Beim einfachen Glaubwürdigkeitstest ließe sich nur ein 100 Prozent Konfidenzintervall konstruieren. Dazu wären Punktschätzungen zukünftiger Wechselkurse um die momentanen, maximalen Änderungsraten der Inlandswährung im bestehenden Band nach oben und unten zu korrigieren. Mit

$$(x_{min} - x_t)/\tau \leq \mathrm{E}_t[\Delta x_{t+\tau} \mid \text{kein Realignment}]/\tau \leq (x_{max} - x_t)/\tau \qquad (4.59)$$

ließe sich so für realignmentbedingte Wechselkursänderungsraten aus

$$\delta_t^\tau - (x_{max} - x_t)/\tau \leq r_t^\tau \leq \delta_t^\tau - (x_{min} - x_t)/\tau \qquad (4.60)$$

ein 100 Prozent Konfidenzintervall berechnen.

144

Der Nachteil dieser Vorgehensweise wird deutlich, wenn kürzere Zeithorizonte analysiert werden. Die sich ergebenden, maximalen (annualisierten) Änderungsraten im Band sind relativ groß und implizieren ein entsprechend breites Konfidenzintervall.[107] Der Aussagewert für die Erwartungen über die Aufrechterhaltbarkeit des Wechselkursregimes ist relativ gering. Demgegenüber ist auf Grundlage der Drift-Anpassungsmethode die Konstruktion von Konfidenzintervallen mit beliebiger statistischer Signifikanz möglich.[108]

Darüberhinaus ergibt sich die Notwendigkeit zur Berücksichtigung von Wechselkursänderungserwartungen im bestehenden Band daraus, daß ihr empirisches Ausmaß häufig dem der Zinsdifferenzen entspricht. Dies gilt insbesondere bei Zeiträumen bis zu einem Jahr.[109] Abbildung 4.12 zeigt Monatsdurchschnittswerte der geschätzten (annualisierten) Wechselkursänderungserwartungen im Band und der zugehörigen durchschnittlichen Zinsdifferenzen für eine Laufzeit von sechs Monaten. Den geschätzten Wechselkursänderungserwartungen liegen die unbeschränkten Regressionen (3) in Tabelle 4.3 zugrunde. Gezeigt werden die Phasen der engen Währungsbänder. Die Abbildung verdeutlicht, daß der Umfang von Wechselkursänderungserwartungen im Band dem Umfang der Zinsdifferenzen bei diesen Laufzeiten durchaus entspricht. Deshalb wäre die Verwendung der (unbereinigten) Zinsdifferenzen für derartige Zeiträume ein ungeeigneter Indikator der Glaubwürdigkeit des Wechselkursbandes. Das erhebliche Ausmaß der Wechselkursänderungserwartungen im Band ist eine Folge der mean reversion Eigenschaft des Zielzonenwechselkurses. Würden Zielzonenwechselkurse einfach nur einem Martingal folgen,[110] so wären die Wechselkursänderungserwartungen im Band gleich Null und eine Adjustierung der

---

[107]Vgl. hierzu beispielsweise die Darstellungen bei Caramazza (1993), S.574.

[108]Hierzu sind die Schätzungen der Wechselkursänderungserwartungen im Band im gewünschten Ausmaß mit Hilfe der Standardabweichung der jeweiligen Schätzung zu korrigieren. Relativ üblich – und auch den nachfolgenden Untersuchungen zugrundegelegt – ist die Verwendung eines 95 Prozent Konfidenzintervalls, bei dem der 'wahre' Wert mit 95 prozentiger Wahrscheinlichkeit durch das berechnete Intervall überdeckt wird. Dazu wird um die Schätzwerte von Δx beim gegebenen Stichprobenumfang unter der Normalverteilungsannahme ein Intervall von ±1.96 Standardabweichungen gebildet.

[109]Vgl. auch Svensson (1992a) und Svensson (1993).

[110]Zum Begriff des Martingals vgl. Anhang A im Kapitel 3, Seite 84.

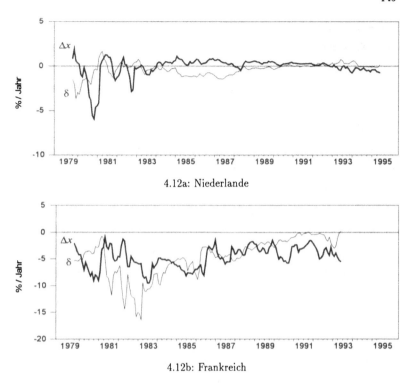

4.12a: Niederlande

4.12b: Frankreich

Abbildung 4.12: Wechselkursänderungserwartungen im Band und Zinsdifferenzen (Sechsmonatshorizont)

Zinsdifferenzen überflüssig.[111]

Ein Vorteil, den die Drift-Anpassungsmethode mit dem einfachen Glaubwürdigkeitstest gemeinsam hat, ist ihre Unabhängigkeit vom Hintergrund einer speziellen Wechselkurstheorie. Schätzungen von Wechselkursänderungsraten im bestehenden Band auf Grundlage von (4.53) bedürfen keiner bestimmten Wechselkurstheorie und sind unabhängig von Exogenitätsüberlegungen in bezug auf Wechselkurserwartungen.[112] Für die Berechnung der realignmentbedingten Wechselkursänderungsraten mit Hilfe einer Schätzung für Δx bedarf es ausschließlich des Zwischengliedes der ungedeckten Zinsparitätenbedingung.

Im Laufe der Arbeit wurde schon mehrmals darauf hingewiesen, daß die empi-

---

[111]Vgl. Svensson (1993) und Frankel und Phillips (1991).

[112]Vgl. Svensson (1992a).

rische Evidenz der ungedeckten Zinsparitätenbedingung bei flexiblen Wechselkursen meist negativ ausfällt.[113] Im Zusammenhang mit Wechselkurszielzonen finden sich demgegenüber einige Hinweise, die die ungedeckte Zinsparität zumindest bei kürzeren Laufzeiten bestätigen,[114] wenn auch der Versuch in der vorliegenden Arbeit mißlang.[115] Ein häufig geäußerter theoretischer Einwand betrifft die Existenz von Risikoprämien im Falle der Risikoaversion von Devisenmarktakteuren.[116] Sollten Risikoprämien tatsächlich nicht vernachlässigbar sein, hätte dies zur Folge, daß die geschätzten realignmentbedingten Wechselkursänderungserwartungen in Wirklichkeit die Summe von realignmentbedingter Wechselkursänderungserwartung und Risikoprämie wären.[117] Hätte man eine Vorstellung über das empirische Ausmaß der Risikoprämie, so ließe sich leicht eine Korrektur des Schätzergebnisses vornehmen. Alternativ könnten die Konfidenzintervalle der erwarteten realignmentbedingten Wechselkursänderungsrate um das vermutete prozentuale Ausmaß möglicher Risikoprämien erweitert werden.[118]

Abbildung 4.13 zeigt für die Niederlande und Frankreich 95 Prozent Konfidenzintervalle der erwarteten realignmentbedingten Wechselkursänderungen im Zeitraum von 1979 bis 1995. Gezeigt sind (annualisierte) Änderungsraten für den Sechsmonatshorizont auf Grundlage der unbeschränkten Regressionen (3) in Tabelle 4.3.[119] Die vertikalen Linien markieren zum einen die Realignments der betrachteten Währung und zum anderen die beiden EWS-Krisen im September 1992 und Juli/August 1993.

Während sich das Realignment des holländischen Gulden im März 1983 nicht frühzeitig in entsprechenden Markterwartungen zeigte, finden sich bei Frankreich oft mit deutlichem zeitlichen Vorlauf Realignmenterwartungen, die sich daran ab-

---

[113]Vgl. hierzu auch Froot und Thaler (1990) und Hodrick (1987).

[114]Vgl. Flood et al. (1991), Svensson (1992b) und Thomas (1994).

[115]Vgl. Fußnote 94 auf Seite 135 oben.

[116]Alternativ ließen sich Erwartungsirrtümer als Ursache des (empirischen) Versagens der ungedeckten Zinsparitätenhypothese anführen (vgl. Froot und Thaler (1990)).

[117]Die um eine Risikoprämie π erweiterte ungedeckte Zinsparitätenbedingung $\delta = \mathrm{E}[ds]/dt + \pi$ läßt sich mit $\mathrm{E}[ds]/dt = r + \mathrm{E}[dx]/dt$ in $r + \pi = \delta - \mathrm{E}[dx]/dt$ umformen. Anstelle von (4.53) resultiert folglich $\delta - \Delta \hat{x} = \hat{r} + \hat{\pi}$.

[118]Vgl. Lindberg et al. (1993) und Svensson (1993).

[119]Die oberen und unteren Intervallgrenzen von r werden aus (4.58) $\hat{r}_t^\tau = \delta_t^\tau - \Delta \hat{x}_{t+\tau}$ berechnet, indem $\Delta \hat{x}$ um ± 1.96 Standardabweichungen modifiziert wird.

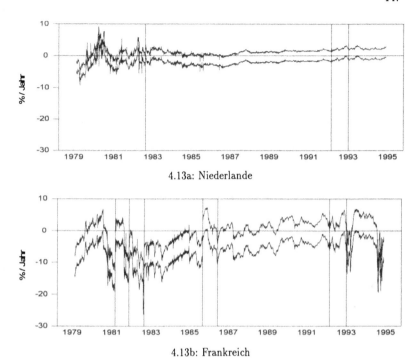

4.13a: Niederlande

4.13b: Frankreich

Abbildung 4.13: Realignmentbedingte Wechselkursänderungserwartungen

Die Abbildungen zeigen 95 Prozent Konfidenzintervalle für realignmentbedingte Wechselkursänderungserwartungen

lesen lassen, daß das Konfidenzintervall vollständig unterhalb der Nullinie verläuft.

In einer solchen Situation erwarten die Marktteilnehmer mit 95 prozentiger Wahrscheinlichkeit eine realignmentbedingte relative Wechselkursänderung und folglich mit derselben Wahrscheinlichkeit ein Realignment.[120] Nach erfolgten Realignments ist zumeist eine deutliche Annäherung des Konfidenzbandes an die Nullinie oder

---

[120]Um eine Vorstellung davon zu vermitteln, wie die realignmentbedingte Wechselkursänderungserwartung r zu interpretieren ist, sei daran erinnert, daß nach (4.22) r dem Produkt aus Wahrscheinlichkeitsintensität p und erwartetem Umfang der (diskreten) Wechselkursänderung z zum Zeitpunkt eines Realignments entspricht. Im Zeitraum der engen EWS-Bänder betrug z bei Frankreich durchschnittlich -2.5% und r durchschnittlich -3.6%/Jahr. Wird p als konstant unterstellt, so resultiert $p = (-3.6\%/\text{Jahr})/-2.5\% = 144\%$/Jahr, wobei sich die über einhundert Prozent aus der Bezugsbasis ergeben. Das Ergebnis ist so zu interpretieren, daß der erwartete Zeitraum bis zum nächsten Realignment im Durchschnitt $1/(144\%/\text{Jahr}) = 0.69$Jahre betrug. Vgl. auch Rose und Svensson (1991) und Svensson (1993).

sogar ihre Überdeckung festzustellen.

Für beide Währungen ist im Zeitablauf klar ein Glaubwürdigkeitsgewinn erkennbar. Seit 1988 läßt sich für die Niederlande die Hypothese einer erwarteten realignmentbedingten Wechselkursänderungsrate von Null auf dem 95 Prozentniveau nicht ablehnen. Damit ist implizit die Aussage verbunden, daß für die Niederlande seit 1988 kein Realignment mehr erwartet wurde. Bei Frankreich findet sich seit dem letzten Realignment des Franc im Januar 1987 ein deutlicher Glaubwürdigkeitsgewinn. Von 1990 bis zur EWS Krise im Sommer 1993 war auch für den Franc die Hypothese einer realignmentbedingten Wechselkursänderungsrate von Null nicht abzulehnen – das Wechselkursregime war 'perfekt' glaubwürdig.[121]

Auch für die meisten anderen EWS-Währungen ließ sich in den späten 80er Jahren und Anfang der 90er Jahre ein deutlicher Glaubwürdigkeitsgewinn – auch bei anderen Erwartungshorizonten – feststellen.[122] Erst als im Zusammenhang mit der Ratifizierung des Maastrichter Vertrages im Herbst 1992 Zweifel einsetzten, daß sich das EWS während einer langen Phase der Wechselkursstabilität bereits einem System unveränderter Paritäten – oder gar einer Währungsunion – genähert habe und die Märkte das Vertrauen in das bestehende Paritätengitter verloren, setzten wiederholt Spekulationswellen auf eine Neufestsetzung der Paritäten ein.[123] Die Bandbreitenerweiterung im August 1993 wird als Schlußpunkt dieser Entwicklung gesehen. Offiziell wurde das Nachgeben auf das Drängen der Märkte mit (kumulierten) fundamentalen Divergenzen begründet.[124] Der konsequente Folgeschritt einer Neufestsetzung der bilateralen Paritäten wurde jedoch nicht getan.

Mit dem Übergang zu den erweiterten Bandbreiten wird für Frankreich die In-

---

[121]Genaugenommen bis auf den 4.1.1993, an dem der Wert der oberen Grenze des Konfidenzintervalls -0.24 betrug.

[122]Vgl. Thomas (1994), Lindberg et al. (1993), Svensson (1993) sowie Frankel und Phillips (1991).

[123]Vgl. Deutsche Bundesbank (8/1993) und Zurlinden (1993). Häufig wurden auch generelle Zweifel am Zustandekommen der Europäischen Währungsunion für die Herbstkrise verantwortlich gemacht (vgl. Eichengreen und Wyplosz (1993) und Group of Ten (1993)).

[124]Vgl. Deutsche Bundesbank (8/1993) und im weiteren Sinne auch Branson (1994) und Tabellini (1994). In der 'Zielzonenterminologie' läßt sich die zuvor geduldete Erweiterung des Fundamentalfaktorbandes durchaus als honeymoon effect interpretieren, der angesichts des offenkundigen Bemühens der EWS-Teilnehmer, den Paritäten Glaubwürdigkeit zu verleihen, realisierbar gewesen ist.

terpretation erschwert, zumal bei Bandbreiten von ±15% der zu erwartende, stabilisierende (mean reversion) Effekt gering ausfallen dürfte.[125] Die bei der Schätzung
vorgenommene Unterstellung eines bezüglich der Koeffizienten der Variablen konstanten Prozeßcharakters stößt hier sicherlich an ihre Grenzen. Dennoch scheint meines Erachtens einiges dafür zu sprechen, in der Nullinienüberdeckung des Zeitraums
Januar 1994 bis Februar 1995 eine deutliche Stabilisierung der Markterwartungen
nach den Turbulenzen im Sommer 1993 zu sehen. Da dies bei unveränderten Paritäten stattfand, bleibt (zumindest im Falle Frankreichs) zu fragen, inwieweit diese
Turbulenzen tatsächlich aus der rationalen Bewertung aufgelaufener fundamentaler
Divergenzen erklärbar gewesen sind.[126]

Gegen eine ausschließlich fundamentale Verursachung spricht auch, daß die EWS-
Krisen nicht frühzeitig an entsprechenden Realignmenterwartungen erkennbar wurden. Abbildung 4.14 zeigt realignmentbedingte Wechselkursänderungserwartungen
für Frankreich im Zeitraum Januar 1990 bis Dezember 1993. Gezeigt sind 95 Prozent
Konfidenzintervalle der (annualisierten) Änderungsraten bei einem Erwartungshorizont von sechs Monaten ($\tau=130$) und bei einem Erwartungshorizont von einer Woche ($\tau=5$). Die vertikalen Linien markieren die EWS-Krisen im September 1992 und
Juli/August 1993. Da das Bestimmtheitsmaß der Schätzung der Wechselkursänderungserwartungen im Band bei einem Erwartungshorizont von einer Woche sehr
gering ist[127] und die Raten annualisiert sind, ist das Konfidenzintervall für den Einwochenhorizont erheblich breiter. Es zeigt sich ein ausgesprochen hohes Maß an
Synchronizität im zeitlichen Verlauf beider Intervalle und insbesondere, daß erst
kurz vor Ausbruch der Krisen eine deutliche Veränderung der realignmentbedingten

---

[125]Vgl. hierzu auch Abbildung 3.2 im Abschnitt 3.2.3, Seite 48.

[126]Vgl. auch Rose und Svensson (1994) und generell Deutsche Bundesbank (1995), S.100. Bei
Belgien und Dänemark, deren Währungen im Zuge der EWS-Krisen kräftigen Attacken ausgesetzt
waren, zeigte sich nach Erweiterung der Bandbreiten eine schnelle Beruhigung des Devisenmarktgeschehens, obwohl nur relativ kleine Wechselkursänderungen erfolgten (vgl. Obstfeld und Rogoff
(1995)). Seit Anfang 1994 befindet sich der belgische Franc in einem sehr engen Bereich von ±0.5%
um den bilateralen Leitkurs zur Deutschen Mark und auch der Wechselkurs der dänischen Krone
bewegte sich überwiegend eng unterhalb des ursprünglichen Bandes zur Deutschen Mark, in das er
dann im Juli 1995 zurückkehrte (vgl. hierzu auch Deutsche Bundesbank (1995), S.99 und (1996b),
S.103).

[127]Dies kommt in den R^2 und $\hat{\sigma}$ Werten der Tabellen 4.2 und 4.3, Seite 132f., zum Ausdruck.

150

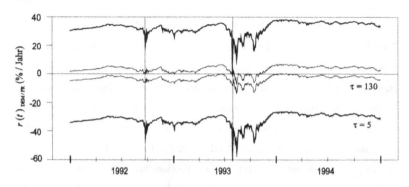

Abbildung 4.14: Realignmenterwartungen im Zuge der EWS-Krisen

Die Abbildung zeigt, daß selbst die Devisenmarktakteure im Falle Frankreichs von den Krisen im Herbst 1992 und Sommer 1993 'überrascht' wurden. Deutliche Veränderungen der realignment-bedingten Wechselkursänderungserwartungen werden erst relativ kurz vor Ausbruch der Krisen sichtbar. Und die Synchronizität im Verlauf beider Konfidenzintervalle läßt erkennen, daß sich die veränderte Einschätzung gleichzeitig in allen Erwartungshorizonten niederschlug.

Wechselkursänderungserwartungen feststellbar ist. Dies ist ein Indiz dafür, daß die Devisenmarktakteure selbst von der Plötzlichkeit und dem Ausmaß der Attacken auf das Wechselkursregime des Franc 'überrascht' waren und deutet auf selbsterfüllende Erwartungselemente hin.[128]

Auf der anderen Seite ist natürlich zu berücksichtigen, daß auch bei freien Wechselkursen längerfristige Abweichungen von fundamental begründbaren Währungsrelationen möglich sind, ohne das sich dies in entsprechenden Erwartungen (oder Terminkursen) niederschlägt. Tabellini (1994) verweist darauf, daß gerade die hohe Stabilität des EWS in den Vorkrisenjahren eine rationale Erwartung von Realignments nur bei sehr starken spekulativen Attacken zuließ.[129] Solche Attacken bedürfen aber des koordinierten Handelns vieler Investoren. Da die monetären Autoritäten die Verteidigung der Paritäten in den Jahren 1987 bis 1992 sehr ernst genommen haben, mußte sich neben fundamentale misalignments also auch die Vorstellung gesellen, daß genug Investoren bereit wären, eine spekulative Attacke zu unterstützen.[130] Unter diesen Umständen zeigen sich immanente Wechselkurskrisen nicht frühzeitig in entsprechenden Wechselkurserwartungen.[131] Meines Erachtens hinterläßt die-

---

[128]Vgl. auch Obstfeld und Rogoff (1995), Zurlinden (1993) und Group of Ten (1993).

[129]Vgl. Tabellini (1994), S.1222.

[130]Eine Implikation des 'honeymoon' Arguments für Wechselkurszielzonen.

[131]Vgl. ebenda und in diesem Sinne auch Branson (1994).

se Argumentation jedoch noch Erklärungsbedarf für die relativ schnelle Erholung
der Wechselkurse wichtiger EWS-Partnerwährungen. Insbesondere bei der Krise im
Sommer 1993 bleiben Zweifel an einer fundamentalorientierten Argumentation.[132]

Natürlich haben Glaubwürdigkeitsanalysen im engeren Sinne für das EWS seit
den Bandbreitenerweiterungen eher historischen Wert. Sie dienen vor allem der
Überprüfung kritischer Annahmen bei der empirischen Analyse von Zielzonenmodellen. Dennoch stellt die Drift-Anpassungsmethode ein generelles Werkzeug bereit, mit dem sich bei beliebiger statistischer Signifikanz Konfidenzintervalle für
zukünftige Wechselkurserwartungen konstruieren lassen. Sie kann also dazu beitragen, 'marktverträgliche' (erwartungskonsistente) Wechselkursbänder zu konzipieren
– wenn auch bei breiten Zielzonen mean reversion eine geringere Rolle spielen dürfte. Bei gleichzeitiger Berücksichtigung einer Reihe von Laufzeiten könnte die Drift-
Anpassungsmethode folglich als Informationsgrundlage bei der Verengung vorhandener Wechselkursbänder oder der Korrektur von bilateralen Leitkursen dienen. Mit
ihrer Unterstützung ließen sich darüberhinaus (ex post) Austauschkurse festlegen,
die vom Markt als gerechtfertigt angesehen werden. Dies bietet meines Erachtens
wertvolle Entscheidungshilfen mit Blick auf die europäische Währungsintegration,
und die anstehende Problematik der währungspolitischen Ankopplung potentieller Teilnehmerländer, die durch die Hürde der Konvergenzkriterien nicht zu den
Gründungsmitgliedern einer Europäischen Währungsunion gehören werden.

Abschließend soll noch untersucht werden, inwieweit der empirische Prozeß der
realignmentbedingten Wechselkursänderungserwartung konsistent mit der im Berto-
la/Svensson-Modell getroffenen Annahme einer Brown'schen Bewegung ist. Hierzu
werden für sämtliche Schätzungen der Wechselkursänderungserwartungen im Band
die entsprechenden $r(t)$ Reihen konstruiert. Zusätzlich werden Reihen geschaffen,
bei denen die Regimekonstanten identisch gleich Null gesetzt sind. Damit soll überprüft werden, ob die variierenden Achsenabschnitte Einfluß auf die Hypothesentests
haben. Insgesamt werden also bei 24 Schätzreihen für realignmentbedingte Wechselkursänderungsraten unit root Stationaritätstests durchgeführt. Tabelle 4.4 zeigt

---

[132]Vgl. auch Kregel (1994) und Frankel (1996). Frankel bestreitet eindeutig eine fundamentale Verursachung der spekulativen Attacken gegen den französischen Franc, wohingegen die 92er
Attacken gegen das englische Pfund und die italienische Lira fundamental gerechtfertigt gewesen
seien.

152

Tabelle 4.4: Erweiterter Dickey-Fuller unit root Test für realignmentbedingte Wechselkursänderungserwartungen (Fünf Lags)

Schätzansatz[a]	Sechsmonatshorizont			Einwochenhorizont		
	(1)	(2)	(3)	(1)	(2)	(3)
	mit Regimedummies					
DEM/NLG	***	***	***	***	***	***
DEM/FR	***	***	***	ooo	***	***
	ohne Regimedummies[b]					
DEM/NLG	***	***	***	***	***	***
DEM/FR	***	***	***	ooo	***	**

Die *** (ooo) indizieren die Signifikanz des erweiterten Dickey-Fuller Tests bei Ablehnung einer unit root in den Niveaus (ersten Differenzen) der realignmentbedingten
Wechselkursänderungserwartungen auf dem Zehn- (*), Fünf- (**) und Ein- (***) Prozentniveau. Grundlage sind $T(\hat{\rho}_T - 1)$ Statistiken.
[a] Die der Konstruktion von r zugrundeliegenden Schätzungen der erwarteten Wechselkursänderungsraten im Band sind in den Tabellen 4.2 und 4.3 zu finden.
[b] Um zu überprüfen, inwieweit variierende Achsenabschnitte zur Ablehnung der unit
root Hypothese beitragen, wurden zusätzlich Reihen für r konstruiert, bei denen die
Regimekonstanten identisch gleich Null gesetzt sind.

die Ergebnisse. Es stellt sich heraus, daß bei fast allen Reihen die Ablehnung einer
unit root auf dem Einprozentniveau möglich ist. Nur im Falle Frankreichs finden
sich zwei Ausnahmen. Erstens führt beim Einwochenhorizont und Verwendung der
Schätzung (3) die Vernachlässigung der Achsenabschnitte zur Senkung des Signifi-
kanzniveaus. Zweitens läßt sich bei Betrachtung des Einwochenhorizonts für Wechselkursänderungserwartungen und Verwendung des linearen Schätzansatzes (1) die
Hypothese einer unit root nicht ablehnen.

Die Analyse der ersten Differenzen zeigt, daß die beiden insignifikanten Reihen
differenzenstationär sind. Um zu überprüfen, ob bei ihnen ein random walk vorliegt,
wurde mit Hilfe des Ljung-Box Q Tests überprüft, ob die Residuen der differenzier-
ten Reihen 'white noise' sind. Die Statistiken zeigen eindeutig, daß die Differenzen
stark autokorreliert sind und die Hypothese einer linearen Unabhängigkeit nicht aufrechtzuerhalten ist.[133] Die Annahme eines einfachen random walk für empirische,

---

[133]Die Ljung-Box Q-Statistiken für die ersten zweiundzwanzig Lags ($\tau = 22$ entspricht ungefähr
einem Monat) sind $Q(22) = 693.70$ (0.00) bei Berücksichtigung der Achsenabschnitte und $Q(22) =$
680.53 (0.00) bei Vernachlässigung der Achsenabschnitte (marginale Signifikanz in Klammern).
Wenn auch bei Heteroskedastie der Residuen Q-Tests vorsichtig zu interpretieren sind (vgl. Hodrick
(1987), S.153), so scheint doch angesichts der hohen Signifikanz der Statistiken die Schlußfolgerung

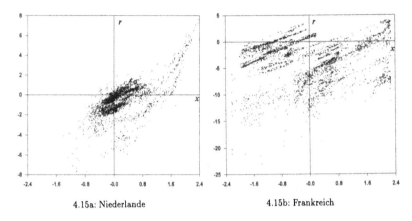

4.15a: Niederlande 4.15b: Frankreich

Abbildung 4.15: Empirischer Zusammenhang zwischen Paritätsabweichung des Zielzonenwechselkurses und realignmentbedingten Wechselkursänderungserwartungen

realignmentbedingte Wechselkursänderungserwartungen ist folglich abzulehnen.[134] Dies führt zu der Schlußfolgerung, daß empirisch weitere Einflußgrößen für Realignmenterwartungen relevant sind, die im Modellansatz von Bertola und Svensson vernachlässigt sind.

Dieses Ergebnis wird auch bestätigt, wenn man den Zusammenhang zwischen realignmentbedingten Wechselkursänderungserwartungen und der Paritätsabweichung des Zielzonenwechselkurses untersucht. Selbst bei unterschiedlichen Formen der Korrektur um positive Autokorrelation der Residuen zeigen lineare Regressionen von r auf x einen signifikanten positiven Zusammenhang zwischen beiden Größen. Der einfache Korrelationskoeffizient zwischen r und x beträgt für den Zeitraum der engen EWS-Bänder im Falle Frankreichs 0.05 und im Falle der Niederlande 0.65. Die Streudiagramme in Abbildung 4.15 bestätigen für diese Zeiträume, daß gerade bei den Niederlanden ein relativ deutlicher, positiver Zusammenhang zwischen der Wechselkursposition im Band und den realignmentbedingten Wechselkursänderungserwartungen besteht. Dieser Zusammenhang, der mitverantwortlich für den theoriegemäßen Verlauf der Zielzonenwechselkurs- und Zinsdifferenzenfunktionen im vor-

---

der Autokorrelation höherer Ordnung gerechtfertigt.

[134]Demgegenüber finden Rose und Svensson (1991) beim französischen Franc und einem Erwartungshorizont von einem Monat Evidenz für die Bertola/Svensson-Annahme (vgl. ebenda, S.14).

154

angegangenen Abschnitt war, stellt nicht bloß einen Widerspruch zur Annahme des Bertola-Svensson Modells dar. Er steht darüber hinaus im Widerspruch zum modelltheoretischen 'Stabilisierungseffekt' einer Zielzone.[135]

Es läßt sich nicht modellkonsistent erklären, warum bei einem relativ stabilen und glaubwürdigen EWS-Partner Paritätsabweichungen des Wechselkurses zu gleichgerichteten Realignmenterwartungen führen, zumal in Abbildung 4.11 deutlich wurde, daß bei Paritätsabweichungen des niederländischen Wechselkurses gleichzeitig besonders starke Erwartungen einer Rückkehr zur Parität entstehen. Erklärbar würden solche Effekte allerdings, wenn man zusätzlich unterstellte, daß gerade bei einem glaubwürdigen Partnerland stärkere und anhaltende Paritätsabweichungen Realignmenterwartungen auslösen. Dies erforderte die Endogenisierung von Realignmenterwartungen als abhängig von der im-Band-Position des Wechselkurses.[136] Realignmenterwartungen könnten darüberhinaus unter dem Blickwinkel der Glaubwürdigkeit des Wechselkursregimes mit auf der Wechselkursgeschichte basierenden Lerneffekten in Verbindung gebracht werden.[137] Für die realistischere Modellierung von Realignmenterwartungen besteht also noch weiterer Forschungsbedarf.

4.3   Kritische Zusammenfassung

Imperfekte Glaubwürdigkeit eines Zielzonenregimes kann verschiedene Ursachen haben. Eine Ursache kann darin liegen, daß die Devisenmarktakteure im Zweifel darüber sind, wie ernsthaft die monetäten Autoritäten zur Verteidigung des Wechelkursregimes bereit sind. Die Erweiterung der Analyse auf eine mangelhaft glaubwürdige Interventionsverpflichtung ist bereits in Krugman (1991) zu finden. Die vom Markt vermuteten Wahrscheinlichkeiten der Verteidigung des Wechselkursregimes werden dabei als konstant und modellexogen angenommen. Dadurch resultieren aus dieser Modellerweiterung keine wesentlichen Modifikationen. Die Gleichgewichtsfunktion

---

[135]Zu einem ähnlichen Ergebnis kommen auch Chen und Giovannini (1994), S.130ff.

[136]Hier könnten Ansätze in der Art von Bertola und Caballero (1992a) oder Miller und Weller (1989) als Ausgangspunkt dienen.

[137]Als grundlegende Arbeit in dieser Richtung sei auf Klein und Lewis (1993) hingewiesen. Auch Labhard und Wyplosz (1996) zeigen empirisch, daß die Regimeglaubwürdigkeit von der Stabilitätsgeschichte der Wechselkursentwicklung abhängt.

des Zielzonenwechselkurses verläuft steiler als im Krugmanschen Grundmodell bei vollkommener Glaubwürdigkeit der Zielzone, und das smooth pasting an die Interventionspunkte geht verloren.

Eine andere Ursache imperfekter Glaubwürdigkeit der Zielzone können Zweifel an der Aufrechterhaltbarkeit des Wechselkurssystems sein, die in unzureichenden Beständen an Währungsreserven begründet sind. Wenn Reservenbestände kritisch niedrige Niveaus erreichen, kann eine spekulative Attacke auf die Zielzone ausgelöst werden, in deren Verlauf das Zielzonensystem kollabiert und der Kurs der Währung freigegeben wird. Begrenzte Reserven können daher ebenfalls zur Abschwächung des honeymoon effects führen, da unter diesen Umständen die Erwartung gedämpft wird, daß eine Annäherung an die Interventionspunkte (langfristig) eine Rückkehr zur Parität impliziert. Die Analyse zeigt auch, daß der Zugang zu Devisenkrediten eine wichtige Rolle spielen kann. Allerdings darf dieser Aspekt nicht darüber hinwegtäuschen, daß die zentrale Voraussetzung für die (Über-) Lebensfähigkeit eines Zielzonensystems die makroökonomische Konvergenz der Partnerländer ist.

Imperfekte Glaubwürdigkeit kann auch aus möglichen Paritätsanpassungen resultieren, die erforderlich werden können, wenn die bestehende Zielzone fundamental nicht mehr zu rechtfertigen ist. In der Vergangenheit des EWS ist es immer wieder zu solchen Anpassungen der bilateralen Paritäten gekommen. In den vorangegangenen Abschnitten wurde gezeigt, daß Paritätsveränderungen von den Devisenmarktteilnehmern antizipiert werden. Insofern ist es notwendig, Wechselkursänderungerwartungen, die im Zusammenhang mit Realignments stehen, in der Analyse zu berücksichtigen. Dabei scheint es wenig sinnvoll, Realignmentmöglichkeiten erst beim Erreichen der Interventionspunkte einzubeziehen, obschon unter dieser Annahme durchgeführte Analysen erhebliche Modifikationen des Zielzonenmodells nach sich ziehen.[138] Als Ausgangspunkt für die Analyse wurde deshalb der Ansatz von Bertola und Svensson gewählt, Realignmentrisiken zeitvariabel zu modellieren.[139]

Der Einbezug zeitvariabler Realignmentrisiken bedeutet, daß Wechselkursänderungserwartungen nunmehr auf zwei Komponenten zurückzuführen sind: Wechselkursänderungserwartungen im bestehenden Wechselkursband sowie erwartete Pa-

---

[138]Vgl. Bertola und Caballero (1992a) und (1992b).

[139]Vgl. dieselben (1993).

156

ritätsanpassungen und damit verbundene 'Wechselkurssprünge'. Der im Krugman Modell implizierte Zusammenhang zwischen internationalen Zinsdifferenzen und Wechselkursen wird dadurch aufgelöst.

Das Bertola/Svensson-Modell begründet gleichzeitig einen Ansatz zur empirischen Spezifikation von Wechselkursänderungserwartungen im bestehenden Band: die Drift-Anpassungsmethode. Mit ihrer Hilfe wurden eine Reihe empirischer Untersuchungen der Modellaussagen anhand des Wechselkurses der Deutschen Mark zum holländischen Gulden und zum französischen Franc durchgeführt. Dabei konnte ein Großteil der Modellaussagen bestätigt werden, wenn auch das vom Modell vorhergesagte smooth pasting des Zielzonenwechselkurses im Falle Frankreichs nicht zu beobachten war.[140] Es zeigte sich auch, daß der größte Teil internationaler Zinsdifferenzen erklärbar ist durch erwartete Wechselkursänderungen im Band und nicht durch Realignmenterwartungen. Solange Wechselkursänderungserwartungen im Band nicht vernachlässigbar sind, ist die Zinsdifferenz allein ein irreführender Indikator für erwartete Realignments.

Auf der einen Seite zeigt das Bertola-Svensson Modell damit, welche Bedeutung zeitvariablen Realignmentrisiken zukommt. Auf der anderen Seite zeigt aber gerade dieser enorme Einfluß zeitvariabler Realignmentrisiken, wie wenig adäquat die ursprüngliche, naive Version des Zielzonenmodells gewesen ist.

Die empirischen Untersuchungen werfen allerdings auch Fragen auf, die sich im Rahmen des Modells nicht beantworten lassen. Die theoriegemäßen Ergebnisse im Falle der Niederlande implizieren nämlich Realignmenterwartungen, die positiv mit der Paritätsabweichung des Wechselkurses korreliert sind. Dies widerspricht der Kernaussage vom Stabilisierungsgewinn einer Zielzone, wie sie in der ursprünglichen Zielzonentheorie begründet wird. Vor dem Hintergrund der mangelnden Bestätigung des Grundmodells in den empirischen Untersuchungen des Abschnitts 3.3 steht außerdem zu fragen, warum gerade bei einem vorbildlich stabilen EWS-Partner Deutschlands durch Wechselkursänderungserwartungen im Zusammenhang mit Realignments die empirischen Ergebnisse so 'theoriegemäß' modifiziert werden.

---

[140]Im nächsten Kapitel wird gezeigt, daß intramarginale Interventionen hierfür verantwortlich sein könnten.

Kapitel 5

Intramarginale Interventionen

In diesem Kapitel wird untersucht, welchen Einfluß die bisherige Modellannahme ausschließlich obligatorischer Interventionen beim Erreichen der Interventionspunkte auf die Modellergebnisse hat. In der Realität hat sich gezeigt, daß selbst in Zielzonensystemen mit wohldefinierten Interventionspunkten, wie dem EWS, im erheblichen Umfang intramarginale Interventionen durchgeführt werden. Obligatorische Interventionen haben demgegenüber eine quantitativ geringere Bedeutung. Einen Überblick über den Umfang obligatorischer und intramarginaler Käufe und Verkäufe Deutscher Mark im EWS vermittelt Tabelle 5.1.[1]

Bei intramarginalen Interventionen versuchen die Zentralbanken, den Wechselkurs in einem Zielbereich innerhalb des eigentlichen Wechselkursbandes zu halten – meist in der Nähe der Parität. Damit soll frühzeitig verhindert werden, daß der Wechselkurs die Interventionspunkte erreicht.[2]

Gelingt es den Zentralbanken, den Wechselkurs durch intramarginale Interventionen in einem Teilbereich der Zielzone zu halten, so würde sich dies natürlich in einer entsprechenden Häufigkeitsdichte der Wechselkursrealisationen niederschlagen. Damit bietet sich ein Erklärungsansatz für die im Abschnitt 3.3.1 festgestellte, hügelförmige Gestalt der empirischen Wechselkurshäufigkeitsdichten des holländi-

---

[1]Quantitative Übersichten bieten auch Bofinger (1991) und Giavazzi und Giovannini (1989). Delgado und Dumas (1992) bemessen den Anteil intramarginaler Interventionen im EWS auf 85%.

[2]Intramarginale Interventionen sind somit Ausdruck einer Politik des 'leaning against the wind' (vgl. auch Delgado und Dumas (1992)).

Tabelle 5.1: Deutsche Mark Interventionen im EWS (in Mrd. DEM)[*]

Zeitraum		Obligatorisch	Intramarginal	Insgesamt
1979[a]	Käufe	–	2.7	2.7
	Verkäufe	3.6	8.1	11.7
	Saldo	3.6	5.4	9.0
1980	Käufe	5.9	5.9	11.8
	Verkäufe	–	1.0	1.0
	Saldo	-5.9	-4.9	-10.8
1981	Käufe	2.3	8.1	10.4
	Verkäufe	17.3	12.8	30.1
	Saldo	15.0	4.7	19.7
1982	Käufe	–	9.4	9.4
	Verkäufe	3.0	12.8	15.8
	Saldo	3.0	3.4	6.4
1983	Käufe	16.7	19.1	35.8
	Verkäufe	8.3	12.9	21.2
	Saldo	-8.4	-6.2	-14.5
1984	Käufe	–	28.9	28.9
	Verkäufe	4.7	7.6	12.3
	Saldo	4.7	-21.4	-16.6
1985	Käufe	–	29.1	29.1
	Verkäufe	0.4	30.8	31.1
	Saldo	0.4	1.6	2.0
1986	Käufe	19.0	33.6	52.6
	Verkäufe	4.1	74.0	78.1
	Saldo	-14.8	40.4	25.5
1987	Käufe	–	47.8	47.8
	Verkäufe	15.0	61.7	76.8
	Saldo	15.0	13.9	28.9
1988	Käufe	–	26.8	26.8
	Verkäufe	–	16.3	16.3
	Saldo	–	-10.5	-10.5
1989	Käufe	–	20.4	20.4
	Verkäufe	5.0	8.6	13.6
	Saldo	5.0	-11.8	-6.8
1990	Käufe	1.5	32.5	34.1
	Verkäufe	–	12.3	12.3
	Saldo	-1.5	-20.2	-21.8
1991	Käufe	–	6.4	6.4
	Verkäufe	–	21.9	21.9
	Saldo	–	15.5	15.5
1992	Käufe	–	75.1	75.1
	Verkäufe	63.7	199.7	263.4
	Saldo	63.7	124.6	188.3
1993	Käufe	–	92.0	92.0
	Verkäufe	25.1	166.0	191.1
	Saldo	25.1	74.0	99.1
1994	Käufe	–	52.6	52.6
	Verkäufe	–	5.5	5.5
	Saldo	–	-47.1	-47.1

[*] Deutsche Mark Käufe und Verkäufe der am Wechselkursmechanismus beteiligten Notenbanken einschließlich der Bundesbank. Positive Salden zeigen Nettoverkäufe von DEM an, negative Salden Nettokäufe. [a] Ab Beginn des EWS am 13. März 1979.
Quelle: Deutsche Bundesbank (1991), S.65 und Deutsche Bundesbank (1995), S.101.

schen Gulden und des französischen Franc.[3] Im Abschnitt 4.2 wurde angemerkt, daß auch bei geeigneter Modellierung von Realignmentrisiken ein Großteil der Wahrscheinlichkeitsmasse der Wechselkursverteilung im inneren Bereich des Währungsbandes zu erwarten sei.[4] Dieses Ergebnis folgt allerdings nicht generell aus der Existenz von Realignmentrisiken.[5] Zudem scheint es gerade für den glaubwürdigen Wechselkurs der Deutschen Mark zum holländischen Gulden fragwürdig, die Wechselkurskonzentration im Inneren der Zielzone mit ausgeprägten Realignmentrisiken begründen zu wollen. Beetsma und van der Ploeg (1994) berichten, daß die Nederlandsche Bank im beträchtlichen Umfang intramarginale Interventionen durchgeführt hat, um den Kurs des Gulden in der Nähe der Parität zu halten.[6] Intramarginale Interventionen bieten von daher einen überzeugenderen Erklärungsansatz für die empirischen Häufigkeitsdichten von Zielzonenwechselkursen.[7]

Die in Abschnitt 5.1 darzustellende Erweiterung des Grundmodells einer Wechselkurszielzone um intramarginale Interventionen geht zurück auf Delgado und Dumas (1992).[8] Die Implikationen dieser Modellerweiterung für die Zinsdifferenzen-Wechselkurs-Beziehung werden in Abschnitt 5.2 gezeigt. Mit Hilfe einer stochastischen Simulation wird anschließend in Abschnitt 5.3 der Einfluß intramarginaler Interventionen auf die asymptotische Wechselkursverteilung untersucht. In Abschnitt 5.4 werden die Ergebnisse kritisch zusammengefaßt.

---

[3]Vgl. Abbildung 3.5 auf Seite 55.

[4]Vgl. Seite 107; entsprechende Modelle finden sich bei Miller und Weller (1989), Bertola und Caballero (1992a) und (1992b).

[5]Im Bertola/Svensson-Ansatz resultiert unverändert eine bimodale, asymptotische Dichtefunktion des Zielzonenwechselkurses (vgl. Bertola und Svensson (1993), S.711).

[6]Vgl. Beetsma und van der Ploeg (1994), S.589.

[7]Vgl. ebenda, S.584f.

[8]Weitere Ansätze zum Einbezug intramarginaler Interventionen finden sich bei Klein und Lewis (1993), Beetsma und van der Ploeg (1994) und Tristani (1994).

5.1 Wechselkurszielzonen und intramarginale Interventionen

Es wird wiederum angenommen, daß der natürliche Logarithmus des Wechselkurses zum Zeitpunkt t, $s(t)$, eine lineare Funktion des Skalars $f(t)$ der zusammengefaßten fundamentalen Wechselkursdeterminanten und seiner eigenen erwarteten unmittelbaren Änderungsrate $E_t[ds(t)]/dt$ multipliziert mit θ ist:

$$s(t) = f(t) + \theta E_t[ds(t)]/dt \quad . \tag{5.1}$$

Dabei bezeichnet θ die Elastizität des Wechselkurses bezüglich seiner eigenen erwarteten Änderungsrate.[9]

Die Analyse intramarginaler Interventionen läßt sich recht einfach in das Modell integrieren, indem für den Fundamentalfaktor mean reversion unterstellt wird.[10] Damit wird angenommen, daß bei Abweichungen des Wechselkurses von einem gegebenen Ziel- oder Normalwert intramarginale Interventionen erfolgen, deren Stärke proportional zu der die Wechselkursabweichung verursachenden Fundamentalfaktorabweichung ist.[11] Mit den Interventionen ändert sich die Geldbasis und folglich das Geldangebot, so daß sich Fundamentalfaktor und Wechselkurs wieder ihren langfristigen Normalwerten annähern.[12] Es wird also angenommen, daß das stochastische Differential von f gegeben ist durch

$$df(t) = \eta(f^l - f(t))dt + \sigma dW(t) + dU(t) - dO(t) \quad . \tag{5.2}$$

Hierbei sind η und σ positive skalare Konstanten, $dW(t)$ ist der Zuwachs eines Standard Wiener Prozesses und f^l ist das langfristige Normalniveau des zusammengefaßten Fundamentalfaktors. Mit $dU(t) - dO(t)$ werden wiederum Veränderungen des inländischen Geldangebots erfaßt, die aus (infinitesimalen) obligatorischen Interventionen beim Erreichen der Interventionspunkte resultieren. $dU(t) \geq 0$ bezeichnet

---

[9]Vgl. hierzu auch Fußnote 27 auf Seite 35.

[10]Vgl. hierzu und zum folgenden Anhang A im Kapitel 3, Seite 86f.

[11]Die mean reversion des Fundamentalfaktors ist also ausschließlich geldangebotsseitig bedingt. Für die Analyse geldnachfrageseitig bedingter mean reversion vgl. Delgado und Dumas (1992).

[12]Es werden ausschließlich nicht-sterilisierte Interventionen durchgeführt. Beim gegebenen Modellhintergrund sind sterilisierte Interventionen wirkungslos.

dabei interventionsbedingte Erhöhungen des Geldangebots beim Erreichen des unteren Interventionspunktes und $dO(t) \geq 0$ Geldmengenerhöhungen, die beim Erreichen des oberen Interventionspunktes induziert werden. Der Fundamentalfaktor folgt also einem regulierten Ornstein-Uhlenbeck Prozeß, und η ist die Geschwindigkeit, mit welcher der Prozeß zu seinem langfristigen Normalwert f^l zurückkehrt.

Unter der Annahme, daß $s(f)$ zweifach stetig differenzierbar ist, ergibt sich das totale Differential von s aus (5.1) wiederum als[13]

$$ds = s_f df + \frac{1}{2} s_{ff} (df)^2 \qquad (5.3)$$

wobei s_f und s_{ff} die ersten und zweiten partiellen Ableitungen von s nach f bezeichnen. Zur Erhöhung der Übersichtlichkeit ist hierbei die Zeitabhängigkeit der Variablen vernachlässigt.

Innerhalb der Wechselkurszielzone ist $dU = dO = 0$. Unter Berücksichtigung von (5.2) folgt somit

$$ds = s_f \left(\eta(f^l - f) + \sigma dW \right) + \frac{1}{2} s_{ff} \left(\eta(f^l - f) + \sigma dW \right)^2 \qquad (5.4)$$

was im mittleren quadratischen Sinne äquivalent ist zu

$$ds = s_f \left(\eta(f^l - f) + \sigma dW \right) + \frac{1}{2} s_{ff} \left(\eta(f^l - f)dt^2 + \sigma\eta(f^l - f)dt^{3/2} + \sigma^2 dt \right) \qquad (5.5)$$

Da für $dt \to 0$ Terme, in denen dt in höherer Ordnung als Eins vorkommt, schneller gegen Null gehen als dt selbst, vereinfacht sich (5.5) zu

$$ds = s_f \left(\eta(f^l - f)dt + \sigma dW \right) + \frac{1}{2} \sigma^2 s_{ff} dt . \qquad (5.6)$$

Mit $E_t[dW] = 0$ folgt für den Erwartungswert von ds

$$\begin{aligned} E_t[ds] &= \eta(f^l - f)s_f dt + \frac{1}{2}\sigma^2 s_{ff} dt \\ \Leftrightarrow \quad E_t[ds]/dt &= \eta(f^l - f)s_f + \frac{1}{2}\sigma^2 s_{ff} . \end{aligned} \qquad (5.7)$$

Eingesetzt in (5.1) resultiert schließlich die Differentialgleichung zweiter Ordnung

$$s(f) = f + \theta\eta(f^l - f)s_f + \theta\frac{\sigma^2}{2}s_{ff} . \qquad (5.8)$$

---

[13]Vgl. auch Seite 44.

162

Ihre allgemeine Lösung ist gegeben durch [14]

$$s(f) = \frac{f + f^l\eta\theta}{1 + \eta\theta} + C_1 M\left(\frac{1}{2\eta\theta}, 0.5, \frac{\eta(f^l - f)^2}{\sigma^2}\right)$$
$$+ C_2 M\left(\frac{1 + \eta\theta}{2\eta\theta}, 1.5, \frac{\eta(f^l - f)^2}{\sigma^2}\right) \frac{\sqrt{\eta}(f^l - f)}{\sigma}, \qquad (5.9)$$

wobei $M(\cdot, \cdot, \cdot)$ die Kummersche Funktion ist und C_1 und C_2 zwei Integrationskonstanten sind, die durch das Grenzverhalten der $s(f)$ Funktion zu bestimmen sind.[15]

Zur Erhöhung der Übersichtlichkeit und Vergleichbarkeit mit den Darstellungen der vorangegangenen Kapitel wird nachfolgend unterstellt, daß die Zielzone symmetrisch um den Wert Null liegt (was wiederum einer Normalisierung des nichtlogarithmierten Wechselkurses auf Eins entspricht). Des Weiteren wird angenommen, daß die Fundamentalfaktorgrenzen, die aus der zu bestimmenden Wechselkurszielzonenfunktion resultieren, im gleichen Abstand um den mean reversion Punkt f^l liegen. Die mean reversion des Zielzonenwechselkurses innerhalb des Wechselkursbandes ist also symmetrisch zur Zonenmitte. Dies impliziert, daß das Wechselkursziel (oder sein Normalwert) annahmegemäß die Parität ist. Das Modell gestattet es natürlich auch, beliebige nicht-symmetrische mean reversion Punkte und damit Wechselkursziele zu analysieren.[16] Der mathematische Aufwand steigt dabei jedoch beträchtlich. Solange angenommen wird, daß die in (5.2) unterstellte mean reversion des zusammengefaßten Fundamentalfaktors allein geldangebotsseitig, das heißt, durch intramarginale Interventionen bedingt ist, lassen sich unter der Symmetrieannahme jedoch durchaus allgemeingültige Ergebnisse herleiten.[17]

Die Symmetrieannahme bezüglich des mean reversion Punktes impliziert bei gleichzeitiger Normalisierung des Zielzonenwechselkurses, daß $f^l = 0$ ist, wodurch

---

[14]Vgl. auch Delgado und Dumas (1992), S.45. Die Autoren zeigen nicht die Herleitung der allgemeinen Lösung. Da sie nicht zum Lehrbuchstandard im Bereich der Differentialgleichungsalgebra gehört, wird sie im Anhang C schrittweise vorgeführt.

[15]Die Kummersche Funktion, auch als konfluente hypergeometrische Funktion bezeichnet, spielt vor allem in der Physik eine große Rolle. Definition, Eigenschaften und Näherungslösungen werden in Buchholz (1969) hergeleitet und sind in Slater (1964) kurz zusammengefaßt.

[16]Delgado und Dumas (1992) analysieren sowohl symmetrische als auch asymmetrische mean reversion des Zielzonenwechselkurses.

[17]Vgl. in diesem Zusammenhang auch Delgado und Dumas (1992), S.45f.

sich (5.9) vereinfacht zu

$$s(f) = \frac{f}{1+\eta\theta} + C_1\,M\left(\frac{1}{2\eta\theta},\,0.5,\,\frac{\eta f^2}{\sigma^2}\right)$$
$$- C_2\,M\left(\frac{1+\eta\theta}{2\eta\theta},\,1.5,\,\frac{\eta f^2}{\sigma^2}\right)\frac{\sqrt{\eta}f}{\sigma}\,. \tag{5.10}$$

Da der mittlere Term als einziger nicht-symmetrische Eigenschaften aufweist, muß unter den gegebenen Annahmen C_1 gleich Null sein.[18] Dadurch vereinfacht sich (5.10) weiter zu

$$s(f) = \frac{f}{1+\eta\theta} - C_2\,M\left(\frac{1+\eta\theta}{2\eta\theta},\,1.5,\,\frac{\eta f^2}{\sigma^2}\right)\frac{\sqrt{\eta}f}{\sigma}\,. \tag{5.11}$$

Der erste Term zeigt die Modellösung für ein System flexibler, aber kontrollierter Wechselkurse (managed Floating). Da η und θ positive Konstanten sind, ist $f/(1+\eta\theta) < f$, so daß die Gleichgewichtsfunktion beim managed Floating flacher verläuft als beim reinen Floating. Es zeigt sich also, daß Interventionen auch bei flexiblen Wechselkursen einen honeymoon effect bewirken. Wenn die Devisenmarktakteure wissen, daß die Zentralbanken intervenieren, um den Wechselkurs auf einem bestimmten Niveau zu halten, resultieren bei Abweichungen des Wechselkurses von diesem Niveau stabilisierende Wechselkursänderungserwartungen.[19] Für $f > f^l$ entstehen Aufwertungserwartungen für die Inlandswährung, das heißt, $E_t[ds(t)]/dt$ in (5.1) ist negativ. Für $f < f^l$ entstehen Abwertungserwartungen, und $E_t[ds(t)]/dt$ ist positiv.

Abbildung 5.1 zeigt den Verlauf der Gleichgewichtsfunktionen beim reinen Floating (FF-Gerade) und beim managed Floating (MM-Gerade). Die vertikale Distanz zwischen beiden Funktionen entspricht $\theta E_t[ds(t)]/dt$. Mit $\theta = 0.1$ Jahr und $\sigma = 0.2/\sqrt{\text{Jahr}}$ sind die Parameterwerte des ersten Kapitels zugrundegelegt.[20] Als numerischer Wert für den mean reversion Koeffizienten wurde $\eta = 20/$Jahr angenommen.

Die Modellösung für eine glaubwürdige Wechselkurszielzone läßt sich wiederum mit Hilfe der Wertgleichheitsbedingungen und der smooth pasting Bedingungen

---

[18]Vgl. ebenda, S.46.

[19]Vgl. auch Svensson (1992a), S.134.

[20]Vgl. auch Seite 47.

164

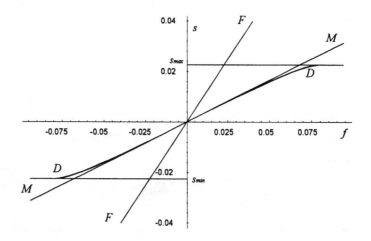

Abbildung 5.1: Die Zielzonenwechselkursfunktion bei intramarginalen Interventionen

Die beiden linearen Funktionen sind die Gleichgewichtsfunktion beim reinen Floating (*FF* Gerade), auf der $s = f$ gilt, und die flacher verlaufende Gleichgewichtsfunktion beim managed Floating (*MM* Gerade). Die *DD* Funktion zeigt den Einfluß der Zielzone. Zum honeymoon effect tritt hier zusätzlich das smooth pasting. Allerdings ist die S-Form des Kurvenverlaufs schwächer ausgeprägt und der zusätzliche Stabilisierungsgewinn geringer als beim Grundmodell einer Wechselkurszielzone.

ermitteln, die durch die Existenz der Zielzone impliziert sind. Die Wertgleichheitsbedingungen

$$s(\overline{f}) = s_{max} \quad \text{und} \quad s(\underline{f}) = s_{min} \ , \tag{5.12}$$

in denen $\overline{f}$ und $\underline{f}$ die oberen und unteren Grenzen des von der Zielzonenbreite abhängigen Fundamentalfaktorbandes bezeichnen, und die smooth pasting Bedingungen

$$s_f(\overline{f}) = 0 \quad \text{und} \quad s_f(\underline{f}) = 0 \tag{5.13}$$

sind hinreichend, um auch bei asymmetrischer Interventionspolitik die Unbekannten $C_1, C_2, \overline{f}, \underline{f}$ in Abhängigkeit von den (obligatorischen) Interventionspunkten s_{max} und s_{min} zu bestimmen.[21] Bei symmetrischer Interventionspolitik ist $C_1 = 0$ und $\overline{f} = -\underline{f}$, so daß sich das System auf die zwei nachfolgenden Gleichungen reduziert, mit denen sich die beiden Unbekannten C_2 und $\overline{f}$ bestimmen lassen:

$$s_{max} = \frac{\overline{f}}{1 + \eta\theta} - C_2 M\left(\frac{1 + \eta\theta}{2\eta\theta}, 1.5, \frac{\eta\overline{f}^2}{\sigma^2}\right)\frac{\sqrt{\eta}\,\overline{f}}{\sigma} \tag{5.14}$$

---

[21]Vgl. auch Delgado und Dumas (1992).

$$0 = \frac{1}{1+\eta\theta} - C_2(\sqrt{\eta}/\sigma)\left\{ M\left(\frac{1+\eta\theta}{2\eta\theta}, 1.5, \frac{\eta\overline{f}^2}{\sigma^2}\right)\right.$$
$$\left. + \frac{\eta\overline{f}^2(1+\eta\theta)}{\sigma^2\eta\theta} M\left(\frac{1+3\eta\theta}{2\eta\theta}, 2.5, \frac{\eta\overline{f}^2}{\sigma^2}\right)\right\} \quad . \qquad (5.15)$$

Die DD Kurve in Abbildung 5.1 zeigt den Verlauf der Zielzonenwechselkursfunktion bei intramarginalen Interventionen und einer Zielzonenbreite von $\pm 2.25\%$.[22] Man sieht, daß sich in einer Wechselkurszielzone der honeymoon effect noch ein wenig erhöht. Die DD Kurve hat außerdem eine leichte S-Form und smooth pasting an die Ränder des Wechselkursbandes. Der Unterschied zur Situation des managed Floating ist allerdings nicht so ausgeprägt wie der sich im Krugman'schen Grundmodell ergebende Unterschied gegenüber frei flexiblen Kursen.[23]

Der relativ geringe Stabilisierungsgewinn und die schwächer ausgeprägte S-Form der DD Kurve lassen sich leicht erklären.[24] Weicht der Wechselkurs von der Parität ab, so entstehen aus zwei Gründen Wechselkursänderungserwartungen in Richtung auf die Parität. Erstens wird mit intramarginalen Interventionen gerechnet – wie im managed Floating auch. Zweitens erhöht sich die Wahrscheinlichkeit zukünftiger obligatorischer Interventionen, mit denen die Zentralbanken den Wechselkurs am Verlassen der Bandes hindern würden. Allerdings ist die Wahrscheinlichkeit, daß überhaupt obligatorische Interventionen erforderlich werden, erheblich geringer als im Krugman'schen Grundmodell. Über einen weiten Bereich des Wechselkursbandes ist es somit vor allem die Erwartung intramarginaler Interventionen, die den Funktionsverlauf determiniert. Erst bei deutlicher Annäherung an die Interventionspunkte steigt die Wahrscheinlichkeit obligatorischer Interventionen so weit an, daß sich die induzierten Wechselkursänderungserwartungen in einer klar erkennbaren Kurvenverflachung und schließlich dem smooth pasting bemerkbar machen.

Abbildung 5.2 zeigt den Einfluß des mean reversion Parameters η auf den Verlauf der Lösungsfunktion. Zum Vergleich ist die Krugman'sche Zielzonenwechselkursfunktion (TT) aus Abschnitt 3.2.1 mit eingezeichnet. Sie würde auch für $\eta = 0$

---

[22]Bei den gegebenen numerischen Parameterwerten resultiert $\overline{f} = 0.077$ und damit $C_2 = 2.833 \, 10^{-4}$.

[23]Vgl. hierzu auch Abbildung 3.1 auf Seite 37.

[24]Vgl. auch Svensson (1992a).

166

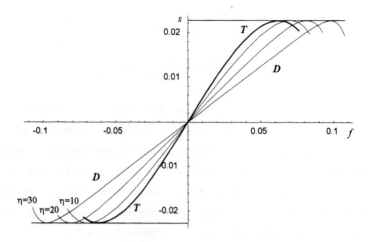

Abbildung 5.2: Der Einfluß des mean reversion Parameters η

Die Abbildung zeigt den Verlauf der Zielzonenwechselkursfunktion bei intramarginalen Interventionen und unterschiedlichen Werten für η. Fett gezeichnet ist die TT Funktion des Krugman'schen Grundmodells, die als Grenzfall für $\eta = 0$ resultiert. Für kleine η Werte nähert sich die DD Funktion schnell der TT Funktion an. Für signifikante mean reversion ergibt sich andererseits schnell ein überwiegend linearer Verlauf der Lösungsfunktion.

resultieren, da dann (5.2) in die einfache regulierte Brown'sche Bewegung des Grundmodells übergeht.[25] Es wird deutlich, daß sich für kleine η-Werte die Zielzonenwechselkursfunktion bei intramarginalen Interventionen schnell der Lösungsfunktion des Grundmodells annähert. Andererseits erzeugt eine signifikante mean reversion schnell einen überwiegend linearen Funktionsverlauf. Nichtlinearitäten treten dann erst in Nähe der Interventionspunkte deutlich zutage. Mit diesem Ergebnis bietet das Modell eine Erklärung für die geringe Relevanz von Nichtlinearitäten in empirischen Zielzonenwechselkursfunktionen.[26] Im Falle ausgeprägter intramarginaler Interventionen wird der empirische Nachweis vorhandener Nichtlinearitäten auch deshalb erschwert, weil die Anzahl von Wechselkursbeobachtungen in der Nähe der Interventionspunkte deutlich abnimmt.[27] Vor dem Hintergrund der üblichen Praxis intramarginaler Interventionen zeigt die Analyse, daß die anfängliche Betonung der Zielzonentheorie auf Nichtlinearitäten und smooth pasting eher unangemessen gewe-

---

[25]Vgl. auch Seite 87.

[26]Vgl. Seite 65ff. und 138ff. Zu einer ähnlichen Begründung kommen auch Klein und Lewis (1993), S.293.

[27]Vgl. in diesem Zusammenhang auch Froot und Obstfeld (1991) und Seite 67.

sen ist. Aus empirischer Sicht spricht mehr dafür, Zielzonen als System eines managed Floating mit zusätzlichen obligatorischen Interventionen an den Zonenrändern
zu beschreiben.[28]

5.2 Zinsdifferenzen und intramarginale Interventionen

In Abbildung 5.2 wurde deutlich, daß der Verlauf der Zielzonenwechselkursfunktion
stark durch den mean reversion Parameter η bestimmt ist. Steigt η und damit die
Intensität intramarginaler Interventionen bei Paritätsabweichungen des Zielzonenwechselkurses, so verflacht sich die Zielzonenwechselkursfunktion und verbreitert das
zugehörige Fundamentalfaktorband $[\underline{f}, \overline{f}]$. Dabei nimmt die Bedeutung von Nichtlinearitäten für den Kurvenverlauf deutlich ab. Darauf aufbauend läßt sich zeigen,
welchen Einfluß intramarginale Interventionen auf den Zusammenhang zwischen internationalen Zinsdifferenzen und der Wechselkursposition im Währungsband haben.

Geht man wiederum von der ungedeckten Zinsparitätenbedingung aus,[29] so lassen sich Wechselkursänderungserwartungen durch Differenzen zwischen In- und Aus-
landszinsen entsprechender Laufzeit erklären:

$$i(t) - i^*(t) = \delta(t) = E_t[ds(t)]/dt \quad . \tag{5.16}$$

Die Wechselkursänderungserwartungen lassen sich nach (5.1) auch schreiben als

$$E_t[ds(t)]/dt = (s(t) - f(t))/\theta \quad , \tag{5.17}$$

woraus unter Berücksichtigung der Modellösung für eine Wechselkurszielzone

$$\delta(f) = (s(f) - f)/\theta \tag{5.18}$$

resultiert. Für $f < 0$ ist $s(f) > f$,[30] so daß $\delta(f) > 0$ ist. Analog gilt $\delta(f) < 0$ für
$f > 0$. Die betragsmäßige Differenz zwischen $s(f)$ und f steigt dabei für zunehmende mean reversion. Daher wächst $\delta(f)$ für gegebene Werte von f monoton in η.

---

[28]Vgl. in diesem Sinne auch Svensson (1992a).

[29]Vgl. hierzu auch die Seiten 64 und 78

[30]Die Zielzonenwechselkursfunktion $s(f)$ verläuft wegen des honeymoon effects im Bereich $f < 0$
immer oberhalb der 45° Funktion $s = f$.

168

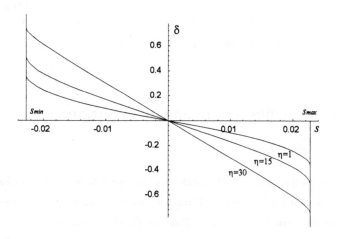

Abbildung 5.3: Die Zinsdifferenzen-Wechselkursfunktion bei intramarginalen Interventionen

Die Abbildung zeigt, daß sich zunehmende mean reversion in einem (absoluten) Steigungsanstieg der Zinsdifferenzen-Wechselkursfunktion in ihrem mittleren Bereich niederschlägt und daß das Ausmaß von Nichtlinearitäten im Funktionsverlauf abnimmt.

Intramarginale Interventionen implizieren über die durch sie ausgelösten Wechselkursänderungserwartungen bei einer gegebenen Fundamentalfaktorposition also entsprechend größere Zinsdifferenzen als (ausschließlich) obligatorische Interventionen. Da für zunehmende mean reversion gleichzeitig das Ausmaß der Nichtlinearitäten im Kurvenverlauf abnimmt, erhält die $\delta(f)$ Funktion dabei einen zunehmend linearen Charakter.

Dies wird auch deutlich, wenn man den Zusammenhang zwischen Zinsdifferenzen und der Wechselkursposition im Währungsband betrachtet. $\delta(f)$ und $s(f)$ sind im Intervall $\underline{f} \leq f \leq \overline{f}$ einwertig, so daß sich eine explizite Beziehung zwischen Zinsdifferenz und Zielzonenwechselkurs herleiten läßt. Abbildung 5.3 verdeutlicht abschließend den Einfluß des mean reversion Parameters η auf die Zinsdifferenzen-Wechselkursfunktion. Gezeigt sind die Funktionsverläufe für $\eta = 1, 15, 30$, wobei der Funktionsverlauf bei $\eta = 1$ für gegebene Parameter σ und θ nahezu identisch mit der Zinsdifferenzen-Wechselkursfunktion des Krugman'schen Grundmodells ist. Es zeigt sich zum einen der bei steigendem η zunehmend steilere Verlauf der Zinsdifferenzen-Wechselkursfunktion und zum anderen die abnehmende Bedeutung von Nichtlinearitäten für den Funktionsverlauf. Auch für Zinsdifferenzen-Wechselkursfunktionen scheint die anfängliche Betonung der Zielzonentheorie auf Nichtlinearitäten als unangemessen. Darüberhinaus macht die Abbildung deutlich, daß ein deterministischer Zusammenhang zwischen Zinsdifferenzen und Wechselkursposition bei Veränderungen des Interventionsverhaltens im Zeitablauf empirisch schwer nachweisbar ist – und zwar auch ohne die im vorangegangenen Kapitel diskutierten Realignmentrisiken.

5.3 Empirische Wechselkurshäufigkeitsdichte bei intramarginalen Interventionen

In der Einleitung dieses Kapitels wurde bereits angesprochen, daß sich intramarginale Interventionen in einem hügelfürmigen Verlauf der empirischen Häufigkeitsdichte des Zielzonenwechselkurses niederschlagen, wenn es den Zentralbanken gelingt, die Wechselkursentwicklung entsprechend zu beeinflussen. Um diesen Aspekt näher zu beleuchten und um einen Eindruck vom Einfluß des mean reversion Parameters η zu erhalten, werden nachfolgend Zielzonenwechselkurstrajektorien und zugehörige Wechselkursverteilungen für zwei alternative Werte von η betrachtet.

Für den Fall, daß der zusammengefaßte Fundamentalfaktor f einem regulierten Ornstein-Uhlenbeck Prozeß folgt, wie er mit Gleichung (5.2) unterstellt wurde, existiert keine analytisch geschlossene Lösung für die asymptotische Wahrscheinlichkeitsverteilung des Zielzonenwechselkurses.[31] Anders als beim Krugman'schen Grundmodell wird deshalb die Auswirkung der mean reversion im Fundamentalfaktorprozeß auf das Wechselkursverhalten und die Wechselkursverteilung im Währungsband mit Hilfe von stochastischen Simulationen analysiert. Um dabei die Charakteristiken eines 'typischen' Wechselkursverlaufs in einem längeren, aber endlichen Zeitintervall zu erhalten, wurde der Simulationszeitraum auf fünf Jahre bei 365 Beobachtungen pro Jahr begrenzt. Für beide Prozeßspezifikationen resultieren folglich 1825 simulierte Beobachtungen. Dadurch zeigen die Ergebnisse gewisse Unregelmäßigkeiten, die einen interessanten Vergleich mit den empirischen Analysen

---

[31] Zum Begriff der asymptotischen Wahrscheinlichkeitsverteilung siehe auch Fußnote 71 auf Seite 51. Für die Analyse der asymptotischen Wechselkursverteilung im Grundmodell vgl. Seite 51f.

des Abschnitts 3.3.1 ermöglichen. Gleichzeitig sind die Reihen lang genug, um das asymptotische Wechselkursverhalten erkennbar zu machen.[32]

Für die Simulationen wurden zunächst Trajektorien des Fundamentalfaktorprozesses (5.2) mit $\eta = 20$ und $\eta = 50$ erzeugt. Die Trajektorien wurden auf Grundlage eines Zeitintervalls Δt von einem Tag mit den Gleichungen

$$f_t^{20} = max\left\{-0.077461, min\left\{0.077461, f_{t-1}^{20} - 0.0548 f_{t-1}^{20} + 0.0105\, \epsilon_t\right\}\right\}$$

$$f_t^{50} = max\left\{-0.136996, min\left\{0.136996, f_{t-1}^{50} - 0.1370 f_{t-1}^{50} + 0.0105\, \epsilon_t\right\}\right\}$$

berechnet.[33] Dabei ist $max\{a,b\}$ das Maximum und $min\{a,b\}$ das Minimum zweier Werte a und b. Die max und min Funktionen erzeugen reflektierende Barrieren an den Grenzen des Fundamentalfaktorbandes $\underline{f} \leq f \leq \overline{f}$ und übernehmen die Funktion obligatorischer, infinitesimaler Devisenmarktinterventionen. Die unteren und oberen Grenzen des Fundamentalfaktorbandes ergeben sich aus der zugehörigen Zielzonenwechselkursfunktion. Für $\eta = 20$ ist $\overline{f} = -\underline{f} = 0.077461$ und für $\eta = 50$ ist $\overline{f} = -\underline{f} = 0.136996$. Die Zufallsvariable ϵ_t stammt zu jedem Zeitpunkt t aus einer Normalverteilung mit Erwartungswert Null und Standardabweichung Eins. Mit $\sigma = 0.2$ impliziert der Varianzparameter eine Varianz des Fundamentalfaktorprozesses von 0.04 pro Jahr und insofern eine Varianz von $0.04/365 = 1.095\ 10^{-4}$ pro Tag, was einer Standardabweichung von 0.0105 entspricht. $\eta = 20$ pro Jahr entspricht einer mean reversion von $20/365 = 0.0548$ pro Tag und $\eta = 50$ pro Jahr einer mean reversion von 0.1370 pro Tag.

Mit Hilfe der Gleichgewichtslösungen (5.11) für die Zielzonenwechselkursfunktionen wurden dann aus den Fundamentalfaktortrajektorien die zugehörigen Zeitpfade des Wechselkurses konstruiert.[34] Abbildung 5.4 zeigt die simulierten Wechselkursverläufe bei Wechselkursbändern von $\pm 2.25\%$. Deutlich erkennbar ist die Wirkung

---

[32]Deshalb wurden auch keine Monte Carlo Simulationen im engeren Sinne durchgeführt.

[33]Zum generellen Vorgehen bei der Simulation von Prozeßtrajektorien vgl. zum Beispiel Dixit und Pindyck (1994), S.65ff. oder ausführlich Kloeden, Platen und Schurz (1994), Kapitel 3.

[34]Die numerischen Lösungen für (5.11) sind:

$$s_{20} = \frac{1}{3}f - 6.33518\,10^{-3} f\, M(0.75, 1.5, 500 f^2)$$

$$s_{50} = \frac{1}{6}f - 4.45134\,10^{-12} f\, M(0.6, 1.5, 1250 f^2)\,.$$

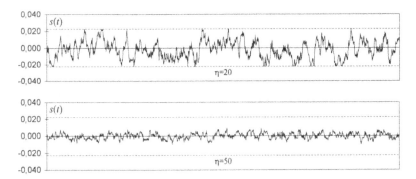

Abbildung 5.4: Simulierte Wechselkursverläufe in ±2.25% Bändern

Gezeigt sind simulierte Wechselkursreihen eines Fünfjahreszeitraums, wenn der zusammengefaßte Fundamentalfaktor einem regulierten Ornstein-Uhlenbeck Prozeß wie in (5.2) mit $\sigma = 0.2/\sqrt{\text{Jahr}}$ folgt und die mean reversion Geschwindigkeit $\eta/$Jahr beträgt.

unterschiedlich starker mean reversion im Fundamentalfaktorprozeß. Im oberen Teil der Abbildung verteilen sich die Wechselkursrealisationen für $\eta = 20$ über das gesamte Wechselkursband und die Interventionspunkte werden zeitweilig ereicht. Im unteren Teil der Abbildung ist der Wechselkursverlauf für $\eta = 50$ auf das Innere der Zielzone konzentriert. Die Abbildung ermöglicht damit gleichzeitig eine Einschätzung, inwieweit die in den vorangegangenen Analysen verwendeten η Werte im Gesamtzusammenhang als zu willkürlich oder übertrieben erscheinen könnten. Blickt man noch einmal auf die empirischen Wechselkursverläufe in Abbildung 3.4 auf Seite 54 zurück, so zeigt sich beispielsweise beim holländischen Gulden seit Mitte der 80er Jahre eine noch stärkere Konzentration auf das Innere des Wechselkursbandes, was konsistent mit dem Interventionsverhalten der Nederlandsche Bank ist.[35] Auch der französische Franc ist über weite Zeitphasen stärker auf Teilbereiche des Wechselkursbandes konzentriert, als die für $\eta = 20$ simulierte Reihe. Deren relativ breite Verteilung über das gesamte Wechselkursband ist auch vor dem Hintergrund der analysierten Wechselkursstabilisierungswirkungen einer Zielzone zu sehen. Im Abschnitt 5.1 wurde gezeigt, daß der zusätzliche Stabilisierungsgewinn einer Zielzone gegenüber einem managed Floating bereits bei eben dieser Parameterkonstellation

---

[35]Vgl. auch Beetsma und van der Ploeg (1994). Bezüglich der geringeren Volatilität der empirischen Verläufe ist zu beachten, daß in Abbildung 3.4 nur Wochenendstände zugrundeliegen.

172

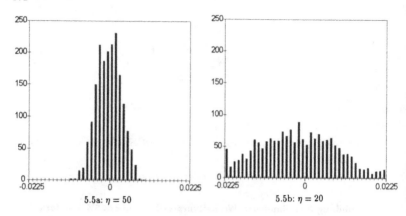

5.5a: $\eta = 50$ 5.5b: $\eta = 20$

Abbildung 5.5: Simulierte Wechselkurshäufigkeitsdichte bei mean reversion des Fundamentalfaktorprozesses

Die beiden Histogramme zeigen simulierte Wechselkurshäufigkeitsdichten bei intramarginalen ('mean reversion') Interventionen. Die Histogramme ähneln stark denen der Abbildung 3.5 für die empirischen Häufigkeitsdichten des holländischen Gulden und des französischen Francs.

nur noch gering ausfällt.[36] Nachträglich läßt sich also feststellen, daß dieses Ergebnis nicht durch einen entsprechend hohen mean reversion Koeffizienten 'erzwungen' wurde.

Auf der Grundlage der simulierten Wechselkursverläufe werden abschließend noch die zugehörigen Wechselkurshäufigkeitsdichten berechnet. Dabei geht es zum einen um die Verbildlichung der Aussage, daß intramarginale Interventionen als Erklärungsursache für den empirisch festgestellten hügelförmigen Verlauf der Wechselkurshäufigkeitsdichten in Betracht kommen können. Zum anderen existieren keine analytisch geschlossenen Lösungen für die asymptotische Wahrscheinlichkeitsverteilung des Zielzonenwechselkurses unter den gegebenen Prozeßannahmen, so daß eine Abbildung seiner langfristigen räumlichen Eigenschaften nur mit Hilfe von Simulationen möglich ist.[37]

Abbildung 5.5 zeigt die Histogramme für die aus den generierten Reihen resultierenden Wechselkurshäufigkeitsdichten. Bedingt durch den begrenzten Beobachtungsumfang von jeweils 1825 Werten zeigen beide Histogramme leichte Asymme-

---

[36]Vgl. Abbildung 5.1 auf Seite 164.

[37]Streng genommen sind die generierten Reihen zu kurz, um vom asymptotischen Verhalten zu sprechen. Sie vermitteln diesbezüglich aber dennoch einen guten Eindruck.

trien und Unregelmäßigkeiten. Die erheblich stärkere Konzentration der Wechselkursbeobachtungen im Inneren der Zielzone bei stärkerer mean reversion ist offensichtlich. Doch auch für $\eta = 20$ ergibt sich bereits ein deutlich hügelförmiger Verlauf der simulierten Dichtefunktion.

Die beim Rückblick auf Abbildung 3.5 auf Seite 55 augenfällige Ähnlichkeit der Diagrammpaare ist erstaunlich – zumal die beim holländischen Gulden vorhandenen Klassenbesetzungen außerhalb des mittleren Bereichs ausschließlich aus der Zeit vor seinem letzten Realignment im März 1983 stammen, als auch beim Gulden die Wechselkursentwicklung noch deutlich unruhiger verlief. Der in Abbildung 5.5b für $\eta = 20$ zu beobachtende leichte Anstieg der Häufigkeitsdichte an den Zonenrändern reflektiert das smooth pasting Verhalten des Zielzonenwechselkurses.[38] Hier kommt partiell die Argumentation des Abschnitts 3.3.1 zum Tragen. In (deutlicher) Nähe der Interventionspunkte wird der Wechselkurs insensitiv in bezug auf Veränderungen des Fundamentalfaktors. Der Wechselkurs wird auf gegebene Änderungen des Fundamentalfaktors folglich in geringerem Ausmaß reagieren. Im Bereich der Interventionspunkte sinkt daher die Wechselkursvolatilität und mithin steigt die Dauer und damit schließlich die Häufigkeit, mit der sich der Wechselkurs in den Randbereichen beobachten läßt. Der leichte Anstieg zeigt also den typischen Zielzoneneinfluß, der bei einem managed Floating nicht zu beobachten wäre.

5.4 Kritische Zusammenfassung

Durch die Erweiterung des Krugman'schen Grundmodells um den Fall intramarginaler Interventionen fügt sich ein weiterer Mosaikstein in das (empirische) Bild von Wechselkurszielzonen. Intramarginale Interventionen können einen Beitrag zur Erklärung des empirisch instabilen Zinsdifferenzen-Wechselkurszusammenhangs leisten. Vor allem aber bieten sie einen wichtigen Erklärungsansatz für die empirisch zu beobachtende Verteilung von Wechselkursen innerhalb von Zielzonen.[39]

---

[38]Der Anstieg war bei dieser Parameterkonstellation auch bei umfangreicheren Simulationen feststellbar.

[39]Es steht allerdings zu fragen, inwieweit die einfache 'leaning against the wind' Annahme eine hinreichend realistische Beschreibung des Interventionsverhaltens von Zentralbanken ist. Vgl. in diesem Zusammenhang auch Svensson (1992c).

174

Die vorangegangenen Analysen haben gezeigt, daß die anfänglich starke Betonung der Zielzonentheorie auf Nichtlinearitäten und smooth pasting eher unangebracht war. Von offengelegten, nicht-sterilisierten Interventionen gehen über die Beeinflussung der Erwartungsbildung der Devisenmarktakteure wechselkursstabilisierende Wirkungen aus. Der honeymoon effect ist also durchaus wichtig. Er ist aber kein vor allem auf die Existenz von Interventionspunkten zurückführbares Phänomen. Er zeigt vielmehr die Bedeutung von Interventionsankündigungen in bezug auf (glaubwürdige) Wechselkursziele. Smooth pasting und Nichtlinearitäten haben sich demgegenüber gerade auch empirisch als wenig signifikant erwiesen. Eine Zielzone ist daher besser als ein (überzeugendes) managed Floating beschrieben, bei dem es zu zusätzlichen marginalen Interventionen bei Erreichen der Zonenränder kommt.[40]

Natürlich kann und soll nicht behauptet werden, daß die bisher vorgestellten Modelle mit ihren stark vereinfachenden Prozeßannahmen das Bild der Realität vollständig wiedergeben. Dennoch ließen sich im bisherigen Verlauf der Arbeit wertvolle Erkenntnisse darüber gewinnen, welche grundlegenden treibenden Kräfte die tägliche Wechselkursdynamik (mit-) bestimmen. Daß die theoretischen Analysen schließlich doch relativ wertvolle Erklärungshinweise für die stilisierten Fakten von Zielzonensystemen geben konnten, mag seinen Grund in der für das tägliche Geschehen auf Devisenmärkten so wichtigen Rolle der Erwartungsbildung haben. Diese tragende Rolle der Erwartungsbildung bei der Wechselkursdetermination hat sich in der Vergangenheit immer wieder gezeigt.[41] Für Wechselkurse haben dabei insbesondere nicht vorhersehbare Ereignisse und neue Informationen eine große Bedeutung und es scheint, daß die Prozeßannahmen der Zielzonenmodelle hierbei die wesentlichen Aspekte berücksichtigen.

Dies ließe sich daraus begründen, daß sich die bisher zugrundegelegten Fundamentalfaktoren im allgemeinen Sinne als Linearkombination einer Reihe von relevanten fundamentalen Wechselkursdeterminanten interpretieren lassen.[42] Solange nun

[40]So auch Svensson (1992a).
[41]Beispielsweise beim Ende der 'Dollar-Blase' 1984–1985, das durch das Plaza Agreement vom 22. September 1985 eingeleitet wurde (vgl. Dominguez und Frankel (1993). Am darauffolgenden Montag wertete der Dollar um 4% gegenüber einem gewichteten Durchschnitt von Auslandswährungen ab.); aber auch, wie im Abschnitt 4.2.4 angesprochen, bei den EWS-Krisen im September 1992 und Juli/August 1993.
[42]Vgl. Beetsma und van der Ploeg (1994). Dies wird ebenfalls bei Svensson (1991b) deutlich,

der Devisenmarkt annähernd effizient ist, sind Informationen über diese Bestimmungsgrößen und ihre erwartete zukünftige Entwicklung relativ vollständig im gegenwärtigen Wechselkurs implementiert.[43] Für die zukünftige Wechselkursentwicklung ist dann vor allem die Stochastik dieser Bestimmungsgrößen relevant.[44] Und hier scheint es so, daß die Prozeßannahmen der Zielzonenmodelle für die Summe der fundamentalen Einflüsse die wesentlichen stochastischen Eigenschaften erfassen.

Um dennoch explizit den zugrundeliegenden einfachen Geldmarktansatz der Wechselkursdetermination zu verlassen, wird im nachfolgenden Modell die Annahme träger Güterpreisreaktionen aufgenommen. Dies ermöglicht einerseits, den Einfluß des modelltheoretischen Hintergrundes auf die Ergebnisse zu untersuchen. Andererseits schließt sich damit der Kreis zum ursprünglichen Williamson (1985) Vorschlag, da nunmehr die explizite Analyse realer Wechselkurszielzonen möglich wird.

---

der zeigt, daß vorhandene Risikoprämien und mögliche Abweichungen von der Kaufkraftparitätenbedingung mit der im Grundmodell verwendeten reduzierten Ausgangsgleichung erfaßt werden können.

[43]Dies ist die Botschaft des 'News'-Ansatzes der Wechselkursdetermination (vgl. Dornbusch (1980), Frenkel (1981a) und Frenkel und Mussa (1985)). Die Frage nach der Effizienz des Devisenmarktes ist dabei noch nicht endgültig geklärt. Einfach testbare Formulierungen der Effizienzhypothese sind zwar empirisch mittlerweile falsifiziert. Dies läßt aber noch keine generelle Ablehnung der Effizienzhypothese zu. Es ist zumindest auszuschließen, daß Devisenmärkte so ineffizient sind, daß umfangreiche systematische Gewinne erzielbar sind. Ebenso ist auszuschließen, daß die im News-Ansatz unterstellten Zusammenhänge für die Wechselkursdetermination irrelevant sind. Eine gute kurze Übersicht zur Frage der Devisenmarkteffizienz bietet Taylor (1995a). Grundlegender und methodisch informativer ist Hodrick (1987).

[44]Vgl. in diesem Zusammenhang auch Frankel (1993), S.112f.

Anhang

C Die allgemeine Lösung der fundamentalen Differentialgleichung

Nachfolgend wird gezeigt, daß Gleichung (5.9), wie im Text behauptet, die allgemeine Lösung der Differentialgleichung (5.8) ist. Zunächst soll gezeigt werden, daß sich (5.8) mit Hilfe einer Variablensubstitution

$$y := \frac{\eta}{\sigma^2}(f^l - f)^2 \qquad (A.19)$$

in eine Differentialgleichung überführen läßt, deren homogener Teil der Kummerschen Differentialgleichung

$$y\frac{d^2s}{dy^2} + (b - y)\frac{ds}{dy} - as(y) = 0 \qquad (A.20)$$

entspricht, wobei $b = 1/2$ und $a = 1/(2\eta\theta)$ ist.

Aus (A.19) folgt

$$\frac{dy}{df} = -\frac{2\eta(f^l - f)}{\sigma^2} = \mp 2\frac{\sqrt{\eta}}{\sigma}\sqrt{y}\,, \qquad (A.21)$$

wobei in der zweiten Gleichung die Umkehrfunktion $(f^l - f) = \pm\sigma\sqrt{y/\eta}$ verwendet ist.

Die erste Ableitung von s nach f läßt sich daher unter Anwendung der Kettenregel schreiben als

$$\frac{ds}{df} = \frac{ds}{dy}\frac{dy}{df} = \frac{ds}{dy}\left(-\frac{2\eta(f^l - f)}{\sigma^2}\right) = \frac{ds}{dy}\left(\mp\frac{2\sqrt{\eta}}{\sigma}\sqrt{y}\right). \qquad (A.22)$$

Für die zweite Ableitung ergibt sich

$$\frac{d^2s}{df^2} = \frac{d}{df}\left(\frac{ds}{df}\right) = \frac{d}{df}\left(\frac{ds}{dy}\frac{dy}{df}\right).$$

Nach Young's Theorem (Identität der partiellen Kreuzableitungen) ist dies äquivalent zu

$$\frac{d^2s}{df^2} = \frac{d}{dy}\left(\frac{ds}{df}\right)\frac{dy}{df}.$$

Wendet man für ds/df ein weiteres Mal die Kettenregel an, folgt

$$\frac{d^2s}{df^2} = \frac{d}{dy}\left(\frac{ds}{dy}\frac{dy}{df}\right)\frac{dy}{df}$$

und nach Anwendung der Produktregel

$$\frac{d^2s}{df^2} = \frac{d^2s}{dy^2}\left(\frac{dy}{df}\right)^2 + \frac{ds}{dy}\left(\frac{d}{dy}\left(\frac{dy}{df}\right)\right)\frac{dy}{df}$$

$$= \frac{d^2s}{dy^2}\left(\mp 2\frac{\sqrt{\eta}}{\sigma}\sqrt{y}\right)^2 + \frac{ds}{dy}\left(\mp\frac{\sqrt{\eta}}{\sigma}\frac{1}{\sqrt{y}}\right)\left(\mp 2\frac{\sqrt{\eta}}{\sigma}\sqrt{y}\right)$$

$$= \frac{d^2s}{dy^2}\frac{4\eta}{\sigma^2}y + \frac{ds}{dy}\frac{2\eta}{\sigma^2} . \tag{A.23}$$

Die ursprüngliche Differentialgleichung

$$\theta\frac{\sigma^2}{2}\frac{d^2s}{df^2} + \theta\eta\,(f'-f)\frac{ds}{df} - s(f) = -f \tag{A.8}$$

$$\Leftrightarrow \quad \frac{d^2s}{df^2} + \frac{2\eta}{\sigma^2}(f'-f)\frac{ds}{df} - \frac{2}{\theta\sigma^2}s(f) = -\frac{2}{\theta\sigma^2}f$$

geht nach Variablensubstitution mit $y := \eta(f'-f)^2/\sigma^2$ folglich über in

$$\frac{d^2s}{dy^2}\frac{4\eta}{\sigma^2}y + \frac{ds}{dy}\frac{2\eta}{\sigma^2} + \underbrace{\frac{2\eta}{\sigma^2}(f'-f)\left(-\frac{2\eta(f'-f)}{\sigma^2}\right)}_{=-\frac{4\eta}{\sigma^2}y}\frac{ds}{dy} - \frac{2}{\theta\sigma^2}s(y) = -\frac{2}{\theta\sigma^2}f .$$

Wegen $f \stackrel{(A.19)}{=} f' \mp \sigma\sqrt{y/\eta}$ ist dies äquivalent zu

$$\frac{d^2s}{dy^2}\frac{4\eta}{\sigma^2}y + \left(\frac{2\eta}{\sigma^2} - \frac{4\eta}{\sigma^2}y\right)\frac{ds}{dy} - \frac{2}{\theta\sigma^2}s(y) = -\frac{2}{\theta\sigma^2}\left(f' \mp \sqrt{\frac{y}{\eta}}\sigma\right) .$$

Multipliziert man die Gleichung mit $\sigma^2/(4\eta)$, resultiert schließlich

$$y\frac{d^2s}{dy^2} + \left(\frac{1}{2} - y\right)\frac{ds}{dy} - \frac{1}{2\eta\theta}s(y) = -\frac{1}{2\eta\theta}\left(f' \mp \sqrt{\frac{y}{\eta}}\sigma\right) . \tag{A.24}$$

Nun soll mit Hilfe der allgemeinen Lösung von (A.24) die im Text gezeigte Lösung der fundamentalen Differentialgleichung des Delgado/Dumas-Modells bewiesen werden. Die allgemeine Lösung von (A.24) setzt sich zusammen aus der allgemeinen Lösung des homogenen Teils von (A.24) und dem partikulären Integral, also einer partikulären Lösung der inhomogenen Differentialgleichung.

Der homogene Teil von (A.24) entspricht der Kummerschen Differentialgleichung für $s = s(y)$:

$$y\frac{d^2s}{dy^2} + \left(\frac{1}{2} - y\right)\frac{ds}{dy} - \frac{1}{2\eta\theta}s(y) = 0 .$$

177

Ihre allgemeine Lösung ist gegeben durch[45]

$$s(y) = C_1 \, M\left(\frac{1}{2\eta\theta}, 0.5, y\right) + C_2 \, M\left(\frac{1+\eta\theta}{2\eta\theta}, 1.5, y\right)\sqrt{y}\,, \qquad \text{(A.25)}$$

wobei $M(a, b, y)$ die konfluente hypergeometrische Funktion ist.

Für das Auffinden des partikulären Integrals sei nun behauptet, daß

$$w(y) = f' \mp \sqrt{\frac{y}{\eta}} \, \frac{\sigma}{(1 + \eta\theta)}$$

eine partikuläre Lösung der inhomogenen Differentialgleichung (A.24) ist. Zum Beweis werden zunächst die Ableitungen von $w(y)$ gebildet:

$$\frac{dw}{dy} \;=\; \mp \frac{1}{2\sqrt{y}} \frac{\sigma}{\sqrt{\eta}(1+\eta\theta)}$$

$$\frac{d^2w}{dy^2} \;=\; \pm \frac{1}{4\,y^{3/2}} \frac{\sigma}{\sqrt{\eta}(1+\eta\theta)} \quad.$$

Eingesetzt in (A.24) ergibt sich:

$$y\frac{d^2w}{dy^2} + \left(\frac{1}{2} - y\right)\frac{dw}{dy} - \frac{1}{2\eta\theta}\,w(y) \;\overset{?}{=}\; -\frac{1}{2\eta\theta}\left(f' \mp \sqrt{\frac{y}{\eta}}\,\sigma\right)$$

und unter Berücksichtigung von dw/dy, d^2w/dy^2 und $w(y)$ schrittweise

$$\pm\frac{1}{4\sqrt{y}}\frac{\sigma}{\sqrt{\eta}(1+\eta\theta)} + \left(\frac{1}{2} - y\right)\left(\mp\frac{1}{2\sqrt{y}}\frac{\sigma}{\sqrt{\eta}(1+\eta\theta)}\right) - \frac{1}{2\eta\theta}\,w(y)$$

$$\overset{?}{=} -\frac{1}{2\eta\theta}\left(f' \mp \sqrt{\frac{y}{\eta}}\,\sigma\right)$$

$$\Leftrightarrow \quad \pm\frac{\sqrt{y}}{2}\frac{\sigma}{\sqrt{\eta}(1+\eta\theta)} - \frac{1}{2\eta\theta}\,w(y) \;\overset{?}{=}\; -\frac{1}{2\eta\theta}\left(f' \mp \sqrt{\frac{y}{\eta}}\,\sigma\right)$$

$$\Leftrightarrow \quad \pm\frac{\sqrt{y}}{2}\frac{\sigma}{\sqrt{\eta}(1+\eta\theta)} - \frac{1}{2\eta\theta}\left(f' \mp \sqrt{\frac{y}{\eta}}\,\frac{\sigma}{(1+\eta\theta)}\right) \;\overset{?}{=}\; -\frac{1}{2\eta\theta}\left(f' \mp \sqrt{\frac{y}{\eta}}\,\sigma\right)$$

$$\Leftrightarrow \quad \pm\sqrt{\frac{y}{\eta}}\frac{\sigma}{2(1+\eta\theta)} \pm \frac{1}{2\eta\theta}\sqrt{\frac{y}{\eta}}\frac{\sigma}{(1+\eta\theta)} \;\overset{?}{=}\; \pm\frac{1}{2\eta\theta}\sqrt{\frac{y}{\eta}}\,\sigma$$

$$\Leftrightarrow \quad \pm\frac{\sigma}{\eta\theta} \;\overset{!}{=}\; \pm\frac{\sigma}{\eta\theta}\,,$$

was zu zeigen war. Also ist die Summe von komplementärer Funktion und partikulärem Integral

$$s(y) = w(y) + C_1 \, M\left(\frac{1}{2\eta\theta}, 0.5, y\right) + C_2 \, M\left(\frac{1+\eta\theta}{2\eta\theta}, 1.5, y\right)\sqrt{y} \qquad \text{(A.26)}$$

---

[45]Vgl. Henrici (1977), S.132f. und Slater (1964), S.504. Die Kummersche Differentialgleichung $ys'' + (b - y)s' - as = 0$ besitzt die beiden unabhängigen Lösungen $s_1(y) = M(a, b, y)$ und $s_2(y) = y^{1-b}M(1 - b + a, 2 - b, y)$. Ihre vollständige Lösung läßt sich daher als Linearkombination $s(y) = C_1 M(a, b, y) + C_2 M(1 - b + a, 2 - b, y)y^{1-b}$ schreiben, wobei C_1 und C_2 willkürliche Konstanten sind.

die allgemeine Lösung der inhomogenen Differentialgleichung (A.24). Durch Rück-substitution für y, $\sqrt{y}$ und $w(y)$ resultiert die im Text angegebene Lösung:

$$
\begin{aligned}
s(f) \;=\; & \frac{f + f'\eta\theta}{1 + \eta\theta} + C_1\, M\left(\frac{1}{2\eta\theta},\, 0.5,\, \frac{\eta(f'-f)^2}{\sigma^2}\right) \\
& + C_2\, M\left(\frac{1+\eta\theta}{2\eta\theta},\, 1.5,\, \frac{\eta(f'-f)^2}{\sigma^2}\right) \frac{\sqrt{\eta}(f'-f)}{\sigma} \;.
\end{aligned}
\tag{A.9}
$$

Kapitel 6

Träge Güterpreise

Der Ausgangspunkt des Krugman'schen Modells einer Wechselkurszielzone ist die reduzierte Form eines Geldmarktansatzes der Wechselkurserklärung bei flexiblen Preisen.[1] Dieser Ansatz basiert auf den Annahmen der sofortigen Preisanpassung bei Ungleichgewichten auf Gütermärkten und dem kontinuierlichen Erfülltsein der Kaufkraftparitätenbedingung. Beide Annahmen halten jedoch einer empirischen Überprüfung nicht stand und sind umfangreicher Kritik ausgesetzt gewesen.[2] Der Geldmarktansatz bei flexiblen Preisen hat sich daher für ein allgemeines Modell der Wechselkursdetermination als inadäquat erwiesen.[3] *„In assuming an underlying flexible-price monetary exchange rate model, the target zone literature may .. have been unduly naive, because the empirical evidence on the monetary models, albeit under regimes closer to a free float than a target zone, is so overwhelmingly negative."*[4]

Die Annahme der Kaufkraftparitätenbedingung bedeutet außerdem die Konstanz des realen Wechselkurses. Es ist folglich unmöglich, auf Grundlage des Krugman-Modells eine explizite Analyse realer Wechselkurszielzonen durchzuführen.[5] Durch

---

[1]Vgl. Abschnitt 3.1.

[2]Vgl. Frenkel (1981a), (1981b) und Dornbusch (1980), (1985) und (1987).

[3]Vgl. u.v. Frankel (1993), und Sutherland (1994). Auch Krugman selbst spricht von einer empirisch nicht zu rechtfertigenden Renaissance des einfachen Geldmarktansatzes im Zusammenhang mit Zielzonenmodellen (vgl. Krugman (1992), S.13f.).

[4]Taylor (1995a) S.39.

[5]Beetsma und van der Ploeg (1992) gehen in ihrer Kritik am zugrundegelegten Geldmarktansatz soweit, daß sie fragen, warum die beteiligten Länder unter diesen Voraussetzungen nicht gleich eine Währungsunion bilden sollten, um die Vorteile eines optimalen Währungsraums zu realisieren.

182

eine Modifikation des modelltheoretischen Hintergrundes soll deshalb in diesem Kapitel die Analyse auf den Fall realer Wechselkurszielzonen erweitert werden. Eine einfache und empirisch gehaltvolle Methode zur Erweiterung der Analyse um reale Wechselkurseffekte besteht in der Unterstellung träger Güterpreisreaktionen bei Gütermarktungleichgewichten.[6] Hierbei wird die Gültigkeit der Kaufkraftparitätenbedingung nur noch langfristig, im steady state der Wirtschaft, behauptet. Mit dieser Modifikation läßt sich gleichzeitig der Einfluß des modelltheoretischen Hintergrundes auf die Zielzonenergebnisse untersuchen.

Im Abschnitt 6.1 wird zunächst eine stochastische Version des Geldmarktansatzes bei trägen Güterpreisen vorgestellt. Da für das Modell keine expliziten algebraischen Lösungen verfügbar sind, liegt der Schwerpunkt in diesem Abschnitt auf der Darstellung von qualitativen Lösungsmethoden. Aufbauend auf die Analyse des deterministischen Systems wird dann in Abschnitt 6.2 die allgemeine Lösung für das stochastische System gezeigt. Anhand der Charakteristiken der allgemeinen Lösung werden in den nachfolgenden Abschnitten 6.3 und 6.4 die speziellen Lösungsfunktionen für ein nominales und ein reales Wechselkurszielzonenregime bestimmt. Es zeigt sich, daß sich aus der Annahme träger Güterpreise eine Reihe wichtiger Modifikationen ergeben, die in Abschnitt 6.5 noch einmal kurz zusammengefaßt werden.

6.1 Der Geldmarktansatz bei trägen Güterpreisen

Die Formulierung eines Geldmarktansatzes mit träger Güterpreisanpassung geht zurück auf Dornbusch (1976a). Die nachfolgende Analyse folgt den Beiträgen von Miller und Weller (1991a) und (1991b) und zeigt eine stochastische Version des Dornbusch-Modells, bei der die Preisanpassung durch die Existenz (angebotsseitiger) Schocks gestört ist.[7]

Das Modell ist als Zwei-Länder-Ansatz formuliert, bei dem ein ökonomisch kleines Inland betrachtet wird. Ausländisches Realeinkommen, ausländischer Zins und

---

[6]Entsprechende Modellerweiterungen finden sich u.a. bei Klein (1990), Miller und Weller (1989), (1991a) und (1991b), Beetsma und van der Ploeg (1992) und Sutherland (1994).

[7]Vgl. Weller (1992) und zur Diskussion dieser Annahme Sutherland (1994).

ausländisches Preisniveau sind exogen. Während die Finanzmärkte vorausschauend und erwartungsorientiert handeln, so daß eine unendlich schnelle Portfolioanpassung an (erwartete) Renditedifferenzen erfolgt, gilt diese Annahme nicht für
Gütermärkte.[8] Das Modell läßt sich in Gleichungsform wie folgt darstellen:

$$m - p = \kappa y - \theta i \tag{6.1}$$

$$y = -\gamma(i - \pi) + \eta(s - p) \tag{6.2}$$

$$dp = \phi(y - \bar{y})dt + \sigma dW \tag{6.3}$$

$$E[ds] = (i - i^*)dt \tag{6.4}$$

$$\pi = E[dp]/dt \quad , \tag{6.5}$$

mit $\kappa, \theta, \gamma, \eta, \phi, \sigma > 0$.

Gleichung (6.1) beschreibt die Gleichgewichtsbedingung für den inländischen
Geldmarkt, wobei m, p und y die Logarithmen von Geldmenge, Preisnivau und
Realeinkommen sind und i der inländische Nominalzins ist. (Kleinbuchstaben, mit
Ausnahme der Zinssätze, kennzeichnen natürliche Logarithmen der entsprechenden
Niveauvariablen.) Sie ist identisch mit der Geldmarktgleichgewichtsbedingung im
Grundmodell bei vollflexiblen Güterpreisen. Gleichung (6.2) ist eine IS-Funktion
und besagt, daß das Realeinkommen nachfragedeterminiert ist.[9] Die Nachfrage hängt
hierbei vom Realzins $i - \pi$ und vom realen Wechselkurs $s - p$ ab. (Das ausländische Preisniveau ist auf Eins normiert.) Hierbei ist s der (log) Devisenkurs und π
die erwartete momentane Inflationsrate. Nach Gleichung (6.3) ist die Inflationsrate
proportional zur Abweichung zwischen tatsächlichem Output y und Vollbeschäftigungsoutput $\bar{y}$. Dies entspricht der Annahme gradueller Preisanpassung, da sich für
$\phi < \infty$ die Preise nicht sofort vollständig an Divergenzen zwischen Angebot und
Nachfrage anpassen. Der Inflationsprozeß ist zudem stochastisch gestört, wobei der
Erwartungswert dieser Störungen Null und ihre Varianz endlich ist. dW bezeichnet
hierbei den Zuwachs eines Standard Wiener Prozesses. Gleichung (6.4) ist die ungedeckte Zinsparitätenbedingung und Gleichung (6.5) bringt schließlich die Annahme
rationaler Erwartungsbildung zum Ausdruck.

---

[8]Für eine mögliche Begründung und Diskussion der Annahme träger Güterpreisanpassung vgl.
beispielsweise Sutherland (1994) und Miller und Weller (1991b).

[9]Bei trägen Güterpreisen und veränderlicher Kaufkraftparität besteht kein Grund zur Annahme
eines exogenen Outputniveaus (vgl. Miller und Weller (1991a)).

Wie im Anhang D gezeigt ist, läßt sich das Gleichungssystem (6.1)–(6.5) äquivalent schreiben als

$$\begin{bmatrix} dp \\ \mathrm{E}[ds] \end{bmatrix} = \mathbf{A} \begin{bmatrix} p \\ s \end{bmatrix} dt + \mathbf{B} \begin{bmatrix} m \\ \bar{y} \\ i^* \end{bmatrix} dt + \begin{bmatrix} \sigma \\ 0 \end{bmatrix} dW \, , \qquad (6.6)$$

wobei

$$\mathbf{A} = \frac{1}{\Delta} \begin{bmatrix} -\phi(\gamma + \eta\theta) & \phi\eta\theta \\ 1 - \gamma\phi - \kappa\eta & \kappa\eta \end{bmatrix} , \quad \mathbf{B} = \frac{1}{\Delta} \begin{bmatrix} \phi\gamma & -\phi(\kappa\gamma + \theta) & 0 \\ \gamma\phi - 1 & -\phi\kappa\gamma & -\Delta \end{bmatrix}$$

und $\quad \Delta = \kappa\gamma + \theta - \phi\gamma\theta$.

Das System läßt sich weiter vereinfachen, indem die Änderung von Wechselkurs und Preisniveau mit Hilfe der Abweichung vom langfristigen, nicht-inflationären Gleichgewicht ausgedrückt wird. Das reduzierte System in Abweichungsform läßt sich dann schreiben als[10]

$$\begin{bmatrix} dp \\ \mathrm{E}[ds] \end{bmatrix} = \mathbf{A} \begin{bmatrix} (p - \bar{p}) \\ (s - \bar{s}) \end{bmatrix} dt + \begin{bmatrix} \sigma \\ 0 \end{bmatrix} dW \, , \qquad (6.7)$$

Dabei kennzeichnen

$$\bar{p} = m - \kappa\bar{y} + \theta i^* \qquad (6.8)$$

$$\bar{s} = m + \left(\frac{1}{\eta} - \kappa\right) \bar{y} + \left(\frac{\gamma}{\eta} + \theta\right) i^* \qquad (6.9)$$

die langfristigen Gleichgewichtswerte von Preisniveau und Wechselkurs. Nach (6.8) und (6.9) führen Geldmengenänderungen langfristig zu proportionalen Änderungen von Preisniveau und Wechselkurs. Dies zeigt, daß langfristig die Quantitätstheorie gilt und die Kaufkraftparitätenbedingung erfüllt ist. Zur Bequemlichkeit wird im weiteren $\bar{p} = \bar{s} = 0$ angenommen.[11] Somit resultiert

$$\begin{bmatrix} dp \\ \mathrm{E}[ds] \end{bmatrix} = \mathbf{A} \begin{bmatrix} p \\ s \end{bmatrix} dt + \begin{bmatrix} \sigma \\ 0 \end{bmatrix} dW \, . \qquad (6.10)$$

---

[10]Seine Herleitung ist ebenfalls im Anhang gezeigt.

[11]Diese Annahme ließe sich auch im Sinne einer Redefinition der Preis- und Wechselkursvariablen interpretieren, die dann Abweichungen von den langfristigen Gleichgewichtswerten des deterministischen Systems repräsentieren. In der graphischen Analyse verschiebt sich dabei einfach der Ursprung des Koordinatensystems in die langfristigen Gleichgewichtswerte.

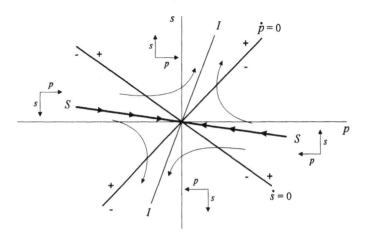

Abbildung 6.1: Phasendiagramm für das deterministische System

Die Dynamik des deterministischen Dornbusch-Modells ist wohlbekannt und ergibt sich, wenn $\sigma = 0$ gesetzt wird. Die grundlegenden Eigenschaften des stochastischen Systems sind eng mit denen der deterministischen Lösung verknüpft. Ausgangspunkt der weiteren Analyse ist daher zunächst die Lösung des deterministischen Systems.[12] Die notwendige und hinreichende Bedingung dafür, daß das System (6.10) einen einzigen konvergierenden Sattelpfad aufweist, ist, daß die Koeffizientenmatrix **A** eine negative Determinante besitzt (und die charakteristische Gleichung somit eine positive und eine negative Wurzel hat).[13] Mit det **A** $= -\phi\theta/\Delta$ ist dies genau dann der Fall, wenn $\Delta > 0$ ist, was äquivalent zu $\phi - \frac{1}{\gamma} < \frac{\kappa}{\theta}$ ist.

Die qualitative Lösung des deterministischen Systems zeigt das Phasendiagramm in Abbildung 6.1. Die $dp/dt = \dot{p} = 0$ und $E[ds]/dt = \dot{s} = 0$ Lozi teilen den Phasenraum in vier Bereiche. Sie lassen sich durch entprechendes Umformen und Einsetzen aus (6.10) berechnen. Der $\dot{p} = 0$ Lokus ist gegeben durch

$$\dot{p} = 0 : \qquad s = \left(\frac{\gamma}{\eta\theta} + 1\right) p . \qquad (6.11)$$

[12]Vgl. auch Miller und Weller (1991a) und (1991b).

[13]Vgl. MacDonald und Taylor (1989a). Für die allgemeinen Grundlagen der mathematischen und nachfolgenden graphischen Analyse vgl. z.B. Chiang (1984), Kap. 18. Zum Verständnis der Notwendigkeit einer Sattelpfadlösung bei Modellen mit rationalen Erwartungen vgl. Begg (1982), Kap. 3.2.

Seine Steigung ist positiv und größer Eins. Der $\dot{s} = 0$ Lokus ist gegeben durch

$$\dot{s} = 0 : \qquad s = \frac{\gamma\phi + \kappa\eta - 1}{\kappa\eta} \, p \, . \tag{6.12}$$

Für $\gamma\phi + \kappa\eta < 1$ ist seine Steigung negativ und für $\gamma\phi + \kappa\eta > 1$ positiv, aber – sofern die Determinante der Koeffizientenmatrix $\mathbf{A}$ negativ ist – kleiner als die des $\dot{p} = 0$ Lokus. Die steady state Lösung des Systems für p und s befindet sich im Schnittpunkt beider Stationaritätslozi.

Die qualitativen dynamischen Eigenschaften des Modells werden durch die richtungsweisenden Pfeile veranschaulicht. Diese zeigen die intertemporale Bewegung von p und s in den vier Bereichen des Phasenraums. Die richtungsweisenden Pfeile lassen sich aus der Betrachtung von Variablenkonstellationen herleiten, die nicht auf den Stationaritätslozi liegen. Formal ergibt sich aus (6.10)

$$\frac{\partial}{\partial s} \, \dot{p} = \frac{\phi\eta\theta}{\Delta} > 0 \, .$$

Unterhalb der $\dot{p} = 0$ Linie muß $\dot{p}$ daher negativ und oberhalb positiv sein; von daher die Vorzeichen an der Linie. Befindet sich die Wirtschaft in einer Situation oberhalb der $\dot{p} = 0$ Linie, so kommt es zu einem Anstieg des Preisniveaus. Dies erklärt sich daraus, daß ein beim gegebenen Preisniveau zu hoher Wechselkurs eine real unterbewertete Inlandswährung und damit eine Überschußnachfrage am Gütermarkt impliziert. Variablenkonstellationen unterhalb der $\dot{p} = 0$ Linie führen entsprechend umgekehrt zu einem Sinken des Preisniveaus. Dies wird durch die horizontalen Richtungspfeile veranschaulicht.

Für $\dot{s}$ folgt aus (6.10)

$$\frac{\partial}{\partial p} \, \dot{s} = \frac{1 - \gamma\phi - \kappa\eta}{\Delta} \gtrless 0 \qquad \text{für} \quad \gamma\phi + \kappa\eta \lessgtr 1 \, .$$

Sofern der $\dot{s} = 0$ Lokus fallend verläuft, wechselt $\dot{s}$ also von links nach rechts das Vorzeichen von Minus zu Plus.[14] Da Punkte links von $\dot{s} = 0$ ein relativ zu niedriges

---

[14]Bei einer solchen Parameterkonstellation kommt es im Zuge einer permanenten Erhöhung des Geldangebots zum Überschießen des Wechselkurses über den langfristigen Gleichgewichtswert. Dies entspricht dem 'Normalfall' des Dornbusch-Modells. Im Anhang E ist zum Vergleich auch ein Phasendiagramm für $\gamma\phi + \kappa\eta > 1$ und steigendem Verlauf von $\dot{s} = 0$ gezeigt. In dieser Situation wechselt $\dot{s}$ von links nach rechts das Vorzeichen von Plus zu Minus. Der stabile Sattelpfad hat dann eine positive Steigung. Bei permanenten Erhöhung des Geldangebots unterschießt der Wechselkurs daher seinen langfristigen Gleichgewichtswert. Im Anhang wird ebenfalls die graphische Analyse einer Geldangebotserhöhung gezeigt.

Preisniveau implizieren, liegt das reale Geldangebot über seinem gleichgewichtigen Wert. Damit ist der Inlandszins niedriger als der Auslandszins, was durch eine Aufwertungserwartung für die Inlandswährung kompensiert werden muß. Variablenkonstellationen rechts von $\dot{s} = 0$ führen entsprechend umgekehrt zu einer Abwertungserwartung für die Inlandswährung. Dies wird durch die vertikalen Richtungspfeile veranschaulicht.

Die richtungsweisenden Pfeile dienen als Grundlage der Konstruktion von Trajektorien, welche die dynamische Entwicklung des Systems von einem gegebenen Anfangspunkt aus beschreiben. Die Trajektorien verdeutlichen die Implikationen der Richtungspfeile. In der Abbildung ist der prinzipielle Verlauf einiger Trajektorien gezeigt.[15] Unter der Annahme rationaler Erwartungen ist dabei letztlich nur jene Trajektorie relevant, die durch den stabilen Sattelpfad beschrieben ist. Dem liegt die Annahme zugrunde, daß die Individuen (zumindest auf Dauer) nicht bereit sein werden, in einer instabilen Wirtschaft zu leben. Durch ihr Verhalten sorgen sie dafür, daß sich die Wirtschaft stets auf dem stabilen Sattelpfad befindet.[16] Angesichts der unterstellten Preisträgheit bedeutet dies, daß bei Störungen, die den Sattelpfad modifizieren, der Wechselkurs auf den neuen Sattelpfad springt, um an ihm entlang zum neuen Gleichgewicht zu konvergieren.[17]

Der qualitative Verlauf des stabilen Sattelpfads ist angesichts der richtungsweisenden Pfeile einfach zu deduzieren. In der Abbildung muß er fallend verlaufen und ist mit SS bezeichnet. Algebraisch ergibt sich seine Steigung aus dem Eigenvektor, der zum negativen Eigenwert der charakteristischen Gleichung von (6.10) gehört.[18] Jeder zum Eigenwert r gehörende Eigenvektor $[\,1\,,\,\lambda\,]'$ erfüllt die Bedingung[19]

$$\mathbf{A} \begin{bmatrix} 1 \\ \lambda \end{bmatrix} = r \begin{bmatrix} 1 \\ \lambda \end{bmatrix} , \qquad (6.13)$$

---

[15]Zu beachten ist, daß beim Überschreiten der Stationaritätslozi keine Änderung der entsprechenden Variable erfolgt. An der Stelle, wo Trajektorien den $\dot{p} = 0$ Lokus schneiden, verlaufen sie demzufolge senkrecht und dort, wo sie den $\dot{s} = 0$ Lokus schneiden, waagerecht.

[16]Vgl. ausführlich Begg (1982).

[17]Vgl. MacDonald und Taylor (1989a).

[18]Die charakteristische Gleichung von (6.10) ist gegeben durch $|\mathbf{A} - r\mathbf{I}| = 0$. Dabei ist r der Eigenwert der Matrix $\mathbf{A}$ und $\mathbf{I}$ die Einheitsmatrix.

[19]Vgl. nachfolgend auch Miller und Weller (1991a), Anhang II.

wobei λ die Steigung des Eigenvektors ist.[20] Multipliziert man (6.13) aus:

$$a_{11} + a_{12}\lambda \;=\; r \qquad (6.14)$$

$$a_{21} + a_{22}\lambda \;=\; r\lambda\,, \qquad (6.15)$$

so zeigt sich nach Gleichsetzen für r, daß die Steigungskoeffizienten der Eigenvektoren auch direkt aus der quadratischen Gleichung

$$a_{12}\lambda^2 + (a_{11} - a_{22})\lambda - a_{21} = 0 \qquad (6.16)$$

berechnet werden können. Dabei bezeichnet a_{ij} das entsprechende Element der Matrix **A**. Durch Rücksubstitution in (6.14) oder (6.15) lassen sich aus den Eigenvektoren die zugehörigen Eigenwerte berechnen. Zu beachten ist dabei, daß der stabile Eigenwert r_s immer negativ ist, während der instabile Eigenwert r_i positiv ist. Demzufolge hat der instabile Eigenvektor λ_i, der in Abbildung 6.1 mit II bezeichnet ist, immer eine positive Steigung: für $\Delta > 0$ ist $a_{11} < 0 < a_{12}$ und folglich

$$\lambda_i = \frac{r_i - a_{11}}{a_{12}} > 0\,.$$

Die Gleichung zeigt außerdem, daß die Steigung des stabilen Eigenvektors λ_s wegen $r_s < 0 < r_i$ in jedem Fall geringer ist als die des instabilen Eigenvektors. Das Vorzeichen von λ_s hängt jedoch von den spezifischen Parameterwerten ab. Da $a_{22} > 0$ und $a_{21} \gtrless 0$ für $\gamma\phi + \kappa\eta \lessgtr 1$, ist

$$\lambda_s = \frac{a_{21}}{r_s - a_{22}} \lessgtr 0$$

für $\gamma\phi + \kappa\eta \lessgtr 1$.

6.2 Die allgemeine Lösung für das stochastische System

Aufbauend auf die qualitative Lösung des deterministischen Systems soll nun die allgemeine Lösung für das stochastische System hergeleitet werden. Nach Ausmul-

---

[20]Zu jedem Eigenwert r_n gehört eine nicht abzählbare Menge linear abhängiger Eigenvektoren $[p_n\,,\,s_n\,]'$, die der Bedingung $(a_{11} - r)\,p_n + a_{12}s_n = 0$ genügen. Das übliche Verfahren zur Bestimmung einer einzigen Lösung ist die Normierung des Eigenvektors mit der Bedingung $p_n^2 - s_n^2 = 1$ (vgl. Chiang (1984), S.326ff.). Wenn nun stattdessen $p_n = 1$ gesetzt wird, resultiert mit $s_n = \lambda$ die Steigung des Eigenvektors.

tiplizieren und Umformen läßt sich (6.10) schreiben als

$$dp = (a_{11}p + a_{12}s)\,dt + \sigma dW \tag{6.17}$$

$$s = -\frac{a_{21}}{a_{22}}p + \frac{1}{a_{22}}\,\mathrm{E}[ds]/dt\,, \tag{6.18}$$

wobei a_{ij} das entsprechende Element der Matrix **A** bezeichnet. In dieser Schreibweise wird die formale Ähnlichkeit mit den Modellen der vorangegangenen Kapitel deutlich.[21] Ein wesentlicher Unterschied zur vorangegangenen Analyse ist jedoch, daß dp eine endogen bestimmte Drift aufweist, die nicht nur vom eigenen Ausgangswert, sondern auch vom Wechselkurs abhängt. Hierdurch erschwert sich die formale Analyse erheblich. Dies führt dazu, daß im weiteren die qualitativen Lösungseigenschaften in den Mittelpunkt der Betrachtung gestellt werden.[22]

Zunächst wird die Familie der zeitunabhängigen Lösungsfunktionen $s = s(p)$ bestimmt, die das Gleichungssystem (6.10) erfüllen. Es sei angenommen, daß $s(p)$ hinreichend stetig differenzierbar ist. Mit Hilfe der Itô Formel erhält man das stochastische Differential von s als

$$ds = s_p(p)\,dp + \frac{1}{2}\sigma^2\,s_{pp}(p)\,dt\,, \tag{6.19}$$

wobei s_p und s_{pp} die ersten und zweiten partiellen Ableitungen von s nach p bezeichnen.[23] Diese Differentialgleichung definiert allgemein die gesuchte Familie der Lösungsfunktionen. Aus (6.19) erhält man

$$\mathrm{E}[ds] = s_p(p)\,\mathrm{E}[dp] + \frac{1}{2}\sigma^2\,s_{pp}(p)\,dt\,. \tag{6.20}$$

Substituiert man aus (6.10) für die erwarteten Wechselkurs- und Preisänderungen, resultiert[24]

$$\left(a_{21}p + a_{22}s(p)\right)dt = s_p(p)\left(a_{11}p + a_{12}s(p)\right)dt + \frac{1}{2}\sigma^2 s_{pp}(p)\,dt$$

$$\Leftrightarrow \frac{1}{2}\sigma^2 s_{pp}(p) + \left(a_{11}p + a_{12}s(p)\right)s_p(p) - \left(a_{21}p + a_{22}s(p)\right) = 0\,. \tag{6.21}$$

---

[21]Vgl. hierzu (6.17) und (6.18) mit den Gleichungen (4.28) und (4.30) auf Seite 113 oder den Gleichungen (5.1) und (5.2) auf Seite 160.

[22]Die Abhängigkeit der Preisniveaudrift vom eigenen Ausgangsniveau stellt allein kein besonderes Problem dar. Für $a_{12} = 0$ folgt dp einem einfachen Ornstein-Uhlenbeck Prozeß und die allgemeine Modelllösung läßt sich mit Hilfe der konfluenten hypergeometrischen Funktion beschreiben.

[23]Für die mathematischen Grundlagen vgl. Anhang B im Kapitel 3.

[24]Vgl. auch Miller und Weller (1991a).

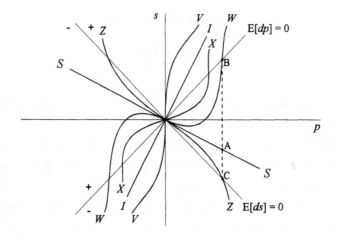

Abbildung 6.2: Phasendiagramm für das stochastische System

Diese nichtlineare Differentialgleichung zweiter Ordnung besitzt keine allgemeine Lösung in geschlossener Form.[25] Die qualitativen Eigenschaften möglicher Lösungen lassen sich aber im Phasendiagramm analysieren und sind in Abbildung 6.2 dargestellt. Gezeigt sind ausschließlich Trajektorien, die durch den Ursprung verlaufen, für die also $s(0) = 0$ ist.[26] Ein fundamentaler Unterschied zum deterministischen System besteht offensichtlich darin, daß viele Trajektorien diese Eigenschaft besitzen.[27] Dies ergibt sich daraus, daß eine Differentialgleichung zweiter Ordnung zwei Nebenbedingungen erfordert, um eine einzelne Lösungsfunktion zu beschreiben. Daher ist die Zahl der Lösungsfunktionen, die der Bedingung $s(0) = 0$ genügen, nicht abzählbar.

Die beiden gezeigten linearen Lösungen, *SS* und *II*, sind identisch mit dem stabilen und dem instabilen Sattelpfad des deterministischen Systems. Dies kann insofern nicht überraschen, als daß sich eine lineare Lösung aus (6.21) genau dann ergibt, wenn $\sigma = 0$ ist, womit für (6.10) das deterministische System resultiert.

---

[25]Vgl. ebenda und Miller und Weller (1991b). Numerische Lösungsverfahren werden in Sutherland (1994) und Klein (1990) gezeigt.

[26]Derartige Trajektorienscharen verlaufen durch jeden Punkt des Phasenraums. Da nachfolgend ausschließlich symmetrische Währungsbänder betrachtet werden, sind in der Abbildung nur solche Trajektorien gezeigt, die als prinzipielle Lösung eines symmetrischen Zielzonenregimes in Frage kommen.

[27]Im deterministischen System laufen nur die beiden Sattelpfade durch den Ursprung. Alle anderen Trajektorien erreichen den Ursprung nicht, sondern werden vorher von ihm abgelenkt.

Der natürliche Kandidat für die Modellösung bei flexiblen Wechselkursen im stochastischen Umfeld ist der stabile Sattelpfad SS des deterministischen Systems.[28] Er kennzeichnet die einzige Trajektorie, bei der im gesamten Verlauf die erwartete Entwicklung von Wechselkurs und Preisniveau in Richtung der langfristigen Gleichgewichtswerte gerichtet ist.[29] Dadurch garantiert allein dieser Anpassungspfad die Existenz einer stationären Wechselkursverteilung. Sofern die Individuen davon ausgehen, daß Güter- und Finanzmarktungleichgewichte im Zeitablauf verschwinden und die Wirtschaft langfristig zum Gleichgewicht konvergiert, wird die Wirtschaft immer wieder auf diesen Anpassungspfad zurückkehren. Durch ihr erwartungskonformes Verhalten sorgen die Individuen dafür, daß Preisschocks nur kurze, zufällige Fluktuationen um den stabilen Gleichgewichtspfad bewirken.[30]

Die Vielzahl der Trajektorien, die $s(0) = 0$ erfüllen, resultiert letztlich daraus, daß im stochastischen System Wechselkursänderungserwartungen durch die Krümmungseigenschaften der Lösungsfunktion mitbestimmt sind. Dies wird am $s_{pp}(p)$ Term in (6.20) sichtbar, über den die Konkavität oder Konvexität der Lösungsfunktion einen Einfluß auf die Wechselkursänderungserwartungen ausübt. Ein solcher Einfluß ist beim deterministischen Modell nicht vorhanden.

Da alle Trajektorien punktsymmetrisch zum Ursprung sind, konzentriert sich die weitere Beschreibung der Modellösungen auf die beiden rechten Quadranten des Phasendiagramms.[31]

Trajektorien wie ZZ, die im Ursprung eine kleinere Steigung aufweisen als der stabile Eigenvektor SS, entfernen sich mit steigendem Preisniveau immer weiter vom stabilen Eigenvektor und verlaufen überall konkav. Trajektorien wie WW und XX, deren Steigung im Ursprung zwischen denen der beiden Eigenvektoren liegt, entfernen sich zunächst immer stärker vom stabilen Eigenvektor, erreichen dann einen Wendepunkt, von dem aus sie sich asymptotisch dem instabilen Eigenvektor

---

[28]Vgl. Miller und Weller (1991b).

[29]Sofern Trajektorien vom Typ ZZ den E[ds] = 0 Lokus schneiden, besteht zwischen den Schnittpunkten für die Wirtschaft ebenfalls die Tendenz, zum steady state zu konvergieren. Trajektorien vom Typ WW weisen diese Eigenschaft zwischen ihren lokalen Extrema auf – was wesentlich für die nachfolgende Zielzonenbetrachtung ist.

[30]Vgl. in diesem Zusammenhang auch Begg (1982), Kap.3.

[31]Vgl. zum nachfolgenden auch Miller und Weller (1991a) und (1991b).

II annähern. Sie verlaufen daher zunächst konvex und dann konkav. Trajektorien wie *VV* schließlich, deren Steigung im Ursprung größer als die des instabilen Eigenvektors ist, sind zunächst konkav und nähern sich nach Erreichen eines Wendepunktes ebenfalls asymptotisch dem instabilen Eigenvektor an.

Diese Krümmungseigenschaften lassen sich aus dem Vergleich der Steigungen von Trajektorien für das deterministische und das stochastische Modell herleiten:[32] Sei

$$g(p,s) \equiv \frac{ds}{dp} = \frac{a_{21}p + a_{22}s}{a_{11}p + a_{12}s}$$

die aus (6.10) für $\sigma = 0$ resultierende Steigung der Trajektorien des deterministischen Systems an der Stelle (p,s). Die Krümmungseigenschaften der stochastischen Trajektorien ergeben sich aus (6.20), wonach

$$s_{pp}(p) = \frac{2E[dp]}{\sigma^2 dt}\left(\frac{E[ds]}{E[dp]} - s_p(p)\right) .$$

Da unter rationalen Erwartungen $E[ds]\,/\,E[dp] = g(p,s)$ ist, kann hierfür auch geschrieben werden

$$s_{pp}(p) = \frac{2E[dp]}{\sigma^2 dt}\big(g(p,s) - s_p(p)\big) .$$

Im Bereich $E[dp] > 0$ verlaufen die stochastischen Lösungen folglich konvex ($s_{pp} > 0$), wenn im selben Punkt des Phasenraums die Steigung der deterministischen Trajektorie größer ist als die Steigung der stochastischen Trajektorie. Ist die Steigung der deterministischen Trajektorie kleiner als die Steigung der stochastischen Trajektorie, so verläuft die stochastische Trajektorie konkav ($s_{pp} < 0$). Diese Zusammenhänge kehren sich im Bereich $E[dp] < 0$ um. Hieraus resultieren die beschriebenen Trajektorienverläufe.[33]

Eine intuitive Vorstellung bezüglich der Krümmungseigenschaften läßt sich auch mit Abbildung 6.2 vermitteln. Bei der nachfolgenden Betrachtung wird gleichzeitig deutlich, warum sich im stochastischen Modell die Anzahl der Lösungen erhöht. In

---

[32]In Miller und Weller (1988) werden die Krümmungseigenschaften der stochastischen Trajektorien bewiesen. Die grundlegende Argumentation wird auch kurz in Miller und Weller (1991a), Anhang III gezeigt.

[33]Für eine graphische Analyse vgl. auch Miller und Weller (1991a), S.213.

Abbildung 6.2 sind drei Trajektorien gezeigt, die für ein gegebenes Preisniveau durch unterschiedliche Punkte A, B und C des Phasenraums verlaufen.[34]

Punkt A liegt auf dem stabilen Sattelpfad, dessen Steigung durch den Eigenvektor λ_s gegeben ist. Seine Lage in Relation zu den Lozi erwarteter Stationarität, $E[dp] = 0$ und $E[ds] = 0$, impliziert, daß in A die erwartete Preisänderung negativ und die erwartete Wechselkursänderung positiv ist.

Punkt B liegt auf der Geraden erwarteter Preisniveaustabilität. Da dort $E[dp] = 0$ gilt und B Punkt einer Lösungsfunktion $s = s(p)$ ist, scheint hieraus $E[ds] = 0$ folgen zu müssen. Dazu steht jedoch im Widerspruch, daß B oberhalb von A liegt und offensichtlich kein Punkt des $E[ds] = 0$ Lokus ist.[35] Dieser scheinbare Widerspruch wird dadurch gelöst, daß p im Zeitablauf stochastisch schwankt. Der Erwartungswert von dp ist zwar Null, nicht jedoch die Varianz. Durch die Konvexität der WW Funktion im Punkt B sind hiermit positive Wechselkursänderungserwartungen verbunden, so daß WW tatsächlich eine Lösungsfunktion für (6.10) ist. Dabei gilt $E[ds]/dt = \sigma^2 s_{pp}/2$.[36]

Punkt C liegt auf der Geraden erwarteter Wechselkursstationarität. In C sind daher die Wechselkursänderungserwartungen auf Null gesunken. Im Vergleich zum Punkt A sind im Punkt C jedoch sowohl der Absolutwert der Preisänderungserwartung, $E[dp]$, als auch die betragsmäßige Steigung der Lösungsfunktion, s_p, gestiegen.[37] Der erste Term in (6.20) zeigt, daß, isoliert betrachtet, hiervon ein positiver Einfluß auf die Wechselkursänderungserwartung ausgehen muß. Daß hierin kein Widerspruch zur Lage von C auf dem Stationaritätslokus besteht und ZZ mithin eine Lösung für (6.21) ist, resultiert wiederum aus dem stochastischen Verhalten der Preisentwicklung. Die Varianz von p erzeugt bei konkavem Verlauf von

---

[34]Die nachfolgende Argumentation lehnt sich an Miller und Weller (1991a) an. In der dortigen Formulierung geraten die Zusammenhänge jedoch etwas unübersichtlich, zumal die von den Autoren besprochene Trajektorie WW im relevanten Punkt die falschen Krümmungseigenschaften aufweist.

[35]Aus (6.10) ergibt sich $\frac{\partial}{\partial s} \frac{E[ds]}{dt} = a_{22} > 0$. $E[ds]$ wächst für ein gegebenes Preisniveau also monoton in s und muß daher in B größer sein als in A.

[36]Dies ist die Folge von Jensens Ungleichung: für $s_{pp} > 0$ ist $E[s(p)] > s(E[p])$. Im Punkt B ist $E[ds]$ daher größer Null.

[37]Aus (6.10) ergibt sich $\frac{\partial}{\partial s} \frac{E[dp]}{dt} = a_{12} > 0$. $E[dp]$ sinkt für ein gegebenes Preisniveau also monoton in s und muß daher in C kleiner sein als in A.

194

ZZ an der Stelle C Aufwertungserwartungen, die den Einfluß der absoluten Steigungszunahme und der erhöhten Deflationserwartung kompensieren. In C gilt daher $\sigma^2 s_{pp}/2 = -s_p E[dp]$ und somit $E[ds] = 0$.

6.3 Eine Zielzone für den nominalen Wechselkurs

In diesem Abschnitt wird aus der Familie der Lösungsfunktionen des stochastischen Systems jene Lösungsfunktion ermittelt, welche die mit dem Zielzonenregime verbundenen Nebenbedingungen erfüllt. Betrachtet wird eine symmetrische Zielzone, für die $s(0) = 0$ und $s_{min} = -s_{max}$ ist.[38]

Unterstellt man wiederum, daß die Zielzone aus Sicht der Devisenmarktakteure perfekt glaubwürdig ist, so muß auch bei trägen Güterpreisen eine Gleichgewichtsfunktion resultieren, die Tangente an die Ränder des Währungsbandes ist.[39] Als Lösungsfunktion für (6.21) kommt im Zielzonenregime daher allein eine Trajektorie in Frage, deren prinzipieller Verlauf dem von WW in Abbildung 6.2 entspricht. Im relevanten Bereich zwischen ihren lokalen Extrema ist eine solche Trajektorie stabil. Die gleichzeitige Entwicklung von Wechselkurs und Preisniveau läßt die Wirtschaft zum steady state konvergieren.

Abbildung 6.3 zeigt die Zielzonenwechselkursfunktion $s(p)$ für ein nominales Währungsband. Da eine Erhöhung des Preisniveaus zu einer Verringerung der realen Geldmenge führt, kehrt sich der Steigungszusammenhang zwischen Fundamentalfaktor und Wechselkurs gegenüber den bisher betrachteten Modellen um und ist negativ. Der stabile Sattelpfad SS repräsentiert die Modellösung für flexible Wech-

---

[38]Zum weiteren Vorgehen vgl. auch Miller und Weller (1991a).
[39]Die smooth pasting Eigenschaft von Zielzonenwechselkursfunktionen wurde ausführlich in Abschnitt 3.2.1 begründet. Trajektorien, welche die Grenzen des Währungsbandes schneiden, kommen als Gleichgewichtsfunktion für den Zielzonenwechselkurs daher nicht in Frage. Ihr Verlauf wäre inkonsistent mit den zugrundeliegenden Erwartungen der Devisenmarktakteure bezüglich zukünftiger Realisationen von Preisniveau und Wechselkurs. Formal argumentiert darf die Lösungsfunktion bei Erreichen der Interventionspunkte keine Knickstellen haben, weil sie an einer solchen Stelle nicht stetig differenzierbar wäre und die Ausgangsgleichung (6.18) verletzte.

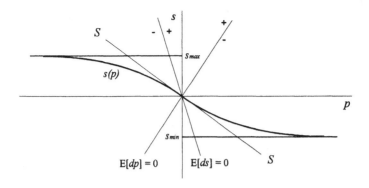

Abbildung 6.3: Die Zielzonenwechselkursfunktion bei trägen Güterprei-
sen und einem nominalen Wechselkursband

selkurse. Da Trajektorien wie WW zwischen ihren lokalen Extrema flacher verlaufen müssen als SS, zeigt sich, daß es auch bei trägen Güterpreisen zu einem honeymoon effect kommt: Im oberen Bereich des Währungsbandes verläuft $s(p)$ unterhalb des stabilen Sattelpfades et vice versa. Die Ankündigung von Interventionen bei Errei-chen der Zielzonenränder erweist sich auch hier als inhärent stabilisierend für die Wechselkursentwicklung. Der Zielzonenwechselkurs reagiert auf jede gegebene Ände-rung des Preisniveaus im geringeren Ausmaß als ein frei flexibler Kurs. Andersher-um betrachtet nimmt also für einen gegebenen Wechselkurs der Umfang möglicher Preisniveauabweichungen zum Ausland zu.

Für die monetären Autoritäten impliziert die Einführung einer nominalen Wech-selkurszielzone, daß beim Erreichen der Interventionspunkte Preisschocks, die den Wechselkurs über die Zonenränder hinaustreiben könnten, monetär akkommodiert werden müssen. Innerhalb der Zielzone ist das Geldangebot konstant. Bei Erreichen der Interventionspunkte muß eine weitere Änderung des Preisniveaus dahingehend kompensiert werden, daß die damit verbundene Veränderung der realen Geldmenge den Wechselkurs die Ränder des Währungsbandes nicht überschreiten läßt. Ein we-sentlicher Unterschied zu den bisherigen Zielzonenmodellen ist jedoch, daß hierfür keine vollständige Akkommodation der Preisniveauentwicklung erforderlich ist.

Bei den Zielzonenmodellen, die auf dem Geldmarktansatz bei vollflexiblen Prei-sen basierten, mußten Fundamentalfaktorschocks beim Erreichen der Interventionspunkte im Verhältnis Eins zu Eins durch geldangebotspolitische Maßnahmen kompensiert werden, wenn andernfalls der Wechselkurs das Währungsband zu verlassen drohte. Bei trägen Güterpreisen ist demgegenüber der erforderliche Interventionsumfang abhängig von den Modellparametern.

Dies läßt sich am einfachsten verdeutlichen, wenn für den Moment unterstellt wird, daß beim Erreichen der Interventionspunkte mit Hilfe von *finiten* Interventionen ein Kapitalmarktarbitragegleichgewicht hergestellt wird, durch das eine Stabilisierung der Wechselkurserwartungen auf dem gegebenen Niveau erfolgt. Es wird also eine Interventionspolitik betrachtet, bei der sich s für einen endlichen Zeitraum am Rand des Währungsbandes aufhalten kann.[40]

Damit $E[ds]/dt$ bei Erreichen der Interventionspunkte für einen endlichen Zeitraum Null sein kann, muß die inländische Zentralbank das Geldangebot soweit anpassen, daß die Differenz zwischen Inlandszins und Auslandszins Null wird. Die erforderliche Geldmengenveränderung läßt sich aus Gleichung (6.6) berechnen. Mit

$$\frac{E[ds]}{dt} = a_{21}p + a_{22}s_{min} + b_{21}m - i^* \qquad (6.22)$$

resultiert für $E[ds]/dt = 0$

$$m = -\frac{\Delta}{1 - \gamma\phi}i^* + \frac{1 - \gamma\phi - \kappa\eta}{1 - \gamma\phi}p + \frac{\kappa\eta}{1 - \gamma\phi}s_{min} . \qquad (6.23)$$

Da $(1 - \gamma\phi - \kappa\eta)/(1 - \gamma\phi) < 1$ ist, zeigt sich, daß Preisschocks beim Erreichen eines Interventionspunktes nicht vollständig akkommodiert werden müssen, um den Wechselkurs im Währungsband zu halten.[41]

Die unvollständige monetäre Akkommodation von Preisschocks gilt auch für den Fall infinitesimaler Devisenmarktinterventionen. Dies läßt sich relativ einfach durch

---

[40]Vgl. auch Miller und Weller (1991a). Bei dieser Interventionsregel werden die Anschlußstücke des Währungsbandes an die $s(p)$ Funktion selbst zum Teil der Lösungsfunktion. Die zugrundegelegte Interventionspolitik ist jedoch als unrealistisch kritisiert worden, weshalb auch Miller und Weller in späteren Beiträgen von infinitesimalen Interventionen ausgehen. Hierbei ist die erwartete Verweildauer des Wechselkurses am Rande des Währungsbandes infinitesimal kurz (vgl. Miller und Weller (1991b)).

[41]Im Falle unterschießender Wechselkursreaktionen ist $\gamma\phi + \kappa\eta > 1$ und das 'Vorzeichen' der Geldpolitik kehrt sich um. Dies ist darauf zurückzuführen, daß im Falle des Unterschießens der stabile Sattelpfad und die Zielzonenwechselkursfunktion eine positive Steigung haben. Der Wechselkurs erreicht die Interventionspunkte folglich an den jeweils entgegengesetzten Grenzen des Fundamentalfaktorbandes.

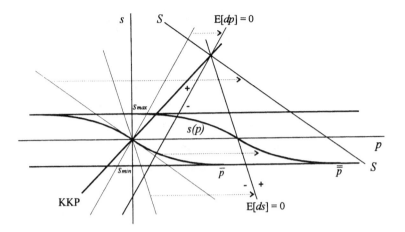

Abbildung 6.4: Infinitesimale Interventionen bei trägen Güterpreisen

Die Abbildung zeigt die Wirkung von Devisenmarktinterventionen in einer nominalen Wechselkurszielzone bei trägen Güterpreisen. Die erforderliche Interventionspolitik läßt die Zielzonenwechselkursfunktion innerhalb des Währungsbandes nach rechts gleiten. Entlang der neuen Gleichgewichtsfunktion hat sich die inländische Wettbewerbsfähigkeit deutlich verschlechtert. Daraus entsteht eine allgemeine Preissenkungstendenz, die letztlich eine Rückkehr zum ursprünglichen steady
state bewirkt.

einen Vergleich mit der erforderlichen Interventionspolitik bei einer realen Wechselkurszielzone verdeutlichen. Deshalb wird dieser Aspekt in Abschnitt 6.4 noch
einmal aufgegriffen. Zunächst soll jedoch gezeigt werden, welche Wirkungen von Interventionen bei einem nominalen Währungsband ausgehen. Die Zusammenhänge
veranschaulicht Abbildung 6.4.

Erreicht der Wechselkurs zum Bespiel in $\bar{p}$ den unteren Interventionspunkt,
so muß die Zentralbank bei positiven Preisschocks die Geldmenge gerade soweit
erhöhen, daß ein weiteres Absinken des Wechelkurses verhindert wird. Die interventionsbedingten Geldmengenerhöhungen sind lokal irreversibel; innerhalb des Währungsbandes bleibt das Geldangebot konstant, so daß bei Preisbewegungen zurück
zum ursprünglichen Gleichgewicht die Geldmengenerhöhung nicht rückgängig gemacht wird. Erst bei Erreichen des oberen Interventionspunktes würde im Zuge von
Devisenmarktinterventionen das Geldangebot sinken.

Die Geldmengenerhöhung bewirkt einen Anstieg der langfristigen Gleichgewichtswerte für Preisniveau und Wechselkurs. Das neue steady state befindet sich im
Schnittpunkt zwischen den im Ausmaß der Geldmengenerhöhung verschobenen Lozi

erwarteter Preisniveau- und Wechselkursstationarität. Da langfristig die Kaufkraft-paritätenbedingung (KKP) erfüllt ist, muß der Schnittpunkt auf der KKP-Geraden liegen.

Im Zuge der Devisenmarktinterventionen gleitet die Zielzonenwechselkursfunk-tion nach rechts. In der Abbildung ist unterstellt, daß positive Preisschocks das Preisniveau bis auf $\bar{p}$ erhöht haben. In $\bar{\bar{p}}$ ist daher der Tangentialpunkt der Zielzo-nenwechelkursfunktion mit dem unteren Rand des Währungsbandes. Sie schneidet die Preisachse im selben Punkt wie der $E[ds] = 0$ Lokus, so daß im unteren Bereich des Währungsbandes $E[ds] > 0$ und im oberen Bereich $E[ds] < 0$ ist.

Da der neue steady state nicht mehr im Mittelpunkt der Zielzone liegt, geht der symmetrische Charakter der Lösung verloren. Die neue Zielzonenwechselkursfunkti-on liegt links vom stabilen Sattelpfad und fast vollständig unterhalb des $E[dp] = 0$ Lokus. Die unvollständige Akkommodation der Preisniveauerhöhungen hat in $\bar{\bar{p}}$ das reale Geldangebot gesenkt, wodurch sich das inländische Zinsniveau erhöht hat. Gleichzeitig ist in $\bar{\bar{p}}$ der reale Wechselkurs bei unverändertem nominalen Wechsel-kurs gesunken. Durch diese reale Aufwertung hat sich die inländische Wettbewerbs-position verschlechtert und die Nachfrage reduziert. Entlang der neuen Zielzonen-wechselkursfunktion sind Nachfrage und Output daher fast überall geringer als der Vollbeschäftigungsoutput. Die hieraus resultierende (nahezu) globale Preissenkungs-tendenz führt zu einem flacheren Verlauf der Zielzonenwechselkursfunktion, da der Umfang erwarteter Preisniveausenkungen insgesamt gestiegen ist.

Als Folge der unvollständigen monetären Akkommodation entsteht die Tendenz zur Rückkehr zum ursprünglichen, symmetrischen steady state. Durch die entlang der neuen Zielzonenwechselkursfunktion bestehende Abwärtsdrift des Preisniveaus erhöht sich die Wahrscheinlichkeit, daß die Inlandswährung abwertet. Dies erzeugt mean reversion für den Zielzonenwechselkurs und macht das Erreichen des oberen In-terventionspunktes wahrscheinlicher, von wo aus sich der gesamte Prozeß umkehrt.[42] Bei einer nominalen Wechselkurszielzone folgen daher Geldangebot, Preisniveau, no-minaler und realer Wechselkurs global stationären Prozessen.

Das Zielzonenmodell bei trägen Güterpreisen bietet damit eine weitere Erklärung für die empirisch zu beobachtende hügelförmige Gestalt asymptotischer Wechsel-

---

[42]Vgl. auch Miller und Weller (1991b).

kurshäufigkeitsdichten.[43] Die mean reverting Tendenz ist allerdings im starken Ausmaß von der jeweiligen Parameterkonstellation abhängig.[44] Und obwohl eine allgemeine Tendenz der Rückkehr zum ursprünglichen Gleichgewicht besteht, kann der erforderliche Anpassungsprozeß sehr langsam verlaufen und mit ausgeprägten und andauernden Abweichungen des realen Wechselkurses von der Kaufkraftparität einhergehen.[45] Die Festlegung eines nominalen Währungsbandes beschränkt insofern nicht unmittelbar den Schwankungsbereich realer Wechselkurse.

6.4 Eine Zielzone für den realen Wechselkurs

Der Geldmarktansatz bei trägen Güterpreisen gestattet es ebenfalls, Zielzonen für den realen Wechselkurs zu analysieren, so, wie sie ursprünglich von Williamson (1985) und Williamson und Miller (1987) propagiert worden sind. Hierfür ist es sinnvoll, das reduzierte System (6.7) in realer Form zu schreiben. Unter Verwendung des realen Wechselkurses $s_r = s - p$ und der realen Geldmenge $m_r = m - p$ ergibt sich die reduzierte Form des Modells als

$$\begin{bmatrix} dm_r \\ \mathrm{E}[ds_r] \end{bmatrix} = \mathbf{C} \begin{bmatrix} (m_r - \overline{m}_r) \\ (s_r - \overline{s}_r) \end{bmatrix} dt - \begin{bmatrix} \sigma \\ 0 \end{bmatrix} dW \ . \qquad (6.24)$$

Hierbei ist

$$\mathbf{C} = \frac{1}{\Delta} \begin{bmatrix} -\gamma\phi & -\phi\eta\theta \\ -1 & \eta(\kappa - \phi\theta) \end{bmatrix} \quad \text{und} \quad \Delta = \kappa\gamma + \theta - \phi\gamma\theta \ .$$

Die Herleitung dieser reduzierten Form ist im Anhang D gezeigt.[46] Zu beachten ist, daß die Kapitalmarktgleichgewichtsbedingung nunmehr erfordert, daß die erwartete reale Abwertung dem internationalen Realzinsdifferential entspricht.

---

[43]Vgl. in diesem Zusammenhang auch die Abschnitte 3.3.1 und 5.3.

[44]Die in Beetsma und van der Ploeg (1992) und Sutherland (1994) durchgeführten Monte Carlo Simulationen zeigen, daß nur bei bestimmten Parameterkonstellationen eine hügelförmige asymptotische Wahrscheinlichkeitsdichte resultiert.

[45]Vgl. Miller und Weller (1991b).

[46]Dort wird auch deutlich, daß der zweite Term auf der rechten Gleichungsseite von (6.24) ein negatives Vorzeichen haben muß. Die Modelldarstellungen bei Miller und Weller (1991a) und (1991b) beinhalten an dieser Stelle einen Vorzeichenfehler. Dies wird unmittelbar einsichtig, wenn man sich vergegenwärtigt, daß positive Preisschocks bei gegebener nominaler Geldmenge identisch mit negativen Angebotsschocks der realen Geldmenge sind.

200

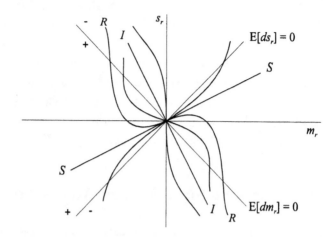

Abbildung 6.5: Phasendiagramm des stochastischen Systems in realer Form

Zur Bequemlichkeit wird im weiteren $\overline{m}_r = \overline{s}_r = 0$ angenommen, was auch im Sinne einer Neudefinition der Geldmengen- und Wechselkursvariablen als Abweichungen vom steady state interpretiert werden kann.[47] Hierdurch vereinfacht sich (6.24) zu

$$\begin{bmatrix} dm_r \\ E[ds_r] \end{bmatrix} = C \begin{bmatrix} m_r \\ s_r \end{bmatrix} dt - \begin{bmatrix} \sigma \\ 0 \end{bmatrix} dW . \qquad (6.25)$$

Unterstellt man wiederum eine deterministische, hinreichend stetig differenzierbare Funktionalbeziehung $s_r = s_r(m_r)$, so ist unter Berücksichtigung von (6.25) die fundamentale Differentialgleichung des Modells gegeben durch[48]

$$\frac{1}{2}\sigma^2 s_r''(m_r) + \left(c_{11}m_r + c_{12}s_r(m_r)\right) s_r'(m_r) - \left(c_{21}m_r + c_{22}s_r(m_r)\right) = 0 . \qquad (6.26)$$

Hierin bezeichnen s_r' und s_r'' die ersten und zweiten partiellen Ableitungen von s_r nach m_r. Gleichung (6.26) besitzt keine allgemeine Lösung in geschlossener Form. Das Phasendiagramm in Abbildung 6.5 zeigt die qualitativen Eigenschaften von Lösungen, welche die Bedingung $s_r(0) = 0$ erfüllen. Man kann es sich als aus einer vertikalen Achsenspiegelung von Abbildung 6.2 enstanden vorstellen. Dies ist in dem gegenläufigen Zusammenhang von Preisniveau und realer Geldmenge begründet.[49]

---

[47]So zum Beispiel in Miller und Weller (1991a) und (1991b).

[48]Vgl. Miller und Weller (1991b). Zur Herleitung von (6.26) vgl. auch Abschnitt 6.2.

[49]Zur Diskussion der Krümmungseigenschaften von Trajektorien im stochastischen Systems vgl.

Der stabile (deterministische) Sattelpfad hat beim Modell in realer Form allerdings *immer* eine positive Steigung. Dies läßt sich wie folgt verdeutlichen. Für den $E[dm_r] = 0$ Lokus resultiert aus (6.25)

$$E[dm_r] = 0 : \qquad s_r = -\frac{\gamma}{\eta\theta}\, m_r \quad ; \qquad\qquad (6.27)$$

er besitzt demnach immer eine negative Steigung. Mit

$$\frac{\partial}{\partial s_r}\, E[dm_r] = -\frac{\phi\eta\theta}{\Delta} < 0 \qquad\qquad (6.28)$$

sinkt die erwartete reale Geldmengenänderung für gegebenes m_r monoton in s_r. Oberhalb des $E[dm_r] = 0$ Lokus wird also mit einer Reduktion der realen Geldmenge gerechnet und unterhalb mit einem Anstieg. Der $E[ds_r] = 0$ Lokus ist gegeben durch

$$E[ds_r] = 0 : \qquad s_r = \frac{1}{\eta(\kappa - \phi\theta)}\, m_r \; . \qquad\qquad (6.29)$$

Er verläuft positiv für $\kappa > \phi\theta$ und negativ im umgekehrten Fall. Bei negativer Steigung muß er jedoch immer steiler verlaufen als der $E[dm_r] = 0$ Lokus. Dies ergibt sich aus der Stabilitätsbedingung $\det \mathbf{C} < 0$. Diese Stabilitätsbedingung läßt sich für $\kappa < \phi\theta$ äquivalent umformen in $1/(\kappa - \phi\theta) < -\gamma/\theta$. Berücksichtigt man dies in den Steigungstermen der Stationaritätslozi, so ergibt sich für $E[ds_r] = 0$ ein steilerer Verlauf.[50] Die Wechselkursänderungserwartungen links und rechts vom $E[ds_r] = 0$ Lokus lassen sich aus

$$\frac{\partial}{\partial m_r}\, E[ds_r] = -\frac{1}{\Delta} < 0 \qquad\qquad (6.30)$$

herleiten. Es zeigt sich, daß die erwartete Änderungsrate des realen Wechselkurses für gegebenes s_r monoton in m_r sinkt. Links vom Stationaritätslokus ist $E[ds_r]$ daher positiv, rechts davon negativ. Unter diesen Voraussetzungen muß der stabile Sattelpfad des deterministischen Systems immer eine positive Steigung haben.[51]

Betrachten wir nun den Fall einer Zielzone für den realen Wechselkurs.[52] Die Zentralbank steht bereit, beim Erreichen festgesetzter Schwankungsgrenzen für den

---

auch Abschnitt 6.2. Die Argumentation läßt sich hier entsprechend übertragen.

[50]Im anderen Fall wäre das System global stabil und unter der Annahme rationaler Erwartungen nicht lösbar (vgl. Begg (1982)).

[51]Die entsprechenden Phasendiagramme sind im Anhang F gezeigt.

[52]Zur nachfolgenden Argumentation vgl. auch Miller und Weller (1991b).

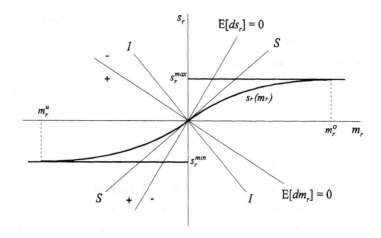

Abbildung 6.6: Die Zielzonenwechselkursfunktion bei einem realen Wechselkursband

realen Wechselkurs am Devisenmarkt zu intervenieren und s_r innerhalb des fixierten Währungsbandes zu halten. Es sei unterstellt, daß die Interventionsverpflichtung aus Publikumssicht perfekt glaubwürdig ist. Die gesuchte Lösung von (6.26) für das Zielzonenregime ist folglich durch die Nebenbedingung der Tangentialeigenschaft an die Ränder des Währungsbandes bestimmt. Beim Blick auf Abbildung 6.5 wird deutlich, daß als prinzipieller Lösungskandidat nur eine Trajektorie wie RR in Frage kommt.[53]

Die Modellösung für ein reales Währungsband wird in Abbildung 6.6 gezeigt. Da Trajektorien wie RR zwischen ihren lokalen Extrema stabil sind, konvergieren der reale Wechselkurs und das reale Geldangebot entlang der Lösungsfunktion gemeinsam zum steady state. Im oberen Zielzonenbereich verläuft die Lösungsfunktion unterhalb des stabilen Sattelpfades SS et vice versa. Der stabile Sattelpfad des deterministischen Systems ist auch hier der natürliche Kandidat für die Modellösung bei flexiblen Wechselkursen.[54] Neben der smooth pasting Eigenschaft zeigt sich also

---

[53]Unter bestimmten Parameterkonstellationen ist eine zweite, stochastisch instabile Modellösung möglich. Dieser Aspekt wird abschließend aufgegriffen.

[54]Vgl. in diesem Zusammenhang auch Abschnitt 6.2. Der stabile Sattelpfad *ist* die Modellösung im deterministischen Fall. Für das stochastische System kann man letztlich unterstellen, daß das Bedürfnis der Individuen, in einer stabilen und kalkulierbaren Welt zu leben, die Wirtschaft eben-

auch ein deutlicher honeymoon effect.[55]

Für die weitere Analyse ist es sinnvoll, das Interventionsverhalten der Zentralbank genauer zu betrachten. Es sei wiederum angenommen, daß die Geldmenge innerhalb des Währungsbandes konstant gehalten wird. Erst bei Erreichen der Interventionspunkte kommt es im Zuge infinitesimaler Devisenmarktinterventionen zur Änderung des inländischen Geldangebots.

Mit Blick auf Abbildung 6.6 wird deutlich, daß das Ziel dieser Interventionen sein muß, ein weiteres Abweichen des realen Geldangebots vom Gleichgewicht zu verhindern. In einer realen Wechselkurszielzone ist daher eine *vollständige* Akkommodation von Preisschocks erforderlich. Denn nur für $dm = dp$ ist $dm_r = 0$. Erreicht der reale Wechselkurs zum Beispiel den oberen Interventionspunkt, so müssen negative Preisschocks, die das reale Geldangebot weiter sinken lassen würden, durch eine gleich hohe Reduktion des nominalen Geldangebots ausgeglichen werden. Die Zentralbank interveniert hierzu am Devisenmarkt und verkauft Devisen gegen heimische Währung, so daß sich das reale Geldangebot nicht ändert. Die interventionsbedingte Aufwertung der Inlandswährung kompensiert dabei die Wirkung der Preissenkung und hält den realen Wechselkurs konstant.

Für die reale Geldmenge impliziert das Interventionsverhalten ein Schwankungsband mit oberen und unteren Grenzen. Beim Erreichen der Schwankungsgrenzen wird die reale Geldmenge reguliert. Deshalb ändert die Lösungsfunktion nicht ihre Lage. Der reale Wechselkurs und die reale Geldmenge sind folglich global stabil. Und auch die erwartete Inflationsrate wird durch das implizite Band für die reale Geldmenge strikt begrenzt.

Für die nominale Geldmenge, das Preisniveau und den nominalen Wechselkurs resultiert aus einer realen Wechselkurszielzone jedoch globale Nicht-Stationarität.[56]

---

falls auf diesen Sattelpfad führt.

[55]Bei perfekter Glaubwürdigkeit der Zielzone erzeugt die Annäherung an einen der Interventionspunkte Wechselkursänderungserwartungen in Richtung auf die Parität, welche die Wechselkursentwicklung gegenüber dem free float stabilisieren. Die grundlegende Argumentation ist ausführlich in Abschnitt 3.2.1 dargestellt.

[56]Dieses Ergebnis deckt sich mit dem Vorwurf mangelnder (globaler) Inflationskontrolle, der verschiedentlich dem Zielzonenvorschlag Willamsons (1985) gemacht worden ist (vgl. Adams und Gros (1986), S.472, Frenkel und Goldstein (1986), S.649 und Bofinger (1991), S.262ff.). Zur Diskussion

204

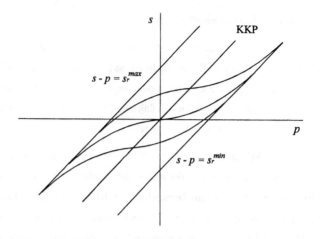

Abbildung 6.7: Der nominale Wechselkurs bei einem realen Wechselkurs-band

Die vollständige monetäre Akkommodation von Preisschocks bei Erreichen der Schwankungsgrenzen für den realen Wechselkurs verschiebt die nominale Wechselkursfunktion parallel zur Kaufkraftparitätenlinie. Die lokale Irreversibilität interventionsbedingter Geldmengenänderungen führt dazu, daß in einer realen Wechselkurszielzone der nominale Wechselkurs und das Preisniveau global nichtstationär sind.

Die Wirkung der realen Geldmengenregulierung auf die nominalen Variablen ist in Abbildung 6.7 gezeigt. In ihr wird deutlich, wie sich eine vollständige Akkommodation von Preisschocks auswirkt: Der nominale Wechselkurs bewegt sich nunmehr in einem Band, dessen Grenzen durch Geldmengenänderungen indexiert sind, die beim Erreichen der Interventionspunkte erforderlich werden. Dieses Band verläuft parallel zur Kaufkraftparität. Der vertikale Abstand seiner Ränder von der Kaufkraftparitätenlinie entspricht den oberen und unteren Grenzen des realen Wechselkursbandes.

Die aus der realen Zielzonenwechselkursfunktion resultierenden nominalen Lösungsfunktionen verlaufen steigend von links nach rechts. Der reale Wechselkurs erreicht seinen oberen Interventionspunkt an der oberen Grenze des Fundamentalfaktorbandes für die reale Geldmenge. Dieser oberen Grenze der realen Geldmenge entspricht bei gegebener nominaler Geldmenge eine jeweils untere Grenze für das Preisniveau. Daher tangiert die nominale Lösungsfunktion die obere Grenze des (rea-

---

dieser Kritik vgl. aber auch Williamson und Miller (1987), S.49ff.

len) Währungsbandes jeweils unten links, und die smooth pasting Eigenschaft des realen Zielzonenwechselkurses schlägt sich in einer positiven Steigung der nominalen Lösungsfunktion nieder.

Erreicht nun der reale Wechelkurs einen Interventionspunkt, so werden Preisänderungen, die zu weiteren Paritätsabweichungen führen würden, im vollen Umfang durch gleichgerichtete Geldmengenänderungen akkommodiert. Die Konstanz der realen Geldmenge garantiert hierbei die Konstanz des realen Wechselkurses. In Abbildung 6.7 impliziert die Konstanz des realen Wechselkurses, daß sich nominaler Wechselkurs und Preisniveau parallel zur Kaufkraftparitätenlinie entwickeln müssen. Die interventionsbedingten, lokal irreversiblen Geldmengenveränderungen verschieben hierbei die nominale Lösungsfunktion entlang des indexierten Währungsbandes. Dies zeigt auch, daß innerhalb des im vorangegangenen Abschnitts diskutierten nominalen Währungsbandes eine nur unvollständige Akkommodation von Preisschocks erfolgte.

Entlang der Lösungsfunktion für den realen Zielzonenwechselkurs besteht eine Tendenz zur Rückkehr zum (realen) steady state. Insofern sind auch der nominale Wechselkurs, das Preisniveau und die nominale Geldmenge lokal stabil.[57] Durch die Irreversibilität von interventionsbedingten Geldmengenänderungen entspricht die langfristige Entwicklung von Geldmenge und Preisniveau jedoch einem (zeitkontinuierlichen) random walk. Die nominale Wechselkursfunktion folgt dieser Entwicklung, wobei das langfristige Gleichgewicht des nominalen Wechselkurses immer auf der Kaufkraftparitätenlinie liegt. Die nominalen Variablen sind folglich in einer Zielzone für den realen Wechselkurs global nichtstationär.

Die vorangegangene Analyse basierte auf der Annahme, daß im realen Zielzonenregime für die Wirtschaft nur eine stabile Lösungsfunktion in Frage käme. Abschließend sei noch angemerkt, daß unter Umständen intramarginale Interventionen der Zentralbank erforderlich sind (oder zumindest angedroht werden müssen), um eine solche stabile Lösung sicherzustellen.[58] Bei bestimmten Parameterkonstellationen existiert nämlich eine zweite, stochastisch instabile Lösungsfunktion, auf der die

---

[57]Vgl. auch Miller und Weller (1991a) und Miller und Weller (1991b).

[58]Vgl. Miller und Weller (1991a), S.209.

erwartete Wechselkursentwicklung vom steady state wegführt.[59] Da zwischen beiden Lösungen leicht zu diskriminieren ist, kann die Zentralbank aber durch interventionspolitische Korrekturmaßnahmen sicherstellen, daß sich die Wirtschaft auf den stabilen Sattelpfad einläßt.

6.5 Kritische Zusammenfassung

Träge Güterpreise bieten einen reichhaltigeren und realistischeren Rahmen für die Wechselkursanalyse im stochastischen Umfeld. Legt man der Wechselkursdetermination eine stochastische Version des Dornbusch-Modells zugrunde, so ermöglicht dies sowohl die Analyse von nominalen als auch von realen Wechselkurszielzonen. Dabei ergibt sich gegenüber dem Geldmarktansatz bei flexiblen Preisen ein detaillierterer Einblick in die makroökonomischen Anpassungsprozesse. Interdependenzen zwischen Wechselkurs und Fundamentalfaktoren können nunmehr berücksichtigt werden.

Der für die erhöhte Realitätsnähe zu zahlende Preis ist das Fehlen expliziter Modellösungen. Tatsächlich zeigt sich, daß die mit dem einfachen monetären Ansatz unterstellte Unabhängigkeit der Fundamentalfaktorentwicklung vom Wechselkursverlauf erst die explizite Lösbarkeit der in den vorangegangenen Kapiteln diskutierten Modelle ermöglichte. Werden Rückwirkungen des Wechselkurses auf die Fundamentalfaktoren zugelassen, so ist man auf die qualitative Analyse mit Hilfe von Phasendiagrammen angewiesen oder muß auf numerische Verfahren zurückgreifen.[60]

Nichtsdestotrotz läßt sich zeigen, daß auch bei trägen Güterpreisen prinzipielle Lösungseigenschaften der vorangegangenen Modelle erhalten bleiben. Die Zielzonenwechselkursfunktionen bei nominalen oder realen Wechselkursbändern sind durch das smooth pasting an die Ränder gekennzeichnet und weisen gegenüber flexiblen

---

[59]Vgl. hierzu Miller und Weller (1991b), S.1388f. Leider ist die dort gezeigte Grafik fehlerhaft, da der Lokus erwarteter Stationarität des realen Wechselkurses flacher verläuft, als die vermeintlich instabile Lösungsfunktion. Die Beschriftungen in der Zeichnung selbst machen deutlich, daß die im Text unterstellten Zusammenhänge nicht erfüllt sind. Dennoch: Das Problem einer zweiten, instabilen Lösungsfunktion stellt sich, wenn $\kappa < \phi\theta$ ist, wenn also der $E[ds_r] = 0$ Lokus eine negative Steigung hat. Dann kann *zwischen* dem $E[ds_r] = 0$ Lokus und dem instabilen Eigenvektor *II* eine zweite, stochastisch instabile Lösung vorhanden sein.

[60]So z.B. Sutherland (1994).

Wechselkursen einen honeymoon effect auf. In seinen ökonomischen Implikationen unterscheidet sich der Ansatz mit trägen Güterpreisen jedoch deutlich von den vorangegangenen Modellen.[61]

Bei einer Zielzone für den nominalen Wechselkurs zeigte sich, daß der zur Aufrechterhaltung des Zielzonenregimes erforderliche Interventionsumfang geringer ist, als dies durch den monetären Ansatz bei flexiblen Preisen nahegelegt wird. Das Modell zeigte außerdem eine globale Stabilität der nominalen und realen Variablen. Allerdings können die erforderlichen makroökonomischen Anpassungsprozesse nach Störungen relativ langsam ablaufen. Hierdurch sind ausgeprägte und anhaltende Abweichungen des realen Wechselkurses von der Kaufkraftparität möglich. Wenn das währungspolitische Interesse in der Reduzierung realer Wechselkursschwankungen liegt, reicht es folglich nicht, die nominale Wechselkursentwicklung einzuschränken und auf die selbstregulierenden Kräfte der Wirtschaft zu vertrauen.

Bei einer Zielzone für den realen Wechselkurs zeigte sich, daß die nunmehr erforderliche vollständige Akkommodation von Preisschocks die Wirkung eines indexierten Bandes für den nominalen Wechselkurs hat. Die nominale Wechselkursfunktion verschiebt sich durch interventionsbedingte Geldmengenänderungen parallel zur Kaufkraftparitätenlinie. Diese Geldmengenänderungen sind lokal irreversibel. Geldmenge und Preisniveau folgen langfristig einem random walk. Der nominale Wechselkurs ist nur lokal stabil. Demgegenüber sind reale Geldmenge und realer Wechselkurs auch global stabil. Bei bestimmten Parameterkonstellationen besteht die Möglichkeit multipler Gleichgewichte innerhalb der Zielzone. Unter Umständen sind daher intramarginale Interventionen nötig, um der Erwartungsbildung von Devisenmarktakteuren Führung zu geben, damit sie sich auf den stabilen Gleichgewichtspfad der Wirtschaft einlassen.

Die Ergebnisse der vorangegangenen Analyse sind allerdings wieder unmittelbar an die Annahme der perfekten Glaubwürdigkeit der Wechselkursbänder gebunden. Miller und Weller (1991b) zeigen auch die Auswirkungen von Realignments bei Erreichen der Interventionspunkte einer nominalen Zielzone. Hierdurch werden zwar

---

[61]Dies resultiert nicht daraus, daß die Quelle stochastischer Einflüsse beim Miller und Weller-Modell im Inflationsprozeß begründet ist. In Miller und Weller (1991b) wird die Analyse um zusätzliche Geldnachfrageschocks erweitert und gezeigt, daß sich die Modellergebnisse nicht ändern.

die Schwankungen des realen Wechselkurses reduziert. Allerdings geht der erwartungsstabilisierende Effekt der Zielzone verloren. Die Interventionspunkte werden nun bei geringeren Gleichgewichtsabweichungen der Fundamentalfaktoren erreicht, als bei flexiblen Kursen. Die resultierende Zielzonenwechselkursfunktion hat eine inverse S-Form. Dies gleicht den Ergebnissen einer entsprechenden Modifikation des Grundmodells einer Wechselkurszielzone.[62]

Weitere Grenzen der vorangegangenen Analyse ergeben sich aus den Schwächen des zugrundegelegten Dornbusch-Modells. Zum einen wird mit der ungedeckten Zinsparitätenbedingung (6.4) wiederum Devisenmarkteffizienz unterstellt. Im Zusammenhang mit der allgemeinen Modellösung ist diese Annahme durchaus kritisch zu betrachten und im Zusammenhang mit der Zielzonenlösung ist sie allenfalls dann akzeptabel, wenn im Zielzonenregime vorhandene Risikoprämien tatsächlich klein und im Zeitablauf konstant sind.[63]

Zum anderen ist am Dornbusch-Modell die inkonsistente Erwartungsbildung in verschiedenen Teilmärkten der Wirtschaft kritisiert worden.[64] Insbesondere ist die Annahme bemängelt worden, daß sich Lohn- und Preissetzer nicht ebenso vorausschauend verhalten, wie Devisenmarktakteure. Die Wirtschaft findet im Modell langfristig immer wieder zu den ursprünglichen realen Gleichgewichtswerten zurück, so daß eine sofortige und vollständige Preisanpassung an die neuen Gleichgewichtswerte nahezu kostenlos wäre – es müßten nur die Preisanschriften geändert werden. Daher ist es wenig überzeugend, die Preisträgheit auf Gütermärkten mit *allgemeinen* Anpassungs- und Informationskosten begründen zu wollen.[65]

Die träge Preisanpassung ließe sich allerdings mit insider-outsider Modellen, Effizienzlöhnen, überlappenden Lohnkontrakten oder auch Menükosten begründen.[66] Angesichts des einfachen Modellaufbaus wirken derartige Erklärungen jedoch aufge-

---

[62]Vgl. hierzu auch Abschnitt 4.2. Die entsprechende Modifikation des Grundmodells geht zurück auf Bertola und Caballero (1992a).

[63]Zum Problem der unterstellten Devisenmarkteffizienz vgl. auch die Seiten 64 und 77.

[64]So z.B. in Arndt (1979), Baltensperger (1981) und Zieschang (1990).

[65]Vgl. hierzu Baltensperger (1981) und Zieschang (1990), S.73.

[66]Vgl. Miller und Weller (1991b).

setzt und erforderten eigentlich eine entsprechende Erweiterung der Modellstruktur.[67] Zumindest aber handelt es sich bei den unterstellten Preisträgheiten um ein empirisch gesichertes Phänomen.[68]

---

[67]Einen solchen Modellrahmen bietet z.B. Calvo (1983).

[68]Vgl. Carlton (1986).

210

Anhang

D Die reduzierte Form des Geldmarktansatzes mit träger Güterpreisanpassung

a) Herleitung der reduzierten Form

Die Grundgleichungen des Wechselkursmodells mit träger Güterpreisanpassung lauten

$$m - p = \kappa y - \theta i \tag{A.1}$$

$$y = -\gamma(i - \pi) + \eta(s - p) \tag{A.2}$$

$$dp = \phi(y - \bar{y})dt + \sigma dW \tag{A.3}$$

$$E[ds] = (i - i^*)dt \tag{A.4}$$

$$\pi = E[dp]/dt . \tag{A.5}$$

Die reduzierte Form resultiert, wenn in den dynamischen Beziehungen (A.3) und (A.4), die das System im Zeitablauf steuern, die übrigen Modellzusammenhänge berücksichtigt werden. Zunächst wird (A.5) in (A.2) eingesetzt

$$y = -\gamma(i - E[dp]/dt) + \eta(s - p) . \tag{A.31}$$

E[dp] ergibt sich bei rationalen Erwartungen aus dem deterministischen Teil von (A.3), denn E[σdW] = 0. Somit folgt

$$y = -\gamma(i - \phi(y - \bar{y})) + \eta(s - p)$$

$$\Leftrightarrow \quad y = \frac{-\gamma}{1 - \gamma\phi}i - \frac{\gamma\phi}{1 - \gamma\phi}\bar{y} + \frac{\eta}{1 - \gamma\phi}(s - p) . \tag{A.32}$$

Eingesetzt in (A.1) folgt hieraus

$$m - p = -\frac{\kappa\gamma}{1 - \gamma\phi}i - \frac{\kappa\gamma\phi}{1 - \gamma\phi}\bar{y} + \frac{\kappa\eta}{1 - \gamma\phi}(s - p) - \theta i$$

$$\Leftrightarrow \quad i = -\frac{1 - \gamma\phi}{\kappa\gamma + \theta - \phi\gamma\theta}(m - p) + \frac{\kappa\eta}{\kappa\gamma + \theta - \phi\gamma\theta}(s - p) - \frac{\phi\gamma\kappa}{\kappa\gamma + \theta - \phi\gamma\theta}\bar{y} . \tag{A.33}$$

Mit $\Delta = \kappa\gamma + \theta - \phi\gamma\theta$ läßt sich hierfür auch schreiben

$$i = \frac{1 - \gamma\phi - \kappa\eta}{\Delta}p + \frac{\kappa\eta}{\Delta}s + \frac{\gamma\phi - 1}{\Delta}m - \frac{\phi\gamma\kappa}{\Delta}\bar{y} . \tag{A.34}$$

Setzt man dieses Ergebnis in (A.4) ein, so resultiert als reduzierte Form für E[ds]

$$\mathrm{E}[ds] = \left[\frac{1 - \gamma\phi - \kappa\eta}{\Delta}p + \frac{\kappa\eta}{\Delta}s + \frac{\gamma\phi - 1}{\Delta}m - \frac{\phi\gamma\kappa}{\Delta}\bar{y} - i^*\right] dt \ . \qquad (A.35)$$

Die Herleitung der zweiten reduzierten Gleichung ist analog. Zunächst wird y in Gleichung (A.3) gemäß (A.32) substituiert

$$dp = \phi\left[\frac{-\gamma}{1 - \gamma\phi}i - \frac{\gamma\phi}{1 - \gamma\phi}\bar{y} + \frac{\eta}{1 - \gamma\phi}(s - p) - \bar{y}\right] dt + \sigma dW \ .$$

Dann wird wiederum für i aus (A.34) eingesetzt

$$dp = \phi\left[\frac{-\gamma}{1 - \gamma\phi}\left(\frac{1 - \gamma\phi - \kappa\eta}{\Delta}p + \frac{\kappa\eta}{\Delta}s + \frac{\gamma\phi - 1}{\Delta}m - \frac{\phi\gamma\kappa}{\Delta}\bar{y}\right)\right.$$
$$\left. - \frac{\gamma\phi}{1 - \gamma\phi}\bar{y} + \frac{\eta}{1 - \gamma\phi}(s - p) - \bar{y}\right] dt + \sigma dW \ .$$

Nach einigen Umformungen ergibt sich hieraus die reduzierte Form für dp:

$$dp = \phi\left[\frac{-\gamma}{1 - \gamma\phi}\left(\frac{1 - \gamma\phi - \kappa\eta}{\Delta}p + \frac{\kappa\eta}{\Delta}s + \frac{\gamma\phi - 1}{\Delta}m\right) + \frac{\eta}{1 - \gamma\phi}(s - p)\right.$$
$$\left. - \frac{\kappa\gamma + \theta}{\Delta}\bar{y}\right] dt + \sigma dW$$
$$= \phi\left[-\frac{\gamma(1 - \gamma\phi - \kappa\eta) + \eta\Delta}{(1 - \gamma\phi)\Delta}p - \frac{\gamma\kappa\eta - \eta\Delta}{(1 - \gamma\phi)\Delta}s + \frac{\gamma(1 - \gamma\phi)}{1 - \gamma\phi}m\right.$$
$$\left. - \frac{\kappa\gamma + \theta}{\Delta}\bar{y}\right] dt + \sigma dW$$
$$= \phi\left[-\frac{\gamma + \eta\theta}{\Delta}p + \frac{\eta\theta}{\Delta}s + \frac{\gamma}{\Delta}m - \frac{\kappa\gamma + \theta}{\Delta}\bar{y}\right] dt + \sigma dW \ . \qquad (A.36)$$

Das Gleichungssystem (A.35) und (A.36) läßt sich schließlich in Matrix-Notation schreiben als

$$\begin{bmatrix} dp \\ \mathrm{E}[ds] \end{bmatrix} = \mathbf{A}\begin{bmatrix} p \\ s \end{bmatrix} dt + \mathbf{B}\begin{bmatrix} m \\ \bar{y} \\ i^* \end{bmatrix} dt + \begin{bmatrix} \sigma \\ 0 \end{bmatrix} dW \ , \qquad (A.6)$$

wobei

$$\mathbf{A} = \frac{1}{\Delta}\begin{bmatrix} -\phi(\gamma + \theta\eta) & \phi\eta\theta \\ 1 - \gamma\phi - \kappa\eta & \kappa\eta \end{bmatrix} \ ,$$

$$\mathbf{B} = \frac{1}{\Delta}\begin{bmatrix} \phi\gamma & -\phi(\kappa\gamma + \theta) & 0 \\ \gamma\phi - 1 & -\phi\gamma\kappa & -\Delta \end{bmatrix}$$

und wobei

$$\Delta = \kappa\gamma + \theta - \phi\gamma\theta \ .$$

b) Das reduzierte Modell in Abweichungsform

Das Gleichungssystem (A.6) läßt sich vereinfachen, wenn die Änderung von Wechselkurs und Preisniveau mit Hilfe der Abweichung vom langfristigen Gleichgewicht ausgedrückt wird. Im langfristigen Gleichgewicht sind Inflationsrate und erwartete Wechselkursänderungsrate Null, so daß aus (A.35) und (A.36)

$$0 = \left[\frac{1 - \gamma\phi - \kappa\eta}{\Delta}\overline{p} + \frac{\kappa\eta}{\Delta}\overline{s} + \frac{\gamma\phi - 1}{\Delta}m - \frac{\phi\gamma\kappa}{\Delta}\overline{y} - i^* \right] dt \qquad (A.37)$$

und

$$0 = \phi \left[-\frac{\gamma + \theta\eta}{\Delta}\overline{p} + \frac{\eta\theta}{\Delta}\overline{s} + \frac{\gamma}{\Delta}m - \frac{\kappa\gamma + \theta}{\Delta}\overline{y} \right] dt \qquad (A.38)$$

werden. Hierbei kennzeichnen $\overline{p}$ und $\overline{s}$ die langfristigen Gleichgewichtswerte von Preisniveau und Wechselkurs. Da im langfristigen Gleichgewicht wegen (A.3) und (A.4) $y = \overline{y}$ und $i = i^*$ gelten muß, ergibt sich das langfristige Preisniveau aus (A.1) zu

$$\overline{p} = m - \kappa\overline{y} + \theta i^* \ . \qquad (A.8)$$

Substituiert man (A.8) in (A.38), folgt für den langfristigen Wechselkurs

$$\overline{s} = m + \left(\frac{1}{\eta} - \kappa \right) \overline{y} + \left(\frac{\gamma}{\eta} + \theta \right) i^* \ . \qquad (A.9)$$

Subtrahiert man nun (A.38) von (A.36) und (A.37) von (A.35), resultiert das reduzierte System

$$dp = \phi \left[-\frac{\gamma + \theta\eta}{\Delta}(p - \overline{p}) + \frac{\eta\theta}{\Delta}(s - \overline{s}) \right] dt + \sigma dW \qquad (A.39)$$

$$\mathrm{E}[ds] = \left[\frac{1 - \gamma\phi - \kappa\eta}{\Delta}(p - \overline{p}) + \frac{\kappa\eta}{\Delta}(s - \overline{s}) \right] dt \qquad (A.40)$$

oder in Matrix-Form

$$\begin{bmatrix} dp \\ \mathrm{E}[ds] \end{bmatrix} = \mathbf{A} \begin{bmatrix} (p - \overline{p}) \\ (s - \overline{s}) \end{bmatrix} dt + \begin{bmatrix} \sigma \\ 0 \end{bmatrix} dW \ , \qquad (A.7)$$

wobei

$$\mathbf{A} = \frac{1}{\Delta} \begin{bmatrix} -\phi(\gamma + \theta\eta) & \phi\eta\theta \\ 1 - \gamma\phi - \kappa\eta & \kappa\eta \end{bmatrix} \quad \text{und} \quad \Delta = \kappa\gamma + \theta - \phi\gamma\theta \ .$$

c) Das reduzierte Modell in realer Form

Zur Analyse realer Wechselkurszielzonen ist es sinnvoll, das reduzierte System (A.7) in realer Form zu schreiben. Unter Verwendung des realen Wechselkurses $s_r = s - p$ und der realen Geldmenge $m_r = m - p$ läßt sich die reduzierte Form (A.36) der Preisänderung schreiben als

$$dp = \phi \left[\frac{\theta \eta}{\Delta} s_r + \frac{\gamma}{\Delta} m_r - \frac{\kappa \gamma + \theta}{\Delta} \bar{y} \right] dt + \sigma dW . \tag{A.41}$$

Im langfristigen, nicht-inflationären Gleichgewicht gilt

$$0 = \phi \left[\frac{\theta \eta}{\Delta} \bar{s}_r + \frac{\gamma}{\Delta} \overline{m}_r - \frac{\kappa \gamma + \theta}{\Delta} \bar{y} \right] dt , \tag{A.42}$$

wobei $\bar{s}_r$ und $\overline{m}_r$ die langfristigen Gleichgewichtsniveaus des realen Wechselkurses und der Realkasse sind. Drückt man die reduzierte Form für die Preisänderung mit Hilfe der Abweichungen von den langfristigen Gleichgewichtswerten aus, so ergibt sich folglich

$$dp = \phi \left[\frac{\theta \eta}{\Delta} (s_r - \bar{s}_r) + \frac{\gamma}{\Delta} (m_r - \overline{m}_r) \right] dt + \sigma dW . \tag{A.43}$$

Bei konstantem Geldangebot ist $dm_r = dm - dp = -dp$. Somit läßt sich äquivalent schreiben

$$dm_r = -\phi \left[\frac{\theta \eta}{\Delta} (s_r - \bar{s}_r) + \frac{\gamma}{\Delta} (m_r - \overline{m}_r) \right] dt - \sigma dW . \tag{A.44}$$

Bei der Herleitung der reduzierten Form für die erwartete reale Wechselkursänderung ist zu beachten, daß die Bedingung für ein spekulatives Gleichgewicht auf internationalen Kapitalmärkten zu modifizieren ist. Gleichung (A.4) erfordert nun, daß die erwartete reale Abwertung dem internationalen Realzinsdifferential entspricht[69]

$$E[ds_r] = (i - \pi - i^*)dt , \tag{A.45}$$

wobei die Konstanz des ausländischen Preisniveaus $\pi^* = 0$ impliziert. Setzt man unter Verwendung des realen Wechselkurses s_r und der realen Geldmenge m_r nach entsprechender Umformung für den Inlandszins aus Gleichung (A.34) ein, resultiert als reduzierte Form

$$E[ds_r] = \left[\frac{\kappa \eta}{\Delta} s_r + \frac{\gamma \phi - 1}{\Delta} m_r - \frac{\phi \gamma \kappa}{\Delta} \bar{y} - \pi - i^* \right] dt . \tag{A.46}$$

---

[69]Vgl. auch Miller und Weller (1991a) und (1991b).

Im langfristigen, nicht-inflationären Gleichgewicht gilt dabei

$$0 = \left[\frac{\kappa\eta}{\Delta} \bar{s}_r + \frac{\gamma\phi - 1}{\Delta} \bar{m}_r - \frac{\phi\gamma\kappa}{\Delta} \bar{y} - i^* \right] dt \ . \tag{A.47}$$

Subtrahiert man (A.47) von (A.46), so ergibt sich

$$\mathrm{E}[ds_r] = \left[\frac{\kappa\eta}{\Delta}(s_r - \bar{s}_r) + \frac{\gamma\phi - 1}{\Delta}(m_r - \bar{m}_r) - \pi \right] dt \ . \tag{A.48}$$

Unter rationalen Erwartungen ergibt sich $\pi = \mathrm{E}[dp]/dt$ wegen $\mathrm{E}[\sigma dW] = 0$ aus dem ersten Term in (A.43). Eingesetzt resultiert schließlich als reduzierte Form für die erwartete reale Wechselkursänderungsrate

$$\mathrm{E}[ds_r] = \left[\frac{\eta(\kappa - \phi\theta)}{\Delta}(s_r - \bar{s}_r) - \frac{1}{\Delta}(m_r - \bar{m}_r) \right] dt \ . \tag{A.49}$$

In Matrix-Notation läßt sich das reduzierte System (A.44) und (A.49) zusammenfassen zu

$$\begin{bmatrix} dm_r \\ \mathrm{E}[ds_r] \end{bmatrix} = \mathbf{C} \begin{bmatrix} (m_r - \bar{m}_r) \\ (s_r - \bar{s}_r) \end{bmatrix} dt - \begin{bmatrix} \sigma \\ 0 \end{bmatrix} dW \ , \tag{A.24}$$

wobei

$$\mathbf{C} = \frac{1}{\Delta} \begin{bmatrix} -\gamma\phi & -\phi\eta\theta \\ -1 & \eta(\kappa - \phi\theta) \end{bmatrix} \quad \text{und} \quad \Delta = \kappa\gamma + \theta - \phi\gamma\theta \ .$$

E   Das deterministische System bei unterschießenden Wechselkursen

Wie im Text dargestellt wurde, kann es bei bestimmten Parameterkonstellationen dazu kommen, daß der $\dot{s} = 0$ Lokus und der stabile Sattelpfad des Systems eine positive Steigung haben. Abbildung A.8 zeigt im oberen Teil ein typisches Phasendiagramm, daß bei einer solchen Parameterkonstellation resultiert. Im unteren Teil der Abbildung ist gezeigt, daß dies bei einer permanenten Erhöhung des Geldangebots mit einem unterschießenden Wechselkursreaktion verbunden ist. Wegen (6.8) und (6.9) gilt $d\bar{p} = d\bar{s} = dm$, so daß sich das langfristige Gleichgewicht nunmehr in einem Schnittpunkt zwischen neuer $\dot{p} = 0$ Gerade und neuer $\dot{s} = 0$ Gerade auf der 45°-Linie befindet. Bei noch unveränderten Preisen muß der Wechselkurs infolge der Geldmengenerhöhung auf den neuen stabilen Sattelpfad springen. Er unterschießt dabei im Punkt A jedoch seinen langfristigen Gleichgewichtswert $\bar{s}$.

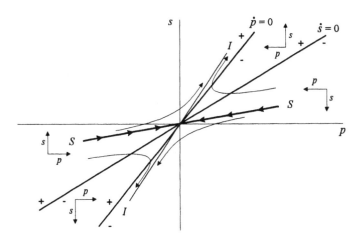

A.8a: Phasendiagramm bei positivem Verlauf des stabilen Eigenvektors

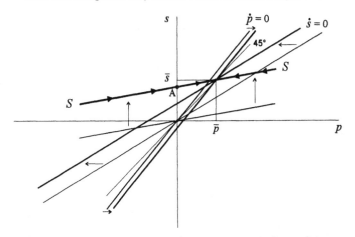

A.8b: Expansive Geldpolitik und unterschießende Wechselkursreaktion

Abbildung A.8: Phasendiagramm mit positivem Sattelpfad und Unter-schießen des Wechselkurses

F Die deterministische Sattelpfadlösung für das Modell in realer Form

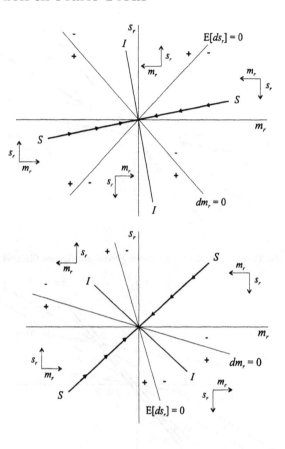

Abbildung A.9: Der stabile Sattelpfad des realen Systems

Die richtungsweisenden Pfeile in den beiden Phasendiagrammen verdeutlichen, daß der stabile Sattelpfad des deterministischen Dornbusch-Modells in realer Form immer steigend verlaufen muß, während der instabile Sattelpfad immer eine negative Steigung hat – unabhängig davon, ob der $E[ds_r] = 0$ Lokus eine positive oder eine negative Steigung hat.

Kapitel 7

Zusammenfassung und Schlußfolgerungen

In den vorangegangenen Kapiteln wurde gezeigt, welche Wirkungen Zielzonen auf die Wechselkursentwicklung ausüben. Ausgehend vom Krugman'schen Grundmodell einer Wechselkurszielzone wurde die Analyse schrittweise um realistischere Modellannahmen erweitert, bis hin zur Grundlegung eines allgemein anerkannteren Ansatzes der Wechselkursdetermination, mit unvollkommener Preisflexibilität auf Gütermärkten. Die dargestellten Modelle vermitteln insgesamt einen Eindruck vom Status Quo der Makroökonomik von Wechselkurszielzonen.

Das Krugman-Modell selbst ist ein wichtiger Ausgangspunkt zur Analyse des Funktionierens von Wechselkurszielzonen gewesen. Auf seiner Grundlage konnte gezeigt werden, daß im Falle effizienter und rationaler Devisenmärkte Zielzonen inhärent stabilisierend sind. Die oft geäußerte Kritik, daß Zielzonen die Wechselkursentwicklung destabilisieren, indem sie zu spekulativen Währungsattacken auffordern, ließ sich vor diesem Hintergrund nicht bestätigen. Auch zeigte sich, daß im Gegensatz zu den Ergebnissen einer idealtypischen Analyse von Festkurssystemen in einem Zielzonensystem zumindest kurzfristig geldpolitische Freiräume bestehen, deren Ausnutzung freilich nicht optimal sein muß.

Die empirische Überprüfung testbarer Implikationen des Krugman-Modells führte zu der Erkenntnis, daß das Modell der Realität kaum gerecht wird. Die mangelnde empirische Evidenz ließ sich auf eine Reihe grundlegender Schwächen des Modellaufbaus zurückführen. Erstens wird die Möglichkeit einer unvollkommenen Regime-Glaubwürdigkeit nicht berücksichtigt. Zweitens werden ausschließlich marginale Interventionen bei Erreichen der Interventionspunkte unterstellt. Drittens basiert das Krugman-Modell auf einem Wechselkurserklärungsansatz, der sich empirisch als unzureichend erwiesen hat.

In den nachfolgenden Kapiteln wurde daher die Analyse im Hinblick auf die grundlegenden Schwächen erweitert. So erwies sich die Glaubwürdigkeit des Zielzonensystems als entscheident für das Ausmaß des honeymoon effects. Der Einbezug von Realignmentrisiken verdeutlichte im weiteren die Unzulänglichkeiten des übersimplifizierten Fundamentalfaktorprozesses im Grundmodell. Realignmenterwartungen üben einen ebensolchen Einfluß auf den Wechselkurs aus, wie die 'typischen' Fundamentalfaktoren Geldangebot und Geldnachfrage. Ist das Realignmentrisiko an die Wechselkursposition gebunden und führen Paritätsabweichungen des Wechselkurses zu einem Anstieg des wahrgenommenen Risikos, dann können sich die Krümmungseigenschaften der Zielzonenwechselkursfunktion im Vergleich zum Grundmodell umkehren, so daß ein 'negativer' honeymoon effect entsteht. Sind Realignmenterwartungen unabhängig von der Wechselkursposition, dann geht der deterministische Zusammenhang zwischen Wechselkurs und zusammengefaßtem Fundamentalfaktor Krugman'scher Prägung verloren. Ein Großteil der vor diesem Modellhintergrund gewonnenen Erkenntnisse ließ sich empirisch bestätigen.

Ein weiterer Mosaikstein fügte sich in das Bild von Wechselkurszielzonen, indem der verbreiteten Praxis intramarginaler Interventionen Raum gegeben wurde. Die Analysen zeigten, daß die anfänglich starke Betonung der Zielzonentheorie auf nichtlinearen Gleichgewichtsfunktionen und smooth pasting unangebracht gewesen ist. Zielzonen sollten eher im Kontext eines managed Floating gesehen werden, mit zusätzlichen marginalen Interventionen an den Zonenrändern.

Der dritten genannten Schwäche des Grundmodells, dem verwendeten Geldmarktansatz der Wechselkursdetermination bei flexiblen Preisen, widmete sich das letzte Kapitel. Hier wurde dem Zielzonenmodell eine stochastische Version des Geldmarktansatzes bei trägen Güterpreisen zugrundegelegt. Dies erweiterte das Spektrum der Analyse deutlich, da nunmehr eine explizite Betrachtung realer Wechselkurszielzonen möglich wurde und Interdependenzen zwischen Wechselkurs und

219

Fundamentalfaktoren Berücksichtigung fanden.[1] Die prinzipiellen Modellaussagen blieben dabei erhalten. Es wurde aber auch deutlich, daß der formal elegante Analyserahmen der Zielzonenmodelle an seine Grenzen stößt, wenn realitätsnähere ökonomische Grundsachverhalte einbezogen werden. Der mathematische Aufwand erhielt im Laufe der Analysen angesichts der auch intuitiv nachvollziehbaren Ergebnisse einen leicht esoterischen Beigeschmack. Im Falle träger Güterpreisreaktionen ließ sich dann aber eine geschlossene Modellösung in allgemeiner Form nicht mehr berechnen. Dennoch haben die Entwicklungen der positiven Zielzonentheorie viel dazu beigetragen, das Wechselkursverhalten in Zielzonen zu beschreiben und das Funktionieren von Zielzonen zu erklären.[2]

Unter verschiedenen Randbedingungen und Annahmen wurde letztlich gezeigt, daß Wechselkurszielzonen zur Stabilisierung des Devisenmarktgeschehens beitragen können. In diesem Zusammenhang ist an den Zielzonenmodellen viel Kritik geübt worden, weil *de*stabilisierende Verhaltensweisen durch die mit der ungedeckten Zinsparitätenbedingung unterstellte Devisenmarkteffizienz annahmegemäß ausgeschlossen sind und in den Modellen eigentlich keine Bedeutung haben.[3] Dies ist deshalb ein Problem, weil gerade die eventuelle Ineffizienz des Devisenmarktes eine wesentliche Motivation für die Errichtung eines Zielzonenregimes sein kann.[4] *„If the motivation behind target zones is in fact largely due to the fear of irrational runs on a currency, then it is ironic that the standard target zone model rules this out by assumption."*[5] Krugman und Miller (1993) konstruierten daher ein Modell, in dem praxistypische Verlustbegrenzungsstrategien von Wertpapierhändlern durch übermäßige Volatilität und mögliche Kursstürze Devisenmarktineffizienz erzeugen. Die Einführung einer

[1]Die Unabhängigkeit des Fundamentalfaktorprozesses von der Wechselkursentwicklung und die Vernachlässigung von feedbacks auf den Wirtschaftsprozeß ist ein Schwachpunkt der modelltheoretischen Zielzonenliteratur: „..*those papers assume an exogenous development of the fundamentals and no feedbacks onto economic performance as a whole. That in effect denies the reason for introducing target zones in the first place"* (Hughes-Hallett (1993), S.191).

[2]Vgl. auch Krugman (1992), S.14 und Hughes-Hallett (1993), S.191.

[3]„..*a difficult issue, is the need to reconcile the new approach with the growing evidence that financial marktets are not efficient."* (Krugman (1993), S.14.) Ähnlich auch Taylor (1995a), S.39. Zur negativen empirischen Evidenz der Devisenmarkteffizienzhypothese vgl. Krugman (1993) und Taylor (1995b).

[4]Vgl. Krugman und Miller (1993), S.281.

[5]Taylor (1995a), S.39.

220

Wechselkurszielzone bewirkt auch in diesem Modellrahmen einen honeymoon effect und smooth pasting des Zielzonenwechselkurses. Allerdings entsteht bei der zielzoneninhärenten Wechselkursstabilisierung nunmehr ein 'free lunch', da das Ausmaß der Wechselkursstabilisierung über das (langfristig) erforderliche Ausmaß der Fundamentalfaktorstabilisierung hinausgeht.[6] Aus der kostenlosen Beseitigung exzessiver Wechselkursvolatitität ergibt sich folglich ein Argument für Wechselkurszielzonen. Flood und Spencer kritisieren an diesem Ansatz jedoch, daß sich wiederum ein Großteil der Modellimplikationen empirisch nicht bestätigen läßt.[7] In dieser Richtung besteht daher noch weiterer Forschungsbedarf.

Die Analysen zeigen insgesamt, daß Wechselkurszielzonen ein ernstzunehmendes Instrument zur Stabilisierung der Wechselkursentwicklung darstellen können. Eine offene Frage ist dabei allerdings, wie eine solche Zielzone auszugestalten ist. Die Antwort hängt davon ab, welche vorrangigen Ziele mit einem solchen Konzept verfolgt werden sollen und wie weit die Bereitschaft und Fähigkeit vorhanden ist, die erforderliche wirtschaftspolitische Kooperation und Integration zu leisten.

Der ursprüngliche Vorschlag Williamsons implizierte relativ weite, nominale Wechselkursbänder mit weichen Rändern, bei denen regelmäßige Paritätsanpassungen an Differenzen der nationalen Inflationsentwicklung erfolgen.[8] Der Vorteil dieses Konzeptes ist, daß (spekulative) Krisen in einem solchen System eine geringe Wahrscheinlichkeit haben. Es werden allerdings auch zwei Standardargumente hinfällig, die im Zusammenhang mit der Errichtung von Zielzonen in der Art des Europäischen Wechselkursmechanismus im Europäischen Währungssystem wesentlich sind: Die Möglichkeit, sich an einen stabilen nominalen Anker anzubinden und das Erzeugen

---

[6]Vgl. Krugman und Miller (1993), S.299 und in diesem Zusammenhang auch Seite 41, oben. Die weiteren Analyseergebnisse des Krugman/Miller-Modells entsprechen denen des Krugman'schen Grundmodells. Nach Einführung der Wechselkurszielzone ist die unterstellte Devisenmarktineffizienz für die weiteren Modellimplikationen bedeutungslos. Deshalb wurde auch in der vorliegenden Arbeit auf eine Modelldarstellung verzichtet.

[7]Vgl. Flood und Spencer (1993). Dies betrifft zum einen die vom Krugman'schen Grundmodell übertragbaren, empirisch falsifizierten Modellimplikationen. Zum anderen lassen sich empirisch auch nicht die Folgerungen für einen Systemvergleich freier Wechselkurse mit einer Zielzone bestätigen.

[8]Vgl. Williamson (1985).

selbsterfüllender, stabilisierender Wechselkurserwartungen im Sinne des honeymoon effect.[9]

Die Erfahrungen, die mit dem Europäischen Währungssystem selbst gemacht wurden, sind dabei zweischneidig. Im Zeitraum 1987–1992 konnten viele Teilnehmerstaaten die Früchte einer festen und engen Anbindung an die Deutsche Mark ernten. Es kam zur deutlichen Stabilisierung der Währungsverhältnisse und die Teilnehmerstaaten profitierten von der Stabilitätspolitik der Deutschen Bundesbank, durch die sie Preisstabilität importieren konnten. Die krisenhaften Entwicklungen der Jahre 1992–1993, in deren Folge die Bandbreiten so erweitert wurden, daß seitdem von einer de facto Flexibilität der Kurse gesprochen werden muß, verdeutlichten dann aber erneut die unmögliche gleichzeitige Dreieinigkeit von Wechselkursstabilität, freiem internationalen Kapitalverkehr und geldpolitischer Unabhängigkeit.[10]

In Europa reichen die historischen Wurzeln für das gemeinschaftliche Bemühen um Währungsstabilität weit zurück, zumal die Staaten in ihrer wirtschaftlichen Entwicklung relativ eng miteinander verbunden gewesen sind.[11] Zwischen den großen Währungsblöcken war der währungspolitische Konsens meist deutlich geringer.[12] Daher dürften schon aus dem Bedürfnis nach nationaler geldpolitischer Autonomie ähnlich enge währungspolitische Anbindungen wie im EWS zwischen den großen

---

[9]Vgl. Frankel (1996).

[10]Vgl. Frankel (1996), Obstfeld und Rogoff (1995) sowie Eichengreen et al. (1994).

[11]Vgl. Giavazzi und Giovannini (1989), S.1ff. Sie führen die starke europäische Aversion gegen Wechselkursschwankungen auf drei Aspekte zurück. Erstens auf die negativen Erfahrungen mit flexiblen Kursen in den 20er und 30er Jahren. (Eine frühe, kritische Bewertung dieser Zeit des Floating findet sich bei Nurkse (1944).) Zweitens auf die starke wirtschaftliche Offenheit unter den europäischen Staaten, bei deutlich stärkerer Geschlossenheit nach außen, die auch in der Zollunion (seit 1969) ihre Wurzeln hat. Drittens auf die weiteren Konsequenzen der Gründung der Europäischen Wirtschaftsgemeinschaft (Römische Verträge, 1957). Hier sind insbesondere auch die Konsequenzen des Gemeinsamen Agrarmarktes zu nennen. Im Gemeinsamen Agrarmarkt erfolgt die Preissetzung in ECU. Daher führen bilaterale Wechselkursveränderungen zu innereuropäischen Kompensationszahlungen aus dem EG-Haushalt. Deren Vermeidung ist ebenfalls ein Motiv für die innereuropäische Wechselkursstabilisierung gewesen.

[12]So wurde unter der Reagan Administration von den USA in der ersten Hälfte der 80er Jahre eine explizite laissez faire Politik hinsichtlich der Devisenmarktentwicklungen vertreten, bei der Devisenmarktinterventionen als Verschwendung von Steuereinnahmen angesehen wurden (vgl. Dominguez und Frankel (1993), S.8f.).

Währungsblöcken als illusorisch einzustufen sein. Eine solche Anbindung erscheint aber auch wegen der unterschiedlichen wirtschaftlichen Charakteristiken als wenig ratsam.[13] Ein Zielzonenkonzept im Sinne Williamsons dürfte für den Dollar, Yen und Deutsche Mark Raum bereits das äußerste des Erreichbaren darstellen. Andere Vorschläge zur Stabilisierung der Devisenmärkte müssen aus heutiger Sicht als undurchführbar angesehen werden.[14]

Dennoch sollten auch gerade zwischen den großen Währungsblöcken die Bemühungen für eine Verbesserung der internationalen Kooperation und wirtschaftspolitischen Integration anhalten. Wie die Erfahrungen im Zusammenhang mit dem Plaza Abkommen und dem Louvre Accord gezeigt haben, lassen sich auch hier Stabilisierungswirkungen erreichen.[15] Darüber hinaus erscheint es wichtig, den Devisenmärkten Erwartungsführung dahingehend zu geben, welche Wechselkursrelationen als wünschenswert und tragbar angesehen werden. Damit ist nicht gemeint, Gleichgewichtskurse zu berechnen und zu veröffentlichen, die im Sinne von Strukturmodellen der Wechselkursdetermination fundamental gerechtfertigt sind. Die Erfahrungen der Wechselkurstheorie haben gezeigt, daß dies ein ziemlich sinnloses Unterfangen wäre, da reliable Strukturmodelle hierfür nicht zur Verfügung stehen. Vielmehr ginge es um die regelmäßige Bestimmung und Veröffentlichung von Gleichgewichtskursen im Sinne Williamsons, mit denen unter wachstums-, stabilitäts- und währungspolitischen Aspekten tragbare Austauschrelationen verdeutlicht werden können.[16] Dies im Zusammenhang mit verbindlichen Erklärungen, zumindest auf mittlere Sicht starken und dauerhaften Abweichungen von den Zielkursen (plus Bandbreiten) mit gemeinsamen Interventionen entgegenzutreten, könnte dazu beitragen, Fehlentwicklungen, wie sie sich beim Dollar im Zeitraum 1984–1985 und beim Yen 1994–1995 zeigten,

---

[13]Vgl. in diesem Zusammenhang auch Frenkel und Goldstein (1986), S.660f.

[14]Diskutiert werden immer wieder Vorschläge zur Spaltung der Devisenmärkte, um realwirtschaftliche Transaktionen von finanzwirtschaftlichen unabhängig zu machen (vgl. Dornbusch (1986)) oder die Einführung einer Steuer für Devisenmarkttransaktionen (vgl. Tobin (1978) und Eichengreen et al. (1994)).

[15]Vgl. Dominguez und Frankel (1993).

[16]Zu den Zielen einer internationalen wirtschaftspolitischen Koordination vgl. im einzelnen Williamson und Miller (1987), S.4ff und zum Konzept des fundamentalen Gleichgewichtswechselkurses auch Williamson (1985), S.13ff.

zu verhindern.[17]

Demgegenüber stellt sich für die europäischen Staaten mit Blick auf die Europäische Währungsunion die Frage, welche währungspolitische Anbindung mit den Teilnehmern der zweiten Runde, den 'outs', anzustreben ist. In diesem Zusammenhang wird über ein EWS II diskutiert, welches prinzipiell dem ursprünglichen EWS ähneln soll, aber durch einige Modifikationen die Schwächen des alten Systems vermeidet.[18]

Aus der vorangegangenen Analyse lassen sich für ein enges Bandbreitensystem einige Schlußfolgerungen herleiten. Im Abschnitt 4.2 wurde der starke Einfluß von Realignmentrisiken für die Stabilisierung von Wechselkurserwartungen deutlich. Im Zusammenhang mit den empirischen Untersuchungen zeigte sich, wie wenig es in der Realität gelingt, allein durch die Ankündigung eines Interventionsmechanismus das Vertrauen der Devisenmarktakteure zu gewinnen und den theoretisch hergeleiteten, selbstgenerierenden Stabilitätsgewinn zu realisieren. Das Vertrauen der Marktteilnehmer muß erarbeitet werden. Dieser Prozeß erfordert Zeit und über bloße Willensbekundungen hinausgehendes Handeln, mit dem gezeigt wird, daß die beteiligten Staaten bereit sind, für die Konsequenzen einzutreten. Der Vertrauensbildungsprozeß muß daher durch einen entsprechenden wirtschaftlichen Konvergenzprozeß gestützt sein.

Im Abschnitt 4.2.4 wurde deutlich gemacht, daß die Währungsturbulenzen im EWS in den Jahren 1992–1993 einerseits fundamentale Ursachen hatten, andererseits aber auch aus destabilisierenden spekulativen Marktreaktionen resultierten. Im Zeitraum zuvor verzeichneten die meisten am Wechselkursmechanismus teilnehmenden Staaten einen enormen Glaubwürdigkeitsgewinn für die Austauschrelationen ihrer Währungen. Die Rückkehr beziehungsweise Entwicklung vom Status Quo zu einem Zielzonensystem mit wieder engeren Bandbreiten der 'outs' gegenüber dem Euro, sollte daher den nachfolgenden Aspekten Rechnung tragen.

Insbesondere in der Anfangsphase müssen dem Markt spekulative Anreize ge-

---

[17]Vgl. hierzu auch Dominguez und Frankel (1993), S.135ff.
[18]Diskutiert werden insbesondere 'weiche' Interventionspunkte, asymmetrische Interventionen, exklusive Realignmentkompetenzen auf Seiten der 'ins' und individuelle Bandbreiten des Euro gegenüber einzelnen 'outs'.

224

nommen werden. Hierfür sind zu Beginn noch eher weite Bandbreiten geeignet, die schrittweise verengt werden. Die erwartungsbedingten Stabilitätsgewinne fallen dadurch zwar gering aus. Vor dem alternativen Hintergrund destabilisierender Spekulationswellen, die zu häufigen Realignments führen könnten, scheint dies aber langfristig der erfolgversprechendere Weg.

Hinreichend breite Wechselkursbänder ermöglichen außerdem umfangreichere Realignments, bei denen es zum Überlappen des neuen mit dem alten Band kommt. Dadurch lassen sich sprunghafte Wechselkursveränderungen zum Zeitpunkt des Realignments und damit spekulative 'Einbahnoptionen' ausschließen.[19]

In bezug auf die Vermeidung spekulativer Anreize wäre auch denkbar, gerade in der Anfangsphase vertraglich weiche Zielzonengrenzen zu vereinbaren. Das Fehlen unkonditionaler Interventionsverpflichtungen vermeidet spekulative Krisenszenarien. Allerdings senkt dies die Glaubwürdigkeit des Systems erheblich. Es erscheint eher wichtig und auch vertretbar, für ökonomisch als richtig empfundene Paritäten und Bandbreiten definitiv einzutreten. Hieraus ergeben sich jedoch weitere Anforderungen.

Um sich gegenüber spekulativen Währungsattacken sicherer zu behaupten, ist es erforderlich, frühzeitig auf fundamentale Divergenzen zwischen den Teilnehmerländern zu reagieren. Spekulationswellen fehlt dann der ökonomische Hintergrund, was die Wahrscheinlichkeit ihres Auftretens deutlich senkt. Es muß sichergestellt werden, daß die Fehler, die im Bretton Woods System und den späten 80er und frühen 90er Jahren des EWS gemacht wurden, nicht wiederholt werden – notwendige Realignments also nicht vermieden werden. Neben einem Anpassungsautomatismus, wie ihn der Blueprint von Williamson und Miller vorsah,[20] ist hierfür prinzipiell auch die Verlagerung der Realignmentkompetenz auf den Länderblock der Währungsunion geeignet, wenn von der bisher erforderlichen Einstimmigkeit bei Realignmententscheidungen im EWS abgerückt wird.

Um für die Aspiranten auf die Unionsteilnahme den ökonomischen Anpassungsdruck zu erhalten, könnte daran gedacht werden, die Interventionslasten asymmetrisch zu verteilen. Allerdings sollten derartige Regelungen weich formuliert werden,

[19]Vgl. Williamson und Miller (1987), S.58ff. und De Grauwe (1994), S.117ff.

[20]Vgl. Williamson und Miller (1987) sowie Williamson (1985).

da es bei spekulationsbedingten Währungskrisen sinnvoll sein kann, dem Markt durch gemeinsame Interventionen eindeutig die Richtung vorzugeben und das Vertrauen in die Stabilität der Partnerwährung so schnell wie möglich wieder herzustellen. Im Hinblick auf Realignment- und Interventionsentscheidungen muß aber gegebenenfalls durch ein entsprechendes Sanktionierungssystem sichergestellt werden, daß für die 'outs' kein Anreiz zur Erzielung von Abwertungsvorteilen besteht.

Im Laufe der Zeit lassen sich die Wechselkursbänder verengen und ihre Ränder härten. Hierbei kann man sich die empirischen Ansätze zunutze machen, die im Zusammenhang mit der Glaubwürdigkeitsanalyse von Zielzonen entstanden sind. Labhard und Wyplosz (1996) zeigen damit beispielsweise, daß im EWS mit intramarginalen Interventionen erheblich engere implizite Bänder verfolgt werden, als die der offiziellen ±15 Prozent. Außerdem weichen die dabei gestützen impliziten Paritäten häufig von den offiziellen Leitkursen ab. Unter Einbezug von Schätzungen der Markterwartungen über die Wechselkursentwicklung innerhalb des Bandes ließen sich so Breite und Lage der Wechselkursbänder optimieren und schrittweise verengen. Hierbei sollten auch mögliche Signaleffekte genutzt werden, indem das Vorgehen der Öffentlichkeit transparent gemacht wird.[21]

Die Frage, ob ein Wechselkursmanagement überhaupt sinnvoll und erforderlich ist, gehört zu den zentralen Streitpunkten der Währungstheorie. Die formal elegante Analyse der makroökonomischen Zielzonentheorie hat wohlfahrtsanalystisch nur begrenzt dazu beigetragen, eine Antwort zu geben.[22] Hier besteht also weiterhin erheblicher Forschungsbedarf. Dennoch lassen sich die Vorschläge zur Stabilisierung des internationalen Währungssystems rechtfertigen: „*There is no evidence supporting the view that exchange markets are efficient, or even that speculation will generally be stabilizing. We certainly have no grounds for dismissing the views of experienced market practitioners who warn of the potential for large exchange-rate swings that are unjustified by the fundamentals.*"[23] Oder, wie Krugman angesichts der Dollarkursentwicklung der 80er Jahre bemerkt: „*There is nothing in the experience of the*

---

[21]Zur Bedeutung des 'signaling channels' bei der Beeinflussung des Devisenmarktgeschehens vgl. Dominguez und Frankel (1993).

[22]Vgl. Krugman (1992), S.14.

[23]Krugman und Miller (1993), S.303f.

226

1980s to support the view that if governments get their policies right, the exchange rate will take care of itself."[24]

Die internationalen Kapitalmärkte haben sich zwar selbst über weite Strecken die Fähigkeit entwickelt, mit den vorhandenen Wechselkursrisiken umzugehen. Es zeigen sich aber immer wieder längeranhaltende Fehlentwicklungen mit Auswirkungen auf die Produktions- und Standortentscheidungen international operierender Unternehmen.[25] Hier sind intensive Bemühungen zur Vermeidung von Fehlentwicklungen erforderlich. Wechselkurszielzonen sind dabei derzeitig der einzig gangbare Weg. Mit Blick auf die unterschiedliche Homogenität verschiedener Staatengruppen ist das breite mögliche Ausgestaltungspektrum von Zielzonenarrangements zu nutzen. Wichtig ist jedoch in jedem Fall ein Stabilitätskonsens der Länder. Fehlt dieser, dann bleibt einzig ein frei bewegliches Wechselkursschanier als Alternative.

---

[24]Krugman (1989), S.98.

[25]Für eine Einführung in die theoretische Analyse dieser Zusammenhänge vgl. ebenda. Wichtige Beiträge zur Begründung permanenter realer Effekte temporärer Wechselkursänderungen stammen von Dixit (1989), Baldwin (1988) sowie Baldwin und Krugman (1989).

Literaturverzeichnis

Adams, C. und D. Gros, "The Consequences of Real Exchange Rate Rules for Inflation: Some Illustrative Examples," *International Monetary Fund Staff Papers*, 1986, *33*, 439–476.

Agénor, P.-R., J.S. Bhandari und R.P. Flood, "Speculative Attacks and Models of Balance of Payments Crises," *International Monetary Fund Staff Papers*, 1992, *39*, 357–394.

Akhtar, M.A. und R.S. Hilton, "Effects of Exchange Rate Uncertainty on German and U.S. Trade," *Federal Reserve Bank of New York Quartely Review*, 1984, *9*, 7–16.

Alexander, C.O. und A. Johnson, "Are Foreign Exchange Markets Really Efficient?," *Economic Letters*, 1992, *40*, 449–453.

Arndt, S.W., "On Exchange Rate Dynamics," *Zeitschrift für Wirtschafts- und Sozialwissenschaften*, 1979, *99*, 71–85.

Artis, M.J. und M.P. Taylor, "The Stabilizing Effect of the ERM on Exchange Rates and Interest Rates. Some Nonparametric Tests," *International Monetary Fund Staff Papers*, 1994, *41*, 123–148.

Artus, J.R. und J.H. Young, "Fixed and Flexible Exchange Rates: A Renewal of the Debate," *International Monetary Fund Staff Papers*, 1979, *26*, 654–698.

Aschinger, F.E., *Das Neue Währungssystem — Von Bretton Woods bis zur Dollarkrise 1977*, Frankfurt am Main: Fritz Knapp, 1978.

Attfield, C.L.F., D. Demery und N.W. Duck, *Rational Expectations in Macroeconomics: An Introduction to Theory and Evidence*, 2. Aufl., Oxford, Cambridge: Blackwell, 1991.

Baldwin, R., "Hysteresis in Import Prices: The Beachhead Effect," *American Economic Review*, 1988, *78*, 773–785.

— und P.R. Krugman, "Persistent Trade Effects of Large Exchange Rate Shocks," *Quarterly Journal of Economics*, 1989, *104*, 635–654.

Baltensperger, E., "Geldpolitik und Wechselkursdynamik," *Kredit und Kapital*, 1981, *14*, 320–340.

228

Banca d'Italia, "Economic Bulletin," No. 21, Okt. 1995.

Barro, R. und D. Gordon, "A Positive Theory of Monetary Policy in a Natural Rate Model," *Journal of Political Economy*, 1983, *91*, 589–610.

Bartolini, L. und G.M. Bodnar, "Are Exchange Rates Excessively Volatile? And What Does "Excessively Volatile" Mean, Anyway?," *International Monetary Fund Staff Papers*, 1996, *43*, 72–96.

Beetsma, R.M.W.J. und F. van der Ploeg, "Exchange Rate Bands and Optimal Monetary Accomodation under a Dirty Float," Discussion Paper 725, Centre for Economic Policy Research, London 1992.

— **und** — , "Intramarginal Interventions and the Pattern of EMS Exchange Rate Distributions," *International Economic Review*, 1994, *35*, 583–602.

Begg, D.K.H., *The Rational Expectations Revolution in Macroeconomics, Theories and Evidence*, Oxford: Philip Allan, 1982.

Bender, D., "Finanzmarkttheorie des Wechselskurses," in W. Albers et al., Hrsg., *Handwörterbuch der Wirtschaftswissenschaften, zugleich Neuauflage des Handwörterbuchs der Sozialwissenschaften*, Vol. 9, Stuttgart u.a.: Fischer, Mohr, Vandenhoeck & Ruprecht, 1982, S. 748–764.

Bertola, G., "Continuous-time Models of Exchange Rates and Intervention," in Frederick van der Ploeg, Hrsg., *Handbook of International Macroeconomics*, Oxford und Cambridge: Blackwell, 1994, S. 251–298.

— **und L.E.O. Svensson**, "Stochastic Devaluation Risk and the Empirical Fit of Target-Zone Models," *Review of Economic Studies*, 1993, *60*, 689–712.

— **und R.J. Caballero**, "Target Zones and Realignments," *American Economic Review*, 1992a, *82*, 520–536.

— **und** — , "Sustainable Intervention Policies and Exchange Rate Dynamics," in P.R. Krugman und M.H. Miller, Hrsg., *Exchange Rate Targets and Currency Bands*, Cambridge: Cambridge University Press, 1992b, S. 186–206.

Bilson, J.F.O., "Recent Developments in Monetary Models of Exchange Rate Determination," *International Monetary Fund Staff Papers*, 1979, *25*, 201–223.

Black, S.W., "On the Concept and Usefulness of the Equilibrium Rate of Exchange," in J. Williamson, Hrsg., *Estimating Equilibrium Exchange Rates*, Washington D.C.: Institute of International Economics, 1994, S. 279–292.

Blackburn, K. und M. Sola, "Speculative Currency Attacks and Balance of

Payments Crises," *Journal of Economic Surveys*, 1993, 7, 119–144.

Bofinger, P., "Wechselkurstheorie und Wirtschaftspolitik," *Kredit und Kapital*, 1986, *19*, 184–212.

— , *Festkurssysteme und geldpolitische Koordination*, Baden-Baden: Nomos, 1991.

Branson, W.H., "The Limits of Monetary Coordination as Exchange Rate Policy," *Brookings Papers on Economic Acitivity*, 1986, *13*, 175–194.

— , "Comments: European Exchange Rate Credibility Before the Fall *by* A.K. Rose and L.E.O. Svensson," *European Economic Review*, 1994, *38*, 1217–1220.

Buchholz, H., *The Confluent Hypergeometric Function with Special Emphasis on its Applications*, Berlin: Springer, 1969. Original erschienen als: *Die konfluente hypergeometrische Funktion*, Berlin: Springer, 1953.

Burda, M.C. und C. Wyplosz, *Makroökonomik: eine europäische Perspektive*, München: Vahlen, 1994.

Calvo, G., "Staggered Contracts and Exchange Rate Policy," in J.A. Frenkel, Hrsg., *Exchange Rates and International Macroeconomics*, Chicago: University of Chicago Press, 1983, S. 235–252.

Caramazza, F., "French-German Interest Rate Differentials and Time-Varying Realignement Risk," *International Monetary Fund Staff Papers*, 1993, *40*, 567–583.

Carlton, D.W., "The Rigidity of Prices," *American Economic Review*, 1986, *76*, 637–658.

Cassel, G., "Abnormal Deviations in International Exchange," *The Economic Journal*, 1918, *28*, 413–415.

Chen, Z. und A. Giovannini, "Target Zones and the Distribution of Exchange Rates," *Economic Letters*, 1992, *40*, 83–89.

— **und** — , "The Determinants of Realignment Expectations under the EMS: Some Empirical Regularities," in C. Johnson und S. Collignon, Hrsg., *The Monetary Economics of Europe. Causes or the EMS Crisis*, Rutherford u.a.: Fairleigh Dickinson University Press, 1994, S. 113–140.

Chiang, A.C., *Fundamental Methods in Mathematical Economics*, 3. Aufl., Singapore u.a.: McGraw-Hill, 1984.

Chung, K.L., *Elementare Wahrscheinlichkeitstheorie und stochastische Prozesse*, 2. Aufl., Berlin u.a.: Springer, 1978.

Copeland, L.S., *Exchange Rates and International Finance*, Wokingham u.a.: Addison-Wesley, 1989.

De Grauwe, P., *The Economics of Monetary Integration*, 2. Aufl., Oxford: Oxford University Press, 1994.

Delgado, F. und B. Dumas, "Target Zones, Broad and Narrow," in P.R. Krugman und M.H. Miller, Hrsg., *Exchange Rate Targets and Currency Bands*, Cambridge: Cambridge University Press, 1992, S. 35–56.

– und – , "Monetary Contracting between Central Banks and the Design of Sustainable Exchange-Rate Zones," *Journal of International Economics*, 1993, *34*, 201–224.

Deutsche Bundesbank, "Devisenkursstatistik," Statistisches Beiheft zum Monatsbericht 5 (vormals: Die Währungen der Welt), Frankfurt am Main, verschiedene Jahrgänge .

– , "Geschäftsbericht der Deutschen Bundesbank für das Jahr 1990," Frankfurt am Main, 1991.

– , "Internationale Organisationen und Gremien im Bereich von Währung und Wirtschaft," Sonderdrucke der Deutschen Bundesbank Nr. 3, 4. Auflage, Frankfurt am Main, 1992.

– , "Geschäftsbericht 1994," Frankfurt am Main, 1995.

– , "Geschäftsbericht 1995," Frankfurt am Main, 1996.

– , "Finanzmarktvolatilität und ihre Auswirkungen auf die Geldpolitik," *Monatsberichte der Deutschen Bundesbank*, Frankfurt am Main, 4/1996.

– , "Die jüngsten geld- und währungspolitischen Beschlüsse und die Entwicklungen im Europäischen Währungssystem," *Monatsberichte der Deutschen Bundesbank*, Frankfurt am Main, 8/1993.

Dixit, A.K., "Hysteresis, Import Penetration, and Exchange Rate Pass-Through," *Quarterly Journal of Economics*, 1989, *104*, 205–228.

– und R.S. Pindyck, *Investment under Uncertainty*, Princeton und New Jersey: Princeton University Press, 1994.

Dominguez, K.M. und J.A. Frankel, "Does Foreign Exchange Intervention Work?," Institute for International Economics, Washington DC 1993.

Dornbusch, R., "Expectations and Exchange Rate Dynamics," *Journal of Political Economy*, 1976a, *84*, 1161–1176.

—, "The Theory of Flexible Exchange Rate Regimes and Macroeconomic Policy," *Scandinavian Journal of Economics*, 1976b, *78*, 255–275.

—, "Exchange Rate Economics: Where Do We Stand?," *Brookings Papers on Economic Activity*, 1980, 7, 143–185.

—, "Flexible Exchange Rates and Interdependence," *International Monetary Fund Staff Papers*, 1983, *30*, 3–30.

—, "The Overvalued Dollar and the International Monetary System," in "The International Monetary System and Economic Recovery" , Instituto Bancario San Paolo di Torino 1985, S. 24–51.

—, "Flexible Exchange Rates and Excess Capital Mobility," *Brookings Papers on Economic Activity*, 1986, *(1)*, 209–226.

—, "Exchange Rate Economics: 1986," *The Economic Journal*, 1987, *97*, 1–18.

Eichengreen, B., J. Tobin und C. Wyplosz, "Two Cases for Sand in the Wheels of International Finance," Working Paper C94-45, Center for International and Development Economics Research, Berkeley, California 1994.

— **und C. Wyplosz**, "The Unstable EMS," *Brookings Papers on Economic Activity*, 1993, *(1)*, 51–124.

Einstein, A., "On the Movement of Small Particles Suspended in a Stationary Liquid Demanded by the Molecular-Kinetic Theory of Heat," *Annals of Physics*, 1905, *17*.

Fama, E.F., "The Behaviour of Stock-Market Prices," *Journal of Business*, 1965, *38*, 34–105.

—, "Efficient Capital Markets: A Review of Theory and Empirical Work," *Journal of Finance*, 1970, *25*, 383–417.

Filc, W., "Kooperation als Voraussetzung zur Stabilisierung des internationalen Währungssystems," in W. Filc, L. Hübl und Rü. Pohl, Hrsg., *Herausforderungen für die Wirtschaftspolitik: Festschrift zum 60. Geburtstag von Claus Köhler*, Duncker & Humblot, 1988.

Flood, R.P., A.K. Rose und D.J. Mathieson, "An Empirical Exploration of Exchange-Rate Target-Zones," *Carnegie-Rochester Conference Series on Public Policy*, 1991, *35*, 7–66.

— **und M.G. Spencer**, "Why have a target zone? A Comment," *Carnegie-Rochester Conference Series on Public Policy*, 1993, *38*, 315–318.

– **und P.M. Garber**, "A Model of Stochastic Process Switching," *Econometrica*, 1983, *51*, 537–551.

– **und –** , "Collapsing Exchange-Rate Regimes – Some Linear Examples," *Journal of International Economics*, 1984, *17*, 1–13.

– **und –** , "The Linkage between Speculative Attack and Target Zone Models of Exchange Rates," *Quarterly Journal of Economics*, 1991, *106*, 1367–1372.

– **und –** , "The Linkage between Speculative Attack and Target Zone Models of Exchange Rates: Some Extended Results," in P.R. Krugman und M.H. Miller, Hrsg., *Exchange Rate Targets and Currency Bands*, Cambridge: Cambridge University Press, 1992, S. 17–28.

– **und R.J. Hodrick**, "On Testing for Speculative Bubbles," *Journal of Economic Perspectives*, 1990, *4*, 85–101.

Frankel, J.A., "Six Possible Meanings of 'Overvaluation': The 1981–85 Dollar," Essays in International Finance, No. 159, Princeton 1985.

– , "Monetary and Portfolio-Balance Models of the Determination of Exchange Rates," in J.A. Frankel, Hrsg., *On Exchange Rates*, Cambridge und London: MIT Press, 1993, S. 95–116.

– , "Recent Exchange-Rate Experience and Proposals for Reform," *American Economic Review, Papers and Proceedings*, 1996, *86*, 153–158.

– **und K.A. Froot**, "Chartists, Fundamentalists, and Trading in the Foreign Exchange Market," *American Economic Review, Papers and Proceedings*, 1990, *80*, 181–185.

– **und S. Phillips**, "The European Monetary System: Credible at Last?," Working Paper 3819, National Bureau of Economic Research, Cambridge 1991.

Frenkel, J.A., "A Monetary Approach to the Exchange Rate: Doctrinal Aspects and Empirical Evidence," *Scandinavian Journal of Economics*, 1976, *78*, 200–224.

– , "Flexible Exchange Rates, Prices, and the Role of "News": Lessons from the 1970's," *Journal of Political Economy*, 1981a, *89*, 665–705.

– , "The Collapse of Purchaising Power Parties During the 1970's," *European Economic Review*, 1981b, *16*, 145–165.

– **und M. Goldstein**, "A Guide to Target Zones," *International Monetary Fund Staff Papers*, 1986, *33*, 633–673.

— und **M.L. Mussa**, "The Efficiency of Foreign Exchange Markets and Measures of Turbulence," *American Economic Review*, 1980, *70*, 374–381.

— und — , "Asset Markets, Exchange Rates and the Balance of Payments," in R.W. Jones und P.B. Kenen, Hrsg., *Handbook of International Economics*, Vol. 2, Amsterdam u.a.: North-Holland, 1985, S. 679–747.

Friedman, M., "The Case For Flexible Exchange Rates," in "Essays in Positive Economics," Chicago: University of Chicago Press, 1953, S. 157–203.

Froot, K.A. und M. Obstfeld, "Exchange-Rate Dynamics under Stochastic Regime Shifts: A Unified Approach," *Journal of International Economics*, 1991, *31*, 203–229.

— und — , "Stochastic Process Switching: Some Simple Solutions," in P.R. Krugman und M.H. Miller, Hrsg., *Exchange Rate Targets and Currency Bands*, Cambridge: Cambridge University Press, 1992, S. 61–74.

— und **R.H. Thaler**, "Anomalies: Foreign Exchange," *Journal of Economic Perspectives*, 1990, *4*, 179–192.

Gaab, W., *Devisenmärkte und Wechselkurse*, Berlin u.a.: Springer, 1983.

Gärtner, M., *Makroökonomik flexibler Wechselkurse*, Berlin u.a.: Springer, 1990.

Genberg, H., "Exchange Rate Management and Macroeconomic Policy: A National Perspective," *Scandinavian Journal of Economics*, 1989, *91*, 439–469.

Giavazzi, F. und A. Giovannini, *Limiting Exchange Rate Flexibility: The European Monetary System*, Cambridge (Mass.): MIT Press, 1989.

Greene, W.H., *Econometric Analysis*, 2. Aufl., New York: Macmillan, 1993.

Group of Ten, "International Capital Movements and Foreign Exchange Markets," A Report to the Ministers and Governors by the Group of Deputies, 1993.

Gutierrez-Camara, J.L. und H.-J. Huß, "The Interaction between Floating Exchange Rates, Money, and Prices — An Empirical Analysis," *Weltwirtschaftliches Archiv*, 1983, *119*, 401–428.

Hamilton, J.D., *Time Series Analysis*, Princeton, New Jersey: Princeton University Press, 1994.

Hansen, G., *Quantitative Wirtschaftsforschung*, München: Vahlen, 1993.

234

Hansen, L.P. und R.J. Hodrick, "Forward Exchange Rates as Optimal Predictors of Future Spot Rates: An Econometric Analysis," *Journal of Political Economy*, 1980, *88*, 829–853.

Harrison, J.M., *Brownian Motion and Stochastic Flow Systens*, Malabar (Florida): Krieger, 1990.

Heller, H.R., "Die Wahl des Wechsekurssystems," *Finanzierung und Entwicklung*, 1977, *14(2)*, 23–27.

Henrici, P., *Applied an Computational Complex Analysis*, Vol. 2, Special Functions – Integral Transforms – Asymptotics – Continued Fractions, New York u.a.: John Wiley & Sons, 1977.

Heri, E.W., *Bestimmungsgründe kurzfristiger Wechselkursfluktuationen*, Hamburg: Weltarchiv (Veröffentlichung des HWWA-Instituts für Wirtschaftsforschung), 1982.

Hodrick, R.J., "The Empirical Evidence on the Efficiency of Forward and Futures Foreign Exchange Markets," in W. Branson, Hrsg., *Fundamentals of Pure and Applied Economics, Vol. 24*, London u.a.: Harwood Academic Publishers, 1987.

– , "Volatility in the Foreign Exchange and Stock Markets: Is It Excessive?," *American Economic Review, Papers and Proceedings*, 1990, *80*, 186–191.

Huang, C.-F., "Continuous-Time Stochastic Processes," in "The New Palgrave. A Dictionary of Economics," Vol. 1, MacMillan, 1987, S. 631–634.

Hughes-Hallett, A., "Exchange Rates and Asymmetric Policy Regimes: When does Exchange Rate Targeting Pay," *Oxford Economic Papers*, 1993, *45*, 191–206.

International Monetary Fund, "Exchange Rate Volatility and Worlds Trade: A Study by the Research Department of the International Monetary Fund," Occasional Paper 28, International Monetary Fund 1984.

Isard, P., *Exchange Rate Economics*, Cambridge: Cambridge University Press, 1996.

Itô, K., "On Stochastic Differential Equations," *Memoirs of the American Mathematical Society*, 1951, *4*, 1–51.

Johnson, H.G., "Argumente für flexible Wechselkurse - 1969," in F. Voigt, Hrsg., *Beiträge zur Geldtheorie und Währungspolitik*, Vol. 80, Berlin: Duncker & Humblot, 1976, S. 190–220.

— , "The Monetary Approach to the Balance of Payments Theory," in J.A. Frenkel und H.G. Johnson, Hrsg., *The Monetary Approach to the Balance of Payments*, London: George Allen & Unwin Ltd, 1976, S. 147–167.

Karatzas, I. und S.E. Shreve, *Brownian Motion and Stochastic Calculus*, 2. Aufl., Vol. 113, New York, Berlin u.a.: Springer, 1991.

Karlin, S. und H.M. Taylor, *An Introduction to Stochastic Modeling*, rev. Aufl., Boston u.a.: Academic Press, 1994.

Kasper, W., "Zur Frage größerer Wechselkursflexibilität – Fazit aus der Diskussion und ein Beispiel zur Illustration," Kieler Studien, Forschungsberichte des Instituts für Weltwirtschaft an der Universität Kiel 113, W. Giersch, Hrsg., Tübingen: J.C.B. Mohr, 1970.

Kenen, P.B., *Managing Exchange Rates*, London und New York: The Royal Institute of International Affairs / Routledge, 1988.

— **und D. Rodrik**, "Measuring and Analyzing the Effects of Short-Term Volatility in Real Exchange Rates," *Review of Economics and Statistics*, 1986, *68*, 311–315.

King, M., "Credibility and Monetary Policy: Theory and Evidence," *Bank of England, Quarterly Bulletin*, 1995, *35*, 84–91.

Klein, M.W., "Playing with the Band: Dynamic Effects of Target Zones in an Open Economy," *International Economic Review*, 1990, *31*, 757–772.

— **und K.K. Lewis**, "Learning about Intervention Target Zones," *Journal of International Economics*, 1993, *35*, 275–295.

Kloeden, P.E., E. Platen und H. Schurz, *Numerical Solution of SDE through Computer Experiments*, Berlin u.a.: Springer, 1994.

— **und** — , *Numerical Solution of Stochastic Differential Equations*, 2. Aufl., Berlin u.a.: Springer, 1995.

Köhler, C., "Bedingungen für mehr Stabilität im Weltwährungssystem," in W. Filc und C. Köhler, Hrsg., *Stabilisierung des Währungssystems*, Berlin: Duncker & Humblot, 1985, S. 255–272.

Kregel, J., "Currency Speculation and the Summer 1993 Crisis in the ERM:

236

Irrational Expectations and Imperfect Information," *Economies et Sociétés*, 1994, *28*, 301–314.

Krugman, P.R., "A Model of Balance-of-Payments Crisis," *Journal of Money, Credit, and Banking*, 1979, *11*, 311–325.

— , *Exchange-Rate Instability*, London u.a.: MIT Press, 1989.

— , "Target Zones and Exchange Rate Dynamics," *Quarterly Journal of Economics*, 1991, *106*, 669–682.

— , "Exchange Rates in a Currency Band: A Sketch of the New Approach," in P.R. Krugman und M.H. Miller, Hrsg., *Exchange Rate Targets and Currency Bands*, Cambridge: Cambridge University Press, 1992, S. 186–206.

— , "What Do We Need To Know About The International Monetary System?," Essays in International Finance, No. 190, Princeton 1993.

— **und J. Rotemberg**, "Speculative Attacks on Target Zones," in P.R. Krugman und M.H. Miller, Hrsg., *Exchange Rate Targets and Currency Bands*, Cambridge: Cambridge University Press, 1992, S. 117–139.

— **und M.H. Miller**, *Exchange Rate Targets and Currency Bands*, Cambridge: Cambridge University Press, 1992.

— **und** — , "Why have a target zone?," *Carnegie-Rochester Conference Series on Public Policy*, 1993, *38*, 279–314.

Kydland, F. und E. Prescott, "Rules Rather than Discretion: The Inconsistency of Optimal Plans," *Journal of Political Economy*, 1977, *85*, 473–491.

Labhard, V. und C. Wyplosz, "The New EMS: Narrow Bands Inside Deep Bands," *American Economic Review, Papers and Proceedings*, 1996, *86*, 143–146.

Lindberg, H., P. Söderlind und L.E.O. Svensson, "Devaluation Expectations: The Swedish Krona 1985–92," *The Economic Journal*, 1993, *103*, 1170–1179.

— **und** — , "Testing the Basic Target Zone Model on Swedish Data," Seminar Paper 488, Institut for International Economic Studies, Stockholm 1991.

MacDonald, R., *Floating Exchange Rates: Theories and Evidence*, London u.a.: Unwin Hyman, 1988.

— **und M.P. Taylor**, "Economic Analysis of Foreign Exchange Markets: An Expository Survey," in R. MacDonald und M.P. Taylor, Hrsg., *Exchange Rates* and Open Economy Macroeconomics, Oxford und Cambridge: Basil Blackwell, 1989a, S. 3–107.

– und – , "Foreign Exchange Market Efficiency and Cointegration: Some Evidence from the Recent Float," *Economic Letters*, 1989b, *29*, 63–68.

Malliaris, A.G., "Continuous-Time Stochastic Processes," in J. Eatwell et al., Hrsg., *The New Palgrave. A Dictionary of Economics*, Vol. 4, London u.a.: MacMillan, 1987, S. 920–921.

Mandelbrot, B., "Forecasts of Future Prices, Unbiased Markets and 'Martingale Models'," *The Journal of Business*, 1966, *39*, 242–255.

McKinnon, R.I., "An International Standard for Monetary Stabilization," Policy Analyses in International Economics 8, Institute for International Economics, Washington D.C. 1984.

– , "Monetary and Exchange Rate Policies for International Financial Stability: A Proposal," *Journal of Economic Perspectives*, 1988, *2*, 83–103.

Meese, R.A. und A.K. Rose, "Nonlinear, Nonparametric, Nonessential Exchange Rate Estimation," *American Economic Review, Papers and Proceedings*, 1990, *80*, 192–196.

– und K. Rogoff, "Empirical Exchange Rate Models of the Seventies. Do they fit out of sample?," *Journal of International Economics*, 1983, *14*, 3–24.

Merton, R.C., "Lifetime Portfolio Selection under Uncertainty: The Continuous-Time Case," *Review of Economics and Statistics*, 1969, *51*, 247–257.

Miller, M.H. und P. Weller, "Solving Stochastic Saddlepoint Systems: A Qualitative Treatment with Economic Applications," Discussion Paper 308, Centre for Economic Policy Research, London 1988.

– und – , "Exchange Rate Bands and Realignments in a Stationary Stochastic Setting," in M.H. Miller, B. Eichengreen und R. Portes, Hrsg., *Blueprints for Exchange Rate Management*, London, New York u.a.: Academic Press, 1989, S. 161–173.

– und – , "Currency Bands, Target Zones, and Price Flexibility," *International Monetary Fund Staff Papers*, 1991a, *38*, 184–215.

– und – , "Exchange Rate Bands with Price Inertia," *Economic Journal*, 1991b, *101*, 1380–1399.

238

Mills, T.C. und G.E. Wood, "Does the Exchange Rate Regime Affect the Economy?," *Federal Reserve Bank of St. Louis Review*, 1993, *75*, 3–20.

Minford, P., *Rational Expectations in Macroeconomics: An Introductionary Handbook*, 2. Aufl., Oxford und Cambridge: Blackwell, 1992. Revision von: *Rational Expectations and the New Macroeconomics*, P. Minford u. D. Peel, 1983.

Mundell, R.A., "The Appropriate Use of Monetary and Fiscal Policy under Fixed Exchange Rates," *International Monetary Fund Staff Papers*, 1962, *9*, 70–79.

– , "Barter Theory and the Monetary Mechanism of Adjustment," in J.H.Ãdler, Hrsg., *Capital Movements and Economic Development*, London 1967. Wiederabgedruckt in: Mundell, R.A., *International Economics*, London und New York 1968, 111–133.

– , *Monetary Theory. Inflation, Interest, and Growth in the World Economy*, California: Pacific Palisades, 1971.

Mussa, M., "The Exchange Rate, the Balance of Payments and Monetary and Fiscal Policy under a Regime of Controlled Floating," *Scandinavian Journal of Economics*, 1976, *78*, 229–248.

Neely, C.J., "Realignement of Target Zone Exchange Rate System: What Do We Know?," *Federal Reserve Bank of St. Louis Review*, 1994, *76*, 23–34.

Newey, W.K. und K.D. West, "A Simple, Positive Semi-Definite, Heteroskedasticity and Autokorrelation Consistent Covariance Matrix," *Econometrica*, 1987, *55*, 703–708.

Niehans, J., "Dynamic Purchaising Power as a Monetary Rule," in J.S. Chipman und C.P. Kindleberger, Hrsg., *Flexible Exchange Rates and the Balance of Payments. Essays in Memory of Egon Sohmen*, Amsterdam: North-Holland, 1980, S. 213–230.

Nurkse, R., "International Currency Experience. Lessons of the Inter-War Period," in League of Nations. Economic, Financial, and Transit Department, Hrsg., *Series of League of Nations Publications, (II) Economic and Financial*, 1944.

Obstfeld, M., "Balance-of-Payments Crises and Devaluation," *Journal of Money, Credit, and Banking*, 1984, *16*, 208–217.

— und K. Rogoff, "The Mirage of Fixed Exchange Rates," *Journal of Economic Perspectives*, 1995, *9*, 73–96.

Officer, L.H., "The Purchaising-Power-Parity Theory of Exchange Rates: A Review Article," *International Monetary Fund Staff Papers*, 1976, *23*, 1–60.

Osborne, M.F.M., "Brownian Motion in the Stock Market," *Operations Research*, 1959, *7*, 145–173.

Perron, P., "The Great Crash, the Oil Price Shock, and the Unit Root Hypothesis," *Econometrica*, 1989, *57*, 1361–1401.

Phillips, P.C.B., "Time Series Regression with a Unit Root," *Econometrica*, 1987, *55*, 277–301.

Pohl, Rüdiger, "Möglichkeiten und Grenzen der Geldpolitik: Eine Bestandsaufnahme," in W. Ehrlicher und D.B. Simmert, Hrsg., Wandlungen des geldpolitischen Instrumentariums der Deutschen Bundesbank, Beihefte zu Kredit und Kapital, Heft 10, Berlin 1988.

Rogoff, K., "Reputational Constraints on Monetary Policy," *Carnegie-Rochester Conference Series on Public Policy*, 1987, *26*, 141–182.

Rohde, A., *Internationalisierung der Geldpolitik – Eine Analyse internationaler Einflüsse auf die nationale Geldpolitik*, Berlin: Duncker & Humblot, 1996.

Rose, A.K. und L.E.O. Svensson, "Expected and Predicted Realignments: The FF/DM Exchange Rate During the EMS," Seminar Paper 485, Institut for International Economic Studies, Stockholm 1991.

— und — , "European Exchange Rate Credibility Before the Fall," *European Economic Review*, 1994, *38*, 1185–1216.

Sachverständigenrat zur Begutachtung der gesamtwirtschaftlichen Entwicklung, "Konjunktur im Umbruch – Risiken und Chancen," Jahresgutachten 1970/71, Stuttgart und Mainz 1970.

— , "Währung, Geldwert, Wettbewerb – Entscheidungen für morgen," Jahresgutachten 1971/72, Stuttgart und Mainz 1971.

Salant, S.W. und D.W. Henderson, "Market Anticipations of Government Policies and the Price of Gold," *Journal of Political Economy*, 1978, *86*, 627–648.

Samuelson, P.A., "Rational Theory of Warrant Pricing," *Industrial Management Review*, 1965, *6*, 13–32.

— , *Foundations of Economic Analysis*, 3., erw. Aufl., Cambridge u.a.: Harvard University Press, 1983.

Shafer, J.R. und B.E. Loopesko, "Floating Exchange Rates after Ten Years," *Brookings Papers on Economic Activity*, 1983, *10*, 1–70.

Siegel, J.J., "Risk, Interest, and Foward Exchange," *Quarterly Journal of Economics*, 1972, *86*, 303–309.

Slater, L.J., "Confluent Hypergeometric Functions," in M. Abramowitz und I.A. Stegun, Hrsg., *Handbook of Mathematical Functions*, Washington D.C.: National Bureau of Standards, Applied Mathematics Series No. 55, 1964, S. 503–515.

Smith, G.W. und M.G. Spencer, "Estimation and Testing in Models of Exchange Rate Target Zones and Process Switching," in P.R. Krugman und M.H. Miller, Hrsg., *Exchange Rate Targets and Currency Bands*, Cambridge: Cambridge University Press, 1992, S. 211–243.

Sohmen, E., *Wechselkurse und Währungsordnung*, Tübingen: J.C.B. Mohr, 1973.

Stützel, W., "Über einige Währungstheorien. Freie Preise und feste Versprechen, die Eckpfeiler marktwirtschaftlicher Ordnung: Wohin gehören die Währungsrelationen?," Walter Eucken Institut, Vorträge und Aufsätze *23*, Tübingen 1969.

— , *Währung in weltoffener Wirtschaft. Lehrstücke der Währungspolitik — unter der Herausforderung des Tages*, Frankfurt a.M.: Fritz Knapp, 1973.

— , "Über unsere Währungsverhältnisse. Zehn Jahre Floating: Verheißungen und Erfahrungen," Walter Eucken Institut, Vorträge und Aufsätze *91*, Tübingen 1983.

Sutherland, A., "Target Zone Models with Price Inertia: Solutions and Testable Implications," *The Economic Journal*, 1994, *104*, 96–112.

Svensson, L.E.O., "The Simplest Test of Target Zone Credibility," *International Monetary Fund Staff Papers*, 1991a, *38*, 655–665.

— , "Target Zones and Interest Rate Variability," *Journal of International Economics*, 1991b, *31*, 27–54.

— , "The Term Structure of Interest Rates in a Target Zone: Theory and Swedish Data," *Journal of Monetary Economics*, 1991c, *28*, 87–116.

— , "An Interpretation of Recent Rersearch on Exchange Rate Target Zones," *Journal of Economic Perspectives*, 1992a, *6*, 119–144.

– , "The Foreign Exchange Risk Premium in a Target Zone with Devaluation Risk," *Journal of International Economics*, 1992b, *33*, 21–40.

– , "Why Exchange Rate Bands? Monetary Independence in spite of Fixed Exchange Rates," Working Paper 4207, National Bureau of Economic Research, Cambridge 1992c.

– , "Sustainable Intervention Policies and Exchange Rate Dynamics: *Discussion*," in P.R. Krugman und M.H. Miller, Hrsg., *Exchange Rate Targets and Currency Bands*, Cambridge: Cambridge University Press, 1992d, S. 206–208.

– , "Assessing Target Zone Credibility: Mean Reversion and Devaluation Expectations in the ERM," *European Economic Review*, 1993, *37*, 763–802.

Tabellini, G., "Comments: European Exchange Rate Credibility Before the Fall by A.K. Rose and L.E.O. Svensson," *European Economic Review*, 1994, *38*, 1221–1223.

Taylor, M., "The Economics of Exchange Rates," *The Journal of Economic Literature*, 1995a, *33*, 13–47.

– , "Exchange-Rate Behaviour Under Alternative Exchange-Rate Arrangements," in P.B. Kenen, Hrsg., *Understanding Interdependence: The Macroeconomics of the Open Economy*, Papers Presented at a Conference Honoring the Fiftieth Anniversary of Essays in International Finance, Princeton: Princeton University Press, 1995b, S. 34–83.

Taylor, S., *Modelling Financial Time Series*, Chichester u.a.: John Wiley & Sons, 1986.

Thomas, A.H., "Expected Devaluations and Economic Fundamentals," *International Monetary Fund Staff Papers*, 1994, *41*, 262–285.

Tobin, J., "A Proposal for International Monetary Reform," Discussion Paper 505, Cowles Foundation for Research in Economics, Yale University 1978.

Tristani, O., "Variable Probability of Realignment in a Target Zone," *Scandinavian Journal of Economics*, 1994, *96*, 1–14.

Wasserfallen, W. und H. Kyburz, "The Behaviour of Flexible Exchange Rates in the Short Run — A Systematic Investigation," *Weltwirtschaftliches Archiv*, 1985, *121*, 646–660.

Weber, A.A., "Time-Varying Devaluation Risk, Interest Rate Differentials and Exchange Rates in Target Zones: Empirical Evidence from the EMS," Discussion

Paper Series 611, Centre for Economic Policy Research, London 1992.

Weller, P., "The Linkage between Speculative Attack and Target Zone Models of Exchange Rates: *Discussion*," in P.R. Krugman und M.H. Miller, Hrsg., *Exchange Rate Targets and Currency Bands*, Cambridge: Cambridge University Press, 1992, S. 28–34.

Werner, A.M., "Exchange rates and target zone width," *Economics Letters*, 1992, *40*, 455–457.

Westphal, H.M., *Internationaler Preiszusammenhang und Kaufkraftparitäten- theorie — Lehrgeschichtliche Entwicklung und Kritik* , J. Broermann, Hrsg., Berlin: Duncker & Humblot, 1980.

Wiener, N., "Differential Space," *Journal of Mathematics and Physics*, 1923, *2*, 131–174.

Williamson, J., "The Exchange Rate System," Policy Analyses in International Economics 5, Institute for International Economics, Washington D.C. 1985.

— , "Target Zones and the Management of the Dollar," *Brookings Papers on Economic Activity*, 1986, *13*, 165–174.

— , "Exchange Rate Management: The Role of Target Zones," *American Economic Review, Papers and Proceedings*, 1987, *77*, 200–204.

— **und M.H. Miller**, "Targets and Indicators: A Blueprint for the International Coordination of Economic Policy," Policy Analyses in International Economics 22, Institute for International Economics, Washington D.C. 1987.

Willms, M., *Internationale Währungspolitik*, München: Vahlen, 1992.

Working, H., "A Theory of Anticipatory Pricing," *The American Economic Review*, 1958, *48*, 188–199.

Yeager, L.B., *International Monetary Relations, Theory, History, and Policy*, 2. Aufl., New York u.a.: Harper & Row, 1976.

Zieschang, M., *Finanzmarktansätze der Wechselkurserklärung*, Berlin: Duncker & Humblot, 1990.

Zurlinden, M., "The Vulnerability of Pegged Exchange Rates: The British Pound in the ERM," *Federal Reserve Bank of St. Louis Review*, 1993, *75*, 41–56.

GPSR Compliance
The European Union's (EU) General Product Safety Regulation (GPSR) is a set
of rules that requires consumer products to be safe and our obligations to
ensure this.

If you have any concerns about our products, you can contact us on

ProductSafety@springernature.com

In case Publisher is established outside the EU, the EU authorized
representative is:

Springer Nature Customer Service Center GmbH
Europaplatz 3
69115 Heidelberg, Germany

www.ingramcontent.com/pod-product-compliance
Lightning Source LLC
Chambersburg PA
CBHW071416050326
40689CB00010B/1869